LA **RIQUEZA** EN CU4TRO PISOS

UN **PLAN** PARA **CONSTRUIR** TU
INDEPENDENCIA FINANCIERA

XAVIER SERBIA

LA **RIQUEZA** EN CU4TRO PISOS

UN **PLAN** PARA **CONSTRUIR** TU INDEPENDENCIA FINANCIERA

AGUILAR

© 2008 Xavier Serbiá

© De esta edición:
2009, Santillana USA Publishing Company, Inc.
2023 N. W. 84th Avenue
Doral, FL, 33122
(305) 591-9522
www.alfaguara.net

ISBN-13: 978-1-60396-217-9
ISBN-10: 1-60396-217-4

Fotografía del autor: Joseph Pluchino
Diseño de cubierta: Susanne Ortiz Cebreros
Diseño de interiores: Ana María Rojas

Primera reimpresión: marzo de 2009

Impreso en los Estados Unidos de América por HCI Printing & Publishing
Printed in the United States of America by HCI Printing & Publishing

Dedicatoria

*Para ti, Fabi, porque me motivaste a perseguir sueños cuando
otros veían a un Quijote enfrentando molinos de viento.*

*Te sacrificaste tantas veces para que siguiera
llenando la cabeza de conocimientos,
insististe en que escribiera cuando creía que no era importante,
me motivaste con tus filípicas cuando me invadía la duda.*

*Y lo más importante: durante todos estos años, tus acciones me
enseñaron que no importa cuánto miedo tengamos ni cuán difíciles
sean los obstáculos que se nos presentan, debemos tener la actitud
y el coraje de enfrentar los misterios que Dios nos presenta.*

Con todo mi amor y admiración, este libro es para ti.

Agradecimientos

*Reconozco que escribir no es tarea fácil y que son muchos los participantes
directos e indirectos de lo que está plasmado en estas páginas.*

*A Fabi por ayudarme con sus preguntas y pensamientos simples
e incisivos, mientras leía los tantos borradores que hice.*

A mi equipo en xavierserbia.com por su paciencia.

*A Freddie Pérez por darle una revisión técnica a la parte legal y a
Glenn Von Hartz por sus comentarios sobre la parte de retiro.*

*A mi agente Diane Stockwell y Arnoldo Langner, editor
de Santillana, por la confianza puesta en mí.*

*A decenas de personas que ayudaron en la realización de
la portada, la corrección y publicación del libro.*

*A los cientos de personas que me han escrito y contado sus historia.
Sus casos me sirvieron como inspiración para este libro.*

A mi madre que me enseñó el don de dar.

A Dios por darnos la oportunidad de vivir y elegir.

Contenido

Prefacio 11

Existe un problema 17

Primer piso: Superviviencia
  1. Manual de supervivencia económica 29
  2. Prioriza 35
  3. Conoce el ambiente económico 41
  4. Controlar el consumo 55
  5. Vive en presupuesto 63
  6. Estudia tu historia financiera 69
  7. Aumenta la riqueza neta 75
  8. Sé Astuto 83

Segundo piso: Seguridad
  Introducción 89
  9. Seguros 91
  10. Reserva de emergencia. 123
  11. Crédito 135

Tercer piso: Acumulación
  Introducción 167
  12. Tu socio: el gobierno 169

13. Invierte en conocimiento 183
14. Hogar dulce hogar 209
15. Piensa en el futuro 249
16. Inversiones 269

Cuarto piso: Distribución
   Introducción 315
17. Distribución 317

Bibliografía 329

Prefacio

Estaban Cauteloso y Temerario buscando la forma de encontrar una carretera para salir de la selva. Bordeaban la orilla de un extenso río discutiendo por dónde cruzarlo para ir a la civilización.

Temerario, con voz fuerte y como si le hablara a una multitud de seguidores, se describía a sí mismo como eufórico, con una voluntad de hierro, mentalidad positiva y ultra enérgico en sus acciones. Para él todo el poder está en la mente. Mientras hablaba, de su boca no salían la palabras que mostraran la más mínima duda. Decía: "Eso jamás. Dudar sería blasfemar contra mi existencia. Mi nombre es Temerario porque sé que con el poder de la mente puedo lograr todo. Con el hecho de desear algo, logro la mitad de la meta; la otra mitad es hacerlo".

Cauteloso replicó a Temerario, que él se consideraba menos eufórico al confiar en su poder mental. Sabía que la diferencia más clara entre ellos era que él sí creía en la duda. Para Cauteloso, desear algo era un principio fundamental para lograr las cosas, pero no era lo único. Él no era miedoso, inseguro ni evadía el riesgo. Por el contrario, era precavido, observador y paciente. Sabía que se necesitaba adquirir habilidades, que no se nace con ellas; que se aprenden con la experiencia y el estudio; que la práctica y la disciplina enriquecerían sus conocimientos. Tenía claro que nadie nace sabiendo, pero que es necesario aprender si se quiere sobrevivir.

Después de un breve intercambio de ideas, Cauteloso vio una cabaña al otro lado del río: una señal de civilización. Consideró que por el frío y el cansancio, necesitaban recuperar fuerzas lo más pronto posible.

Temerario, con su voluntad de hierro, decidió cruzar primero y le recordó a Cauteloso que con una mente positiva se lograban alcanzar las metas. Retó a Cauteloso a cruzar inmediatamente. Cuando estaba a punto de lanzarse, Cauteloso le preguntó: "¿Sabes nadar?". Temerario, volteó y con voz ronca le respondió negativamente, pero le volvió recordar que con el poder de la mente todo es posible.

Tras una pequeña pausa, Temerario se lanzó al río. A los pocos minutos estaba a punto de ahogarse. Cauteloso, al ver lo que pasaba con Temerario, decidió pensar un momento y definió su prioridad: llegar a la cabaña con vida. Al no conocer el ambiente, Temerario se dejó llevar por su emoción y no vio que la corriente estaba muy fuerte por el lado del río que eligió para pasar. Cauteloso sí sabía nadar, pero también era consciente de que debía controlar el consumo de energía. Él había tenido experiencias previas en este tipo de situaciones. Por ello, se detuvo un momento para meditar sobre los riesgos de cruzar al otro lado del río. Después de pensarlo, estableció una meta y prefirió seguir camino abajo para buscar un lugar donde la corriente no tuviera tanta fuerza. Cauteloso revisó la historia y aprendió que como el lugar que había elegido era más riesgoso, era más probable el fracaso que el éxito. Entonces decidió darse a la tarea de buscar un lugar que aumentara sus probabilidades de éxito.

Esta acción temeraria la podemos aplicar en la administración de nuestra economía personal. Invertimos en algo que no conocemos porque alguien dijo que produce 10 por ciento de rendimiento mensual y al final nos damos cuenta de que no es así. Adquirimos una hipoteca porque hacemos un pago mínimo, sin darnos cuenta de que lejos de amortizar nuestra deuda, la incrementamos. O imitamos a nuestro padre, quien puso sus ahorros para el retiro en una cuenta supuestamente segura y terminó perdiendo 20 por ciento de su dinero.

En un ambiente financiero que nos presenta una variedad de oportunidades y en el que la responsabilidad de nuestras finanzas recae cada vez más sobre nuestros hombros, estamos obligados a ser cautelosos si no queremos acabar como Temerario.

Lo dijo el mismo Alan Greenspan en el 2005. "Al existir mayor expansión en la disponibilidad del crédito, aumenta la importancia de la educación financiera. En este creciente mercado complejo y competitivo de servicios financieros, es esencial que el consumidor cuente con el conocimiento que le permitirá evaluar el mejor producto o servicio ofrecido en el mercado y determinar cuál cumple con sus necesidades a corto y largo plazo".

¿Pero cómo vamos a determinar las necesidades financieras a corto y largo plazo? ¿Cómo valoramos cuál es el mejor producto y servicio si no tenemos entrenamiento para hacerlo?

El reto es mayor porque no sólo se trata de la decisión que tomemos, también de las recomendaciones y consejos que recibimos sobre tal o cual producto financiero. El agente de seguros los vende como la panacea, el corredor de bolsa ofrece las mejores acciones y fondos mutuales y el agente hipotecario ofrece sus préstamos como los más convenientes. El problema es que nos recomiendan posibles medicinas sin considerar nuestra situación financiera y sin analizar si el producto recomendado es el más idóneo.

¿Puede un médico recomendar una medicina a un paciente sin saber qué tiene? El buen médico sabe que al tratar el cuerpo humano, enfrenta tantas variables que el análisis se antepone a la recomendación de cualquier medicamento.

¡Te imaginas un médico recomendando aspirina sólo porque su paciente le comentó que le dolía la espalda! Si es un cáncer de colon, la aspirina no hará nada. ¿Qué harías si por un dolor de muelas te mandan tratamiento de quimioterapia? O si un supuesto médico, resulta ser un representante de varias farmacéuticas que recomienda la misma medicina a todos.

Se supone que antes de recomendar un vehículo financiero, se hace un análisis para saber qué nos conviene. En planificación financiera se dice que no se debe condicionar la persona al producto, sino al revés.

Si nos cuesta determinar, financieramente hablando, las necesidades a corto y largo plazo, y no estamos entrenados para evaluar el mejor producto o servicio ofrecido en el mercado, es entendible que temerariamente tomemos el primer remedio sin haber realizado un diagnóstico.

Como verás en el transcurso del libro, usaré casos basados en la vida real para mostrar el efecto contraproducente que sucede cuando adquirimos el remedio sin saber primero dónde estamos parados.

¿Cómo evitar ser temerario? Empezando por los fundamentos. Si queremos tener conocimiento para evaluar el mejor producto o servicio ofrecido en el mercado y determinar si cumple con nuestras necesidades a corto y largo plazo, como dice Greenspan, tenemos que tomar el control activo de nuestra vida financiera.

No podemos ser temerarios y delegar la completa responsabilidad a la suerte, la emoción del momento o los consejeros. Vivimos en un sistema económico que está sustentado en el principio de la libre elección. Temerario tomó la decisión de nadar por donde había más corriente y ya sabemos cómo terminó.

En finanzas estamos lidiando con tiempo, opciones, información y riesgo. Las decisiones financieras implican intercambiar dinero ahora, por dinero en el futuro. Cualquier decisión, positiva o negativa, puede afectar el presente o el futuro. Si recibimos información parcial —sea o no de manera intencional— o no podemos interpretarla, incrementamos la incertidumbre, cuando lo que debemos hacer es disminuirla. El riesgo es la oportunidad y la libertad que tenemos de elegir. Pero, como hay incertidumbre en el futuro, esa opción puede ser una puerta a una nueva oportunidad o al peligro.

Estas cuatro variables nos acompañarán durante toda la vida mientras existamos en este tiempo y espacio. ¿Podemos recostarnos y confiar en que la suerte, la motivación o los consejeros harán todo el trabajo? ¿Podemos tirarnos al río sin saber nadar?

En un mundo financiero que nos abre cada vez más oportunidades, debemos prepararnos para navegar por las aguas de sus ríos si queremos cruzarlo y llegar a la anhelada independencia financiera.

Para eso debemos diseñar un plan. El libro es básicamente eso: el diseño, el plano maestro para construir tu edificio financiero llamado independencia con el fin de que éste tenga la solidez financiera suficiente para perdurar a través de los años.

Existe un problema

Era temprano y me dirigía a Starbucks a encontrarme con David, un amigo de juventud que hacía muchos años que no veía. Después de un tiempo de leer mis columnas en el periódico y de enterarse de que había estudiado economía y finanzas, me pidió que nos reuniéramos a tomar un café para que le diera mi opinión sobre su situación financiera actual.

Mientras esperaba, me distraje viendo a la gente. De repente, vi un Mercedes Benz negro del año estacionarse frente al local. Se bajó un individuo con *look* de modelo, bronceado tipo caribe y con cara familiar. Este personaje, que parecía una estrella de Hollywood, tenía encima, entre gafas, traje, zapatos y el Rolex, unos 3 000 dólares.

Mientras se abotonaba la chaqueta Ralph Lauren, cerró la puerta con estilo. Dando pasos agigantados, movió su brazo suavemente para saludarme haciendo el signo de la victoria, pero evitando causar cualquier arruga a su traje.

Entró. Hizo una pausa. Se quitó las gafas. Movió la cabeza con una mirada estilo Tom Cruise. Se acercó a mí con los dientes anunciando Colgate, me extendió la mano diciendo: "Soy David".

Después del saludo protocolar, David me invitó un capuchino. Yo pedí un americano, pero él insistió en el café con espuma, canela y crema. Mientras lo ordenaba, me fui sintiendo cómodo y en un lugar ideal para el intercambio de ideas. Dos o tres leían periódicos, otros dialogaban sobre eventos cotidianos y otros más sólo escribían.

Con capuchino en mano fuimos entrando en los temas que nos interesaban. Entre sorbo, palabra, sorbo, oración, sorbo, risa, fue pasando el tiempo hasta que David se sacó una que casi me atraganto: "No entiendo cuál es tu insistencia en querer que la gente ahorre."

Apenas me estaba sacando el vaso de la boca para dispararle mi defensa, cuando dijo. "No es necesario ahorrar como dices. El que tiene casa, sabe que la propiedad aumentará su valor. El que tiene inversiones en la bolsa, gana con la apreciación de lo invertido. En este país, nunca falta trabajo ni crédito."

Quería meter mi cuchara, pero él subió el tono en señal de que no era mi turno. "Repites hasta el cansancio que hay que ahorrar para el retiro. Pero ¿te olvidas del seguro social? En este país tienes todo cubierto. Con el seguro social, el de incapacidad y el del trabajo, cubres el retiro. A esto le puedes sumar las ganancias que tienes de la casa, las inversiones y el trabajo. Por eso no es necesario ahorrar; siempre tendrás dinero disponible."

Se hizo silencio cuando tomó el último sorbo del capuchino y se fue a comprar otro. Mientras se alejaba, me quedé mirándolo totalmente pasmado porque no podía creer lo que había dicho.

¿Es el mismo David que me había escrito varios correos explicándome su caótica situación financiera?, ¿me citó en Starbucks para que le ayude y sin pena me dice que no es importante ahorrar?

Lo cierto es que ni la crisis lo había cambiado. Seguía siendo un cara dura y retador, vestido a la última moda. Desde pequeño, su vida nunca fue la de un pobre. Recuerdo que el padre le daba tal mesada que podía comprarle el almuerzo a los compañeros todas las semanas. Llegaba a las fiestas montado en autos caros, con ropa de marca y el reloj de moda.

Siempre estaba sonriendo, invitando a amigos y desconocidos a disfrutar de sus fiestas. Era el tipo que la gente quería porque siempre invitaba y compraba. Las mujeres lo amaban, sobre todo porque su billetera estaba llena de *Grants*. Los años no habían pasado. Seguía siendo el mismo. Le podía vender una nevera a un esquimal.

Sin embargo, pese a la seguridad y los miles de dólares que aparentaba tener, ese mismo que se había levantado a buscar un segundo capuchino y que consideraba innecesario ahorrar, estaba al borde de una debacle financiera. Su vida era un desastre. Las deudas lo estaban matando por querer tener un nivel de vida que no podía sostener. Él y Jackie, su esposa, vivían alejados de la realidad. A pesar de que tenían el problema en la cara, lo ignoraban por completo. Pero la situación era tal, que si no atacaban el problema juntos y de forma inmediata, caerían en bancarrota.

Esa supuesta estrategia de que la bolsa, el trabajo y el valor de la casa seguirían subiendo eternamente, no les había funcionado. El dinero que tenían invertido había perdido gran parte de su valor por malas decisiones. No hubo aumento de salario en el trabajo y existía la posibilidad de despido. El pago de la casa los estaba ahorcando. Entre hipoteca, impuestos, seguro y mantenimiento gastaban más de la mitad de sus ingresos. Si a esto se le suman los préstamos de dos autos recién comprados, el colegio privado de los hijos, las vacaciones a Europa, los compromisos sociales y las fiestas semanales en casa, se comprende por qué tuvieron que hacer del uso de las tarjetas de crédito un deporte.

Esta mentalidad temeraria de que el ahorro no es importante o que se puede dejar para el futuro, no es un monopolio de David, en realidad, gobierna las finanzas de la mayoría de nosotros.

Nadie puede negar que en los últimos cien años, nuestra generación disfruta de un nivel de vida mejor que el de nuestros abuelos. Fíjate en algunos datos.

- En 1901 el ingreso de una familia era de 750 dólares. Para el periodo 2002-2003 era de 50,302 dólares. Incluso con los ajustes hechos por los efectos de la inflación, una familia de hoy estaría generando tres veces más que una de 1901.

- En 1901, 80 por ciento de los gastos se destinaban a comida, casa y ropa. En 2003, bajó a 50 por ciento.

- La comida representaba 42 por ciento de los gastos de una familia en 1901. En el periodo 2002-2003, la cantidad dedicada a ese renglón se redujo a 13 por ciento.

- En 1901, la ropa representaba 14,5 por ciento de los gastos. Para el periodo 2002-2003, sólo 4,2 por ciento.

- En el periodo 1934-1936, 4 de cada 10 personas tenían auto. Actualmente, son 9 de cada 10 quienes lo tienen. La posesión de una propiedad se incrementó de 19 por ciento en 1901, a 67 por ciento en 2003.

Pero en el caso del nivel de ahorro estamos peor que en aquellos años. El ahorro personal en la década de los años 50 del siglo pasado, era mayor a 10 por ciento. Actualmente, el ahorro personal es prácticamente inexistente.

Con este nivel de ahorro, ¿crees que podremos contar con una reserva de emergencia y un retiro decoroso?

Ahora disfrutamos de más cosas, por ejemplo: mejores autos, computadoras más rápidas y celulares cada vez más sofisticados, pero estamos peor que antes porque tenemos más deudas, trabajamos más, no tenemos ahorro y nos falta tiempo para estar con nuestra familia.

Sabemos que el ahorro es importante, pero tratamos al dinero como a una papa caliente en el bolsillo: entre más rápido salga, mejor. Creemos que es eterno. Si por un momento pensáramos que puede faltar, entenderíamos que debemos ahorrar.

Cuando ahorramos lo que hacemos es posponer el consumo; el dinero ahorrado es lo que pensamos gastar en el futuro. Ese futuro puede ser mañana, treinta o más años.

El ahorro es igual de importante en el ámbito individual como en el social: es la sangre y proteína del sistema económico. Permite expandir el acceso a fondos para la inversión; la inversión crea producción y la producción, trabajo.

Si no acumulamos lo suficiente, nos volvemos vulnerables para cubrir nuestras necesidades y no podremos afrontar la realidad, tal como le sucedió a David. Piensa un momento, ¿qué harías si perdieras el trabajo? ¿Qué ingresos tienes? ¿Crees como David que la casa va a aumentar de valor y que con eso podrás cubrir tus gastos? ¿O que las inversiones van a hacer maravillas y siempre te darán ganancias?

No sólo estamos faltos de activos para afrontar ese imprevisto; además, la dependencia del crédito hace que incrementemos de manera desproporcionada los niveles de deuda. En consecuencia, incrementamos el riesgo en nuestras finanzas.

La falta de ahorro hace que familias e individuos carezcan de fondos suficientes y dependan cada vez más de la ayuda gubernamental. Por eso existe el mito de que el seguro social, el de incapacidad y el gobierno serán nuestros salvadores de nuestras penas, cuando en realidad son un complemento, pero no la única fuente. Y si eres como David y te gusta "la vida rica", no creo que el gobierno te pueda financiar ropa de marca, casas de miles de dólares o colegiaturas de escuelas privadas. Es necesario reconocer que el dinero no viene con instrucciones. ¿Alguien te enseñó cómo administrar el dinero desde pequeño? ¿Tus padres eran un ejemplo de buenos administradores? ¿En la escuela te hablaron de dinero?

Que yo recuerde, en mi clase de economía doméstica de la escuela secundaria, me enseñaron cómo limpiar y ordenar la casa. No sé si ese entrenamiento me hubiera servido para leer la letra pequeña de los contratos de tarjetas de crédito, entender un préstamo hipotecario o leer los resultados de mi plan de inversiones.

Está claro que nuestro entrenamiento en temas de dinero en el seno familiar y la escuela, es muy pobre o nulo. ¿Cómo motivarnos para ser buenos administradores del dinero, si desde pequeños no nos entrenan o lo hacen como en la época de los abanicos y la silla mecedora?

Para muestra, un botón. Fannie Mae hizo una encuesta en el 2003 donde mostró la falta de conocimiento entre los hispanos. En el análisis encontró que cerca de 3 de cada 4 hispanos creían que el prestamista estaba obligado por ley a ofrecerles el mejor préstamo. Cuatro de cada cinco dijeron que no entendía el proceso para adquirir una propiedad.

¿Cuáles son las consecuencias de esta falta de conocimientos fundamentales sobre el dinero? Crear un caldo de cultivo para el error, el fraude y para ser víctimas de inescrupulosos. La combinación de un agente profesional pobremente preparado o impulsado por la venta inmediata y la falta de conocimiento por nuestra parte es dañina para nuestra salud financiera.

El FINRA, el regulador de los agentes de bolsa en los Estados Unidos de América (EUA), reporta un aumento en los casos de agentes que faltan a su responsabilidad como profesionales, por negligencia, y por hacer malas recomendaciones de inversiones para acciones y fondos mutuales. ¿Qué tal la cantidad de personas que cayeron presas de agentes de bienes raíces e hipoteca-rios irresponsables que aprovecharon la ignorancia de muchos o el exceso de otros —como David—, y compraron casas que no podían pagar con hipotecas nada aconsejables para ellos.

Así llegamos al punto donde está David: elecciones financie-ras pobres, llevan a consecuencias nefastas. La primera decisión fatal fue no ahorrar. El problema, la temeridad al pensar que siempre habría dinero disponible. Esta creencia lo llevó a pagar más de ¡50 por ciento de su ingreso en el préstamo de la casa!

Estamos de acuerdo en que comprar casa es positivo. Te ayuda a acumular riqueza, deducir intereses, poseer activos que incrementan su valor; además, te hace parte de un lugar y te proporciona beneficios emocionales.

Esto no quiere decir que para tener una casa debes estar tomando té de tila, con el estrés por las nubes y al borde de un infarto por poner en riesgo tu economía personal.

David y Jackie fueron una de las tantas familias felices que compraron casas de un alto valor en 2004 y que apostaron al in-cremento constante de su valor, a pesar de que sus finanzas indi-caban que ellos no podían comprar una casa de 500 mil con el ingreso que tenían. Por supuesto, con la hipoteca *Option ARM* encontraron la oportunidad de ser dueños de ese sueño: mu-chos cuartos, patio, piscina, estatus. Lo que no les dijeron o no escucharon es que *Option ARM* está diseñado para minimizar el pago inicial de la hipoteca y hacer pagos mínimos durante cier-to tiempo. Pero a la vez, expone al comprador a un incremento en la deuda y en el pago mensual.

No es lo mismo llamar al diablo que verlo venir. La realidad es que cuando llegamos a 2008 y los intereses subían, subían y subían, los contratos aplicaron la cláusula que exigía mayor pago mensual de la hipoteca. Entonces, quienes tenían un prés-tamo con interés variable como David, empezaron a hacer acrobacias financieras usando tarjetas de crédito y sacando de su retiro, entre otras medidas.

La caída en los precios de las propiedades disminuyó el patrimonio de David y aumentó el servicio de deuda. Los bancos no estaban dispuestos a refinanciarle porque el precio de la casa era menor de lo que debía. El estrés aumentaba porque su hipoteca iba a subir en un 30 por ciento en los próximos meses. Éste es el resultado de confiar de más en que todo sube y nada baja.

En esta situación, muchas veces no hay espacio para maniobrar porque el cáncer ya hizo metástasis dificultando aislar el tumor. David y Jackie llegaron a un punto donde existen dos opciones: medidas extremas o bancarrota.

Los cuentos de generar ganancias con inversiones más sueldo o aumento de valor de la casa para obtener préstamos, llegaron a su fin. David sabía que si quería salvar su economía personal y a su familia, debía hacer cambios radicales. Estos cambios harían que él y su esposa se bajaran de la luna de Valencia en la que durante muchos años vivieron. Sin duda, tendrían que hacer sacrificios y cambiar un estilo de vida.

Cada vez me convenzo más de que el conocimiento es clave. ¿Cómo calcular los costos de una tarjeta de crédito y comparar? ¿Cómo estimar el pago mensual de una hipoteca con interés variable? ¿Cómo saber si se está generando suficiente dinero para el retiro? ¿Cómo financiar la educación universitaria de los hijos? Las preguntas siguen y siguen. Prepararse, motivarse e informarse son la clave si queremos tener una seguridad financiera.

Mientras David terminaba de pagar su ¡tercer capuchino y una tarta de chocolate!, tomé una servilleta, saqué mi bolígrafo y dibujé un edificio de cuatro pisos.

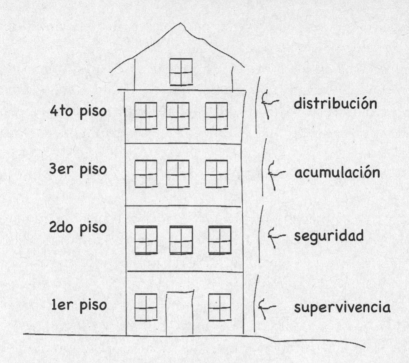

Apenas se sentó, le acerqué el papel. Miró el dibujo. Antes de que comenzara a hablar, le disparé: "En el mundo económico actual, todos vivimos en un edificio gigantesco que tiene cuatro pisos. Todos queremos llegar al *penthouse*. Claro, es el que tiene la mejor vista panorámica de la ciudad llamada Independencia financiera. Para llegar ahí, tenemos que pasar antes por tres pisos. Tú y Jackie quisieron ser el hombre y la mujer biónicos para brincar al último sin tener asegurado el primero. Trataron, pero no funcionó. Puedes intentarlo de nuevo, pero como ves, el riesgo es mucho mayor. La otra opción es no pelear contra la gravedad económica y construir un piso a la vez. ¿Hay que ser paciente? Sí. ¿Requiere de disciplina? Sí. Pero en este juego económico el objetivo no es ser el primero en llegar al *penthouse*, sino llegar con una buena solidez financiera que haga más difícil que te caigas. Por eso, te sugiero que comencemos con el Primer piso".

Primer piso:

Supervivencia

1
Manual de supervivencia económica

Son las 5 de la tarde y el clima es espectacular: es plena temporada de invierno, el sol determina esconderse más temprano y el cielo no permite que una sola nube le haga sombra.

Flavia está saliendo del hangar. Ella es directora de ventas regionales y se dirige a un evento motivacional que organiza su empleador en el interior del estado. Vestida con jeans, zapatillas deportivas, una camisa y suéter, se prepara para un vuelo de 45 minutos en una avioneta que cruzará uno de los bosques nevados más grandes del país, antes de llegar al pueblo donde se realizará la reunión.

Al entrar al avión, Flavia tiene a su derecha una mesa con dos bolsos, uno negro y otro marrón. Tiene que tomar uno de los dos para la travesía y, como conoce el contenido de cada uno, elige el que considera más adecuado.

Bolso negro	Bolso marrón
Objetos de cuidado personal	Objetos de cuidado personal
Ropa interior	Ropa interior
Ipod	Tres latas de atún
Blackberry	Galón de agua
Celular	Poncho
Cargador y batería	Fósforos y un encendedor
Computadora portátil	Spark-lite (para hacer chispas)
Documentos de la empresa	Maletín de primeros auxilios
Libro de lectura	Un cuchillo de cazador con
Un juego de video y una película	compás
en DVD	Kit de pesca
$1 000.00 dólares en efectivo	Un espejo de mano
Tarjetas de crédito	Un mapa del bosque
1000 acciones de Wal-Mart	Luces de bengala

Pensando en las merecidas vacaciones que le regala su patrón, toma el bolso negro para entretenerse durante el viaje. A mitad de vuelo y miles de pies de altura, la avioneta comienza a tener un desperfecto mecánico y tiene que hacer un aterrizaje de emergencia durante el cual la avioneta se estrella en medio del bosque y muere el piloto. Afortunadamente, Flavia tiene lesiones que no requieren mucha atención.

Lo que no sabe Flavia es que el pueblo más cercano está a 100 millas, que la radio se echó a perder con el impacto y que pasarán varios días hasta que vengan a rescatarla.

Asumiendo que en este caso hipotético fueras Flavia, ¿crees

que con lo que contiene el bolso negro podrías sobrevivir?, ¿qué harías en medio del bosque con un frío invernal? ¿Si hubieses sido Flavia hubieras tomado el bolso negro o el marrón? ¿Cómo saldrías de esta situación?

Sobrevivir

Si le preguntas a un soldado del ejército estadounidense por la palabra *survival*, que en español quiere decir supervivencia, te va a decir que cada letra de la palabra tiene un significado.

S	=	Seguridad
U	=	Usa los sentidos
R	=	Recuerda dónde estás
V	=	Vigilante sin pánico
I	=	Improvisa
V	=	Valora la vida
A	=	Asimílate y actúa como los oriundos del área
L	=	Lee lo básico

Seguridad. Ésta es la prioridad. En orden de importancia, la seguridad incluye: comida, agua, cobijo, fuego y primeros auxilios. También debes conocer el ambiente y área donde estás, así como mantener tu estado físico en buenas condiciones. Por último, debes contar con el equipo necesario para sobrevivir y revisar que éste se encuentre en buenas condiciones.

Usa los sentidos. Sé perceptivo con tu alrededor. Observa y sé paciente; comprende la situación antes de tomar cualquier decisión y moverte.

Recuerda dónde estás. Utiliza el mapa para determinar tu posición y familiarizarte con el ambiente. Debes estar orientado en todo momento. No importa si otro lo hace por ti, siempre tienes que saber dónde estás parado.

Vigilante sin pánico. El pánico es el peor enemigo en una situación de sobrevivencia. Si te descontrolas, destruyes tu habilidad para tomar decisiones inteligentes, reaccionas a partir de tus sentimientos e imaginación en vez de basarte en la situación en la que te encuentras. El pánico te drena las energías y te causa sentimientos negativos.

Improvisa. En un ambiente de supervivencia hay que tener creatividad para improvisar. Una roca puede sustituir un martillo; un ciervo, una serpiente o un pescado, sustituyen un McDonald's. Por eso, imaginación y creatividad son piezas claves cuando hay que salir con vida.

Valora la vida. Desde que salimos del útero de nuestra madre estamos peleando y pataleando por vivir. Lo que muchos pueden considerar obtuso o testarudo, en un ambiente de sobrevivencia es una actitud de rechazo a darse por vencido ante los problemas que se enfrentan. Esto es vitamina C para nuestro cerebro y nos mantiene vivos en la adversidad.

Asimílate y actúa como los indígenas del área. Como dice el dicho: "Donde fueres haz lo que vieres". Sean animales o humanos, si ellos viven en el área, es porque se han adaptado al ambiente. Esto puede darnos pistas sobre cómo sobrevivir. Ellos requieren comida, agua y cobijo igual que nosotros. Observarlos, es una forma de saber dónde podemos encontrar lo indispensable.

Leer lo básico. Es bueno usar el sentido común, pero es mejor aprender lo básico para sobrevivir antes de entrar en un ambiente de riesgo. Aprender los fundamentos a través de la práctica, reduce el miedo a lo desconocido y te da autoconfianza.

NACERÁS:
Manual de supervivencia económica

Evidentemente, Flavia no iba a sobrevivir en el bosque con las mil acciones de Wal-Mart, las tarjetas de crédito, un *blackberry*, un *ipod* y las otras cosas que estaban en el bolso negro. Con las cosas básicas y fundamentales que estaban en el bolso marrón como fósforos, agua, cuchillo, mapa del bosque y demás objetos, era más probable que lograra sobrevivir.

Si queremos sobrevivir en el bosque de la economía, tenemos que ser astutos e inteligentes. El ejemplo de Flavia se puede utilizar para el caso de nuestra economía personal. Ya vimos el caso David en la introducción, quien al igual que Flavia, tomó el bolso equivocado. Muchos adquirimos inversiones, casas, carros de lujo y negocios sin pensar primero en cubrir antes nuestras necesidades básicas y fundamentales.

He tenido la oportunidad de hablar con hombres y mujeres, esposas y esposos, así como con jóvenes que están comenzando en este país al egresar de la universidad o salir de una crisis económica fuerte, y lo primero que quieren es tener todo inmediatamente. Ellos mismos se presionan sin darse cuenta de que lo primero es crear las bases de la economía.

Ante la desesperación nos entra el pánico y buscamos la primera tarjeta de crédito, el primer ofrecimiento de la acción de moda o la primera oferta de seguro que llega por correo. Nos olvidamos de que estamos en un nivel de sobrevivencia porque estamos empezando a caminar. Así como se necesitan nueve meses para dar a luz, la riqueza se genera a gota a gota.

Cuando nos venden ideas de ser el millonario *fast food*, lo que nos venden es un bolso negro en medio del bosque. Cuando lo que necesitamos es el marrón. Todos queremos llegar a la independencia financiera tanto como el que está en medio del bosque quiere llegar a la civilización. Pero primero hay que sobrevivir. En este bosque, lo primero es comenzar por el principio.

Es lo que llamaré NACERÁS.

N   =   Necesidad de priorizar
A   =   Ambiente económico que te rodea
C   =   Consumo estable
E   =   Establece un presupuesto
R   =   Revisa tu historia económica
A   =   Aumenta tu riqueza neta
S   =   Sé astuto

2
Prioriza

Un día me invitaron a un almuerzo en el campo. Era un verdadero ambiente campestre. Un establo con caballos, vacas y gallinas revoloteando, y al fondo, carne en el asador y música que no podía faltar.

Entre picada, sorbo y discusión en el tema del momento, hubo un evento que me llamó la atención y fue como si me hubiera llenado de luz. Un niño de unos 4 años estaba dentro de un corral persiguiendo una docena de polluelos. Su objetivo era tomar la mayor cantidad. Agarraba dos, tres en cada mano. Pero, como quería tomarlos todos juntos, soltaba los que tenía para tomar otros. Después de varios minutos, cansado y desesperado, soltó los polluelos y llamó a su mamá en medio del llanto por la frustración de no poder cumplir su objetivo: tomar todos los polluelos a la vez.

Esta historia tiene una moraleja económica fundamental: tenemos necesidades ilimitadas, pero nuestros recursos son limitados. El niño no se había percatado de que su único recurso, las dos manos, era insuficiente para tomar la cantidad de polluelos que quería. Su deseo sobrepasaba las posibilidades que tenía.

Hagamos un ensayo. Prepara una lista de todas las cosas que deseas. Incluye todo lo que te viene a la mente. Autos, mansiones, viajes, estudios en el extranjero, negocios, todo. Cuando concluyas, pregúntate si todos esos deseos enumerados en la lista pueden hacerse realidad con lo que tienes. Te darás cuenta de que no puedes y menos si quieres que se realicen al mismo tiempo.

¡Ojo! éste no solamente es un problema de nuestro bolsillo. Es un problema que enfrenta cada individuo, familia, empresa, gobierno y nación: cómo vamos a satisfacer las necesidades y deseos que existen con los pocos recursos que contamos. ¿Por qué crees que hay problemas como inflación, desempleo, cuidado de la salud, crisis hipotecaria, déficit del gobierno? Son resultado de lo mismo: pocos recursos y mucha demanda.

El señor Deseo *vs.* la señora Necesidad

Todos tenemos el mismo debate intelectual del niño: ¿quién comanda: el deseo o la necesidad? El señor Deseo considera que él debe ser la fuerza conductora del consumo. Nadie puede dictarnos que debemos o no consumir. Es ir en contra del "yo", de mi propiedad privada. Si tengo el dinero o el crédito disponible, puedo utilizarlo donde desee. Es más, dice el señor Deseo, el deseo para algunos puede ser capricho, pero para otros puede ser necesidad.

Dejarse llevar por la necesidad, dice el señor Deseo, es cubrir lo básico: alimentación, techo, ropa, educación y todo lo indispensable para subsistir. Pero la necesidad no nos permite soñar con más. No se podría desear un pedazo de carne de primera clase, la casa de los sueños, la ropa de marca, asistir a las mejores escuelas y todo aquello que va más allá de lo indispensable.

No tan rápido, responde la señora Necesidad. Todos tenemos una limitante: el ingreso. Por más que quieras adquirir todo lo que deseas, el ingreso no da para tenerlo. Aunque el crédito crea la sensación de tener más dinero en el bolsillo, en realidad es la hipoteca de nuestro futuro ingreso. Por eso debemos gastar sólo aquello que tenemos y no, lo que no tenemos.

Desde el punto de vista de la señora Necesidad, se debe comprar la comida básica para alimentarnos, no la marca o el color del envase; necesitamos ropa para cubrirnos, las marcas no nos cubren; requerimos de un techo, no de una casa con espacios vacíos que no usamos. Como los deseos son ilimitados en comparación con las necesidades, hay que consumir lo que se tiene, no lo que vamos a tener.

Detengamos aquí el debate. Ambos argumentos persuaden, pero se van a los extremos. Es cierto que el deseo es una fuerza motivadora para el aumento de nuestra riqueza, pero ser temerario al dejar que nuestros deseos manejen el consumo es un suicidio financiero. También es cierto que la deuda equivale a hipotecar nuestro ingreso futuro, pero no por eso vamos a dejar de comprar una casa, de pedir prestado para cubrir la educación o financiar otros deseos; el crédito muchas veces cumple una función clave en nuestra economía.

Nadie nos obliga a consumir todo lo que se nos antoja y menos si es por moda. La moda cambia, pero el deseo incontrolable puede hacer que las deudas nunca pasen de moda. Tampoco debemos considerar que el deseo sea sometido a las directrices de la necesidad. Podemos ambicionar el aumento de nuestro ingreso para adquirir las cosas que deseamos.

Esto me recuerda el cuento de la reforma de Toño. Reunidos en la sala de la casa, pasa lista y ahí están todos sentados esperando que el jefe presente su plan. A todos les gustaba la buena vida y tenían muchos deseos. A la esposa le gustaba ir a las mejores tiendas. Uno de los hijos quería estudiar música, otra quería ir a estudiar a Nueva York y el más pequeño anhelaba un cuarto lleno de juegos electrónicos. Estaba la abuela, retirada que vivía de la pensión del difunto esposo, a quien le encantaba la política, el chisme y el cine.

La reforma de Toño tenía como objetivo principal aumentar la riqueza de su familia en un periodo de quince años, y éste era su plan.

	Actual	Nuevo
Ingreso anual:		
Salario (después de impuestos)	$ 49 000	$ 49 000
Aporte de los demás		12 000
	49 000	61 000

Gastos anuales:	-	
Comida	6 902	6 902
Alcohol y cigarrillos	1 225	600
Ropa y accesorios	3 260	1 800
Cuidado personal	1 960	600
Hipoteca	12 961	16 879
Gastos en el hogar	5 455	4 000

	Actual	Nuevo
Gastos y seguro médico	4 900	4 900
Internet, teléfono y cable	2 450	1 200
Transportación	6 008	6 008
Recreación	4 500	2 400
Educación	1 559	2 000
Viajes de fin de año	1 656	0
Servicio de la deuda de Tarjeta	1 715	1 540
Pago de tarjeta de crédito	1 500	8 151
Total de gastos	55 756	56 981
Ahorro mensual	(7 051)	4 019

Todos se pusieron contentos porque lograrían lo que querían. Por supuesto, Toño era el marido y padre más querido de la tierra.

Con entusiasmo Toño comenzó a presentar la estrategia para lograr esa meta. Sacó una cartulina de su portafolio para mostrar a su familia el estado actual de la economía doméstica y los cambios necesario para lograr lo que querían.

Toño explicó que debido al consumo desmedido, habían acumulado un déficit de casi 25 mil dólares. Como no había ahorro, se financiaron con tarjetas de crédito. Entre la camioneta último modelo y la hipoteca de casi 148 mil dólares el total de deuda era de 194 188 dólares. Con sólo 15 mil dólares entre la casa y el efectivo en la cuenta de ahorro, Toño concluyó que la economía doméstica estaba en peligro si él perdía el empleo.

Sugirió entonces que para lograr las metas de la familia, era necesario aumentar el ingreso, bajar los gastos mensuales, terminar de pagar la hipoteca en quince años, las tarjeta en tres e incrementar el ahorro mensual.

Para eso, pidió hacer un reajuste en los gastos: el hijo mayor aportaría al hogar y la esposa buscaría un trabajo de medio tiempo. Le pidió a la abuela que aportara a la casa mientras salían del hoyo. Él trabajaría unas horas más para conseguir un aumento.

Para disminuir los gastos, Toño propuso las siguientes medidas: no más bebidas y ropa cara, el cuidado personal trasladarlo a la casa, menos juegos de video, las llamadas telefónicas se disminuirían y una tarjeta de crédito, la única que se usaría, se destinaría a casos específicos. Con ello, aportaría más dinero a las tarjetas de crédito, para cancelar la deuda, y al principal del préstamo hipotecario, para reducir intereses.

¿Resultado? La reforma fue un fracaso. Todos comenzaron a quejarse del sacrificio que tendrían que realizar para lograr algo que no sabían si disfrutarían dentro de quince años. Ahí terminó la reforma de Toño.

La moraleja es que el deseo tiene un ojo puesto en el futuro, pero la necesidad pone el otro en el presente. ¿Cómo logras hacer un compromiso entre estas dos fuerzas que están con nosotros todo el tiempo? Simple: prioridades. Es una solución salomónica para no terminar como el cuento del niño.

3
Conoce el ambiente económico

Nosotros no vivimos en una burbuja donde cualquier evento económico nos es ajeno. Hay seis fuerzas que nos acompañan constantemente:

1. Ciclos económicos

2. Inflación

3. Costo por prestar dinero

4. Industria financiera

5. Gobierno

6. Economía internacional

Ciclos económicos

La economía fluctúa. José lo sabía y como era ministro, se lo dijo al faraón. Esto sucedió hace miles de años. El mismo principio se aplica hoy: tenemos que estar preparados para enfrentar las fluctuaciones de la economía.

La economía pasa por fases o fluctuaciones que se asemejan al movimiento de una ola. Ésta aumenta, llega a su pico, rompe y desaparece hasta que comienza de nuevo su ciclo. Estas fluctuaciones representan la combinación de incremento y desaceleración de la actividad económica.

El término inglés que expresa la interacción de crecimiento y desaceleración es *business cycles*. Cada periodo o fase varía sustancialmente en duración e intensidad. Las cuatro fases que los economistas reconocen son: depresión, recesión, expansión y auge.

La economía tiene recursos (nosotros, la tecnología, los emprendedores y la materia prima), los cuales se combinan para producir lo que demandamos. Se asume que utilizando esos recursos en su mayor potencial, generaremos un crecimiento económico que beneficiará a todos. Al existir mayores recursos y más gente demandando, las mejores maquinarias, las técnicas de cultivos de avanzada, el incremento de los conocimientos y los inventos novedosos, generan mayor producción y servicios que impulsan el crecimiento económico.

Pero, no todo el tiempo se utilizan todos los recursos, por lo que el resultado es una disminución en la actividad económica. Esto produce aceleración y desaceleración en la economía.

Estas subidas y bajadas producen muchos de los cambios que afectan nuestra situación económica. Cuando estamos en bonanza no hay problema, porque muy pocos se quejan. Aumenta el consumo, las compañías expanden producción, se

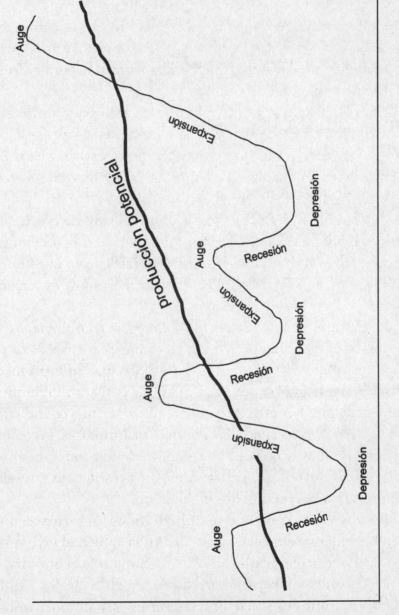

contrata más gente, hay crédito disponible. La gente aumenta la compra de autos, saca préstamos, viaja, hace remodelaciones. Puede que la economía se recaliente (porque hay mucha gente consumiendo) y entonces comienza a subir la tasa de interés (la Reserva Federal) para calmar la excitación comercial.

Pero cuando empieza una caída (técnicamente llamada desaceleración) lo interesante es que las compañías reaccionan más rápido que el consumidor. Tratan de anticiparse (porque buscan ver lo que está detrás de la curva), mientras nosotros nos quedamos bailando, creyendo que la fiesta nunca termina.

Cuando ellas consideran que hay un periodo de vacas flacas, bajan la producción y recortan gastos. Esto afecta a otras compañías que hacen negocios. Se despiden empleados. El pequeño negocio que le vende comida, les plancha la ropa o les vende gasolina, se ve afectado cuando hay despidos.

Algo similar pasa con nuestro consumo. Cuando nos gastamos el dinero de la casa y llevamos las tarjetas de crédito al límite, nos vemos obligados a consumir menos. Claro que no recortamos los productos de primera necesidad ni lo relacionado con la salud, como medicinas y servicio médico. Tampoco dejamos de pagar luz, agua, gas y otros servicios de utilidad. Aunque el precio de la gasolina esté por las nubes, la necesitamos para mover el auto.

Es una espiral poco agradable que necesita incentivos para generar crecimiento. Es cuando la Banca Central afloja y baja la tasa de interés poco a poco. A lo mejor el gobierno nos devuelve dinero para ayudarnos a aumentar el consumo nuevamente. La idea es inyectar más dinero en la economía para incentivar el consumo y la producción. Entonces se asume que los bancos tienen más dinero para prestar y nosotros, más para consumir. Aquí comienza una nueva ola: los bancos comienzan a prestar, las compañías aumentan la producción, se incentiva la construcción de casas, autos y demás. O sea, la economía es tan hormonal como nosotros. Por eso debemos saber que estas alzas y bajas en la economía afectan nuestro ingreso, acceso a crédito, oportunidad de trabajos, entre otras cosas. Saber que la economía fluctúa es clave para nuestra economía personal.

Éste es un argumento suficiente para que mantengamos el consumo constante y creemos una reserva de emergencia si queremos seguridad y anhelamos acumular riqueza a largo plazo.

Inflación

La mejor forma de mostrar el daño de la inflación es el caso de Gabriel:

El caso de Gabriel

Gabriel tenía un negocio propio que le generaba una cantidad de dinero suficiente para vivir bien y acumular una pequeña fortuna. Una mañana recibió una llamada de Juan pidiéndole 30 mil dólares. Juan se comprometía a firmar un pagaré reconociendo la deuda que tendría con su primo. Gabriel consideró prudente prestarle el dinero. "Esto queda en familia", dijo Gabriel al colgar el teléfono aprobando el préstamo. Esto fue en 1983.

Cayó la cortina de hierro, Clinton ganó la presidencia, Microsoft llegó a ser la favorita de muchos, septiembre 11 pasó a ser fecha trágica y llegamos al 2003. Juan está en el retiro viviendo cómodamente y Gabriel acaba de cumplir medio siglo de vida.

En una de esas fiestas de familia, Gabriel le comentó a Juan que revisando los papeles descubrió el pagaré sobre el préstamo de 30 mil dólares. Juan lo miró con incredulidad porque no recordaba tal préstamo. Gabriel supuso que eran los años los que estaban robando espacio a la memoria de Juan.

Varios días después, Gabriel se acercó a la casa de Juan y le mostró el pagaré firmado por él. Juan reconoció su firma. Después de burlarse de su memoria, le comentó que no había ningún problema y que inmediatamente le haría un cheque por 30 mil dólares para saldar la deuda.

Gabriel le dijo que no podían ser 30 mil dólares. Juan observó el pagaré nuevamente y vio que la cantidad escrita era 30 mil dólares. Gabriel argumentó que los 30 mil dólares que le quería pagar no eran los mismos 30 mil dólares que él prestó. Juan no comprendió la matemática de Gabriel: "¿Cómo puedes decir que los 30 mil dólares que te voy a pagar no son los mismos 30 mil de hace 20 años?", sentenció Juan, a la vez que comenzaba a hacer el cheque.

El caso de Gabriel pone en la mesa el efecto inflacionario en el poder de compra del dinero. Este principio es uno de los temas más estudiados por los economistas y poco o nada entendido por muchos de nosotros.

Técnicamente, la inflación es la pérdida de poder de compra de una unidad monetaria debido al incremento en los precios de bienes y servicios. La mejor forma de entender qué es inflación es viendo la diferencia de precios en periodos distintos.

Por ejemplo, en 1984 un Lincoln Town Car tenía un precio aproximado de 19,876 dólares. Hoy cuesta más de 45 mil dólares. En 1980, el precio de una entrada de cine era 2.69 dólares. Hoy es 7 dólares o más. Este cambio de precio es causado por la inflación. Esto quiere decir que si hubieras guardado 2.69 dólares en una alcancía para ir al cine en 1980, 20 años después con esa cantidad de dinero no comprarías ni la mitad de una entrada al cine. Dirás ¿cómo puede ser, si es la misma taquilla del cine? La razón es que los 2.69 dólares puestos en la alcancía, no aumentaron al mismo nivel que el precio de la entrada al cine. Éste principio es la base del argumento de Gabriel al decirle a Juan que los 30 mil dólares de 1983 no tienen el mismo poder de compra hoy, debido al incremento de los precios.

Entonces surge la pregunta del millón: ¿cuál sería la cantidad que debería pagar Juan hoy por los 30 mil dólares que recibió?, ¿qué cantidad actual sería equivalente al poder de compra de los 30 mil dólares en 1983? En otras palabras, cuánto debe recibir Gabriel para poder comprar lo mismo que hubiera comprado con ese dinero en 1983.

Es una pregunta con muchas respuestas. Los economistas no se ponen de acuerdo en esto. Unos dicen que el promedio es 3 por ciento. Otros consideran que uno de los índices más conocidos y utilizados para determinar la tasa de inflación, conocido como CPI, está sobrestimado por casi 1.1 por ciento (o sea, no sería 3 por ciento sino 1.9 por ciento). Otros más, que la tasa de inflación correcta estaría entre 1 y 4 por ciento anual. Están de acuerdo en que existe inflación, pero hay discrepancia sobre cuánto es.

¿Cómo se traduce esto en el caso de Gabriel? Si asumimos que el promedio en el incremento en los precios generales fue del 2 por ciento durante el periodo de 20 años, Juan tendría que pagarle a Gabriel 44,578 dólares. Por tanto, si Juan decide hacer un cheque por 30 mil dólares le estaría pagando a Gabriel 20,189 dólares. Una ganga para Juan. La diferencia es lo que perdería Gabriel por el efecto de la inflación.

De la inflación no se salva nadie. Cuando los bancos deciden cuánto interés cobrarte por un préstamo, toman en cuenta la inflación. Cuando el seguro social calcula el pago, también considera la inflación. La lista de instituciones es extensa y muestra que la inflación es un costo escondido que si no se tiene presente se come el valor del dinero. Es un cáncer dormido que ataca nuestro poder de compra.

Costo del dinero

"¿Por qué las tarjetas de crédito cargan tanto?" "Deberían bajar el interés", "¿no hay otro costo escondido?", son comentarios que escucho cuando la gente se queja del interés que le cobran. Pero, ¿cómo se determina el cobro de esa cantidad?

El costo de prestarnos o prestar dinero se calcula a través de precios. De la misma forma que compramos un plato de comida por un precio, lo mismo se hace cuando compramos o prestamos dinero. La tasa de interés, los dividendos y las ganancias es el precio que pagamos y nos pagan por él.

Te presten o prestes es importante considerar al menos tres elementos: *1)* lo que quieres ganar, *2)* los riesgos y *3)* cómo va a estar la inflación en el futuro.

Tomemos el ejemplo del interés de los préstamos hipotecarios. Sabemos que hay diferentes compañías ofreciendo préstamos hipotecarios a cambio de un precio (el interés). Cada una ofrece un precio distinto debido a la competencia. Pero, ¿cómo determinan el precio por ofrecer, digamos, a 8 por ciento fijo, un préstamo hipotecario por 30 años?

Los inversionistas, que son quienes prestan el dinero para que lo tengamos disponible, exigen una cantidad mínima para prestar el dinero. Necesitan cubrir la inflación; requieren cubrir el riesgo que corren por prestarnos el dinero y también quieren ganar por prestarlo (después de cubrir el costo por hacer negocio).

Digamos que estiman que la inflación a futuro será de 3 por ciento. A eso súmale que ellos requieren al menos 3 por ciento porque un instrumento con igual características está pagando lo mismo y con menos riesgo. Ya tenemos 6 por ciento. Entonces viene el costo por hacer negocio. Digamos que tengo buen crédito, nunca he tenido problemas, pruebo que puedo pagar y que estoy en condiciones de hacer los pagos, pues cobran un 1.5 por ciento. La cantidad que me cobrarían por prestarme el dinero sería 7.5 por ciento.

Entonces, ¿por qué si el inversionista quiere 7.5 por ciento me están cobrando 8 por ciento? Porque hay alguien que va a tomar el trabajo de hacerme los cobros mensuales, enviar el dinero que yo pago a los inversionistas, ocuparse de que pague, etcétera. Son los intermediarios. Ellos, en este caso, cobran .5 por ciento por sus servicios.

Por tanto, el pago mensual que hago por la hipoteca se divide en devolver el principal que tomé prestado y pagarle al inversionista para cubrir la inflación, lo que quiere ganar como mínimo, el riesgo que corre por prestar y el servicio que ofrece.

¿Por qué explico todo esto? Para entender por qué los intereses cambian y por qué hay diferentes precios a partir del tipo de financiamiento. Un préstamo de una hipoteca convencional no cuesta lo mismo que prestar dinero para una tarjeta de crédito. Parte de la diferencia se debe a las variables que expliqué arriba. Y el riesgo es una de las razones de mayor peso.

Esto también nos ayuda a entender que cuando estamos en un periodo en el que los intereses suben, es porque hay expectativas de una inflación más alta o un riesgo mayor en prestar dinero, y los inversionistas demandan más por su dinero.

Si te pones en la posición del inversionista, pondrías un precio a tu dinero. Cuando el gobierno o una empresa dice que nos paga 6 por ciento por usar nuestro dinero, ellos estiman que nosotros estaríamos dispuestos a prestar (o invertir) a ese precio, a partir de lo que expliqué sobre la inflación, la ganancia esperada y el riesgo.

Industria financiera

La póliza de seguro, el préstamo para pagar el arreglo en la casa o adquirir el auto, proviene de dinero puesto por alguien. Los ahorradores son los que proveen ese dinero. Venga de un trabajador o de un multimillonario europeo, son ellos quienes ponen el dinero a trabajar para que otros lo puedan usar. Pero, ¿quién funciona de intermediario para que los ahorristas e inversionistas puedan prestar dinero? Aquí entra el mundo financiero.

FLUJO DE FONDOS

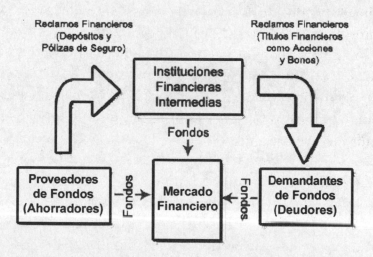

Estos intermediarios desempeñan un papel importante en el sistema económico. Son el aceite que lubrica el sistema financiero y hace que navegue el dinero de aquellos que tienen a aquellos que demandan. Las instituciones financieras como los bancos comerciales, compañías de seguros, firmas de corretaje y de inversiones, fondos mutuales y fondos de pensiones, realizan la función principal de canalizar los fondos de aquellos que tienen *surplus* (los ahorradores) a aquellos que necesitan dinero (los cortos de fondos).

Su labor es de suma importancia porque suministra fondos a aquellos que no los tienen, pagándole un retorno a aquellos que sí lo tienen.

Nosotros pagamos un costo por usar dinero, pero también exigimos que nos paguen cuando invertimos nuestro dinero. Los intermediarios hacen dinero cuando prestan dinero y cuando invierten nuestro dinero.

También funcionan como suministradores de dinero. A través de ellos aumenta o disminuye la cantidad de dinero. Cuando aumenta y hay más dinero disponible, están más dispuestos a seducirte y persuadirte para que tomes prestado. Pero cuando disminuye y hay menos dinero porque es más caro, se ponen más conservadores al momento de prestar.

El sector financiero es pieza clave e indispensable para el desarrollo de la economía y de nuestra independencia financiera. Son un aliado si los sabemos usar o un dolor de cabeza si los usamos incorrectamente.

Gobierno

Del producto interno bruto (GDP por sus siglas en inglés) en los EUA, el total de gastos de gobierno (tanto federal como local) representa aproximadamente 17 por ciento. Es decir, de cada dólar que se gasta en el país, el gobierno es responsable de 0.17 centavos de dólar. De este total, aproximadamente 40 por ciento se destina a cubrir los gastos del gobierno federal y 60 por ciento al estatal-local. El gobierno federal recibe la mayoría de su ingreso de impuestos sobre el ingreso personal; mientras los estatales, lo reciben mayormente de impuestos sobre la venta y la propiedad.

Viendo que tanto el impuesto al ingreso personal como los impuestos sobre ventas y propiedades son en principio, el mayor ingreso del gobierno, no puede ser obviado el efecto que tienen los impuestos en las finanzas personales. Por eso, conocer la salud financiera del gobierno en sus diferentes niveles (federal, estatal y local) y saber de sus acciones a corto y largo plazo, es parte de la relación individuo-gobierno porque sus acciones pueden afectar, negativa o positivamente las finanzas personales.

En el Tercer piso hablo con más detalle sobre cómo el gobierno grava nuestros ingresos y por qué debemos saber más sobre las reglas del juego para no pagar más de lo que debemos.

Economía internacional

Hoy día, no es una sorpresa ver que un maletín está hecho en China, una medicina en Canadá, un televisor en Corea; actualmente, un vino de Chile está en muchas mesas acompañado de un queso francés. La exportación o importación de productos, así como las inversiones directas, las inversiones en el mercado de capitales, la compra de bonos del gobierno y el mercado de divisas son otros movimientos que influyen de manera significativa en las finanzas no sólo del gobierno y las empresas, sino también en las personales.

Esta fuerza es importante sobre todo hoy, cuando la economía está más globalizada y otros países están desarrollando ventajas competitivas obligándonos a estar más alerta. En el piso tres hablo de cómo hay que estar en constante desarrollo intelectual y la importancia de invertir en conocimiento.

4
Controlar
el consumo

Vimos la pelea entre el señor Deseo y la señora Necesidad y concluimos que debemos priorizar, especialmente si queremos llegar a tener riqueza en el futuro.

También entendimos que no estamos aislados en una burbuja donde podemos evitar los vaivenes en el ambiente económico y asumir que el futuro es predecible y nada nos puede afectar. Entonces ¿qué podemos hacer? Poner en práctica un principio fundamental: controlar el consumo.

La comparación es entre ingreso y edad. Esta relación está condicionada por la etapa de vida en que nos encontremos, el nivel de ingresos y el de consumo. Está claro que durante el periodo infantil no ingresamos, sólo demandamos. Esta demanda la cubren nuestros tutores.

Fíjate en este gráfico.

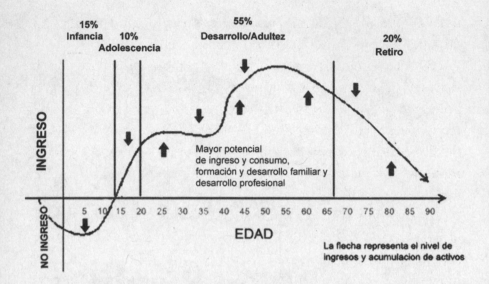

Cuando entramos en la adolescencia y en la etapa de universidad, el consumo sigue aumentando pero también el ingreso (con algún trabajo de medio tiempo para cubrir ciertos gastos). Aunque la demanda en este periodo aumenta por los costos de la educación, también comenzamos a probar el mercado laboral.

En el periodo adulto, que es casi el 60 por ciento de nuestra vida, es cuando realmente nos enfrentamos al mercado laboral y a un crecimiento potencial en ingreso y consumo. El estudiante pasa a ser un profesional o un empresario. Además de ser un periodo de incremento en el desarrollo profesional, también es un periodo de formación de la familia; de acumulación de activos como propiedades, efectivo, activos financieros y activos de valor personal. La familia se agranda e inicia el periodo que nuestros padres comenzaron cuando nacimos.

El periodo de retiro es considerado de menos intensidad laboral y de menor responsabilidad económica con la familia. Aunque el consumo puede aumentar o disminuir, generalmente se asume que acumulamos activos suficientes para cubrir la falta de ingreso por concepto de trabajo.

Si relacionas este punto del ciclo consumo-edad con las fluctuaciones económicas que sufren las instituciones como el gobierno y las empresas privadas, podrás entender que nuestro ingreso está condicionado en gran medida por la conducta de la economía. A partir de este panorama, ¿cómo debemos manejar el consumo?, ¿debemos separar el consumo de lo que ingresamos?

Es una decisión que tenemos que poner en perspectiva. En la vida diaria, la tentación de aumentar consumo y endeudamiento cuando incrementa el ingreso, es justificable. Pero, ¿el ingreso está asegurado? ¿No sería mejor aumentar el consumo una vez hayamos recibido el ingreso?

El reto se presenta cuando el ingreso cae y sufrimos un gran impacto porque no podemos bajar el consumo tan fácilmente. Recuerda que el ingreso puede bajar de un solo cantazo (cierre de la compañía, despidos, enfermedad, entre otras circunstancias). En ese momento surge la dificultad de cortar gastos, vender la casa, el auto, bajar las tarjetas de crédito, etcétera.

Veamos este ejemplo hipotético. Estamos en el 2007. La familia Pérez tiene un ingreso después de pagar impuestos, de 4 mil dólares. Sus gastos ascienden a 3 930 dólares, por lo que tiene un ahorro de 70 dólares. Ha ahorrado unos 7 mil dólares, de los cuales tienen pensado gastar 3 mil dólares en un viaje a Disney para complacer a los niños.

	Actual	Incremento en precio	Pérdida Ingreso e incremento precio
Familia Pérez y los tres escenarios (dólares)			
Ingreso	4 000	4 000	1 800
Gastos			
Casa	1 120	1 120	1 120
Entretenimiento	300	300	300
Auto	600	600	600
Gasolina	150	300	300
Colegio	500	500	500
Teléfono	100	100	100
Luz	80	100	100
Agua	50	62.5	62.5
Comida	400	460	460
Peaje	30	45	45
Préstamos	600	600	600
Total	3 930	4 188	4 188
Ahorro	70	(188)	(2 388)

Durante un tiempo la familia Pérez se las ha arreglado bien. Ella trabaja como secretaria en una compañía de servicios electrónicos; él representa productos de construcción.

Pero se están gestando cambios que pueden afectar a la familia en un futuro inmediato. Incrementa el precio de la gasolina y se espera un disparo de 50 por ciento durante un periodo de seis meses. Se habla de aumentos de 25 por ciento en el agua y la luz, en el peaje es posible que se duplique el precio y el consumo de los niños hará que los gastos en la comida aumenten 15 por ciento. Además, ella escuchó a principio del año, el rumor de que su compañía piensa cerrar parte de la operación en su área y de que es posible el despido de 100 personas.

En este panorama, hay dos riesgos potenciales: para los Pérez: por un lado, el aumento en los precios representaría 257 dólares más en los gastos de la familia, asumiendo que todo lo demás no sufre cambios. El resultado sería un negativo de 188 dólares mensuales. El otro riesgo que enfrentan los Pérez es la posible pérdida del empleo. Esto implicaría una disminución sustancial del ingreso.

¿Qué deberían hacer los líderes de la familia Pérez? ¿Seguir con la conducta normal de consumo y suponer que no les sucederá nada negativo o comenzar a tomar decisiones radicales a tiempo y estar preparados para un posible golpe financiero?

Muchos nos enfrentamos con situaciones que nos exigen escoger lo que genere menos efectos negativos en el futuro. Afrontamos el dilema y asumimos que recortar gastos implica enojo de los niños, quitar comodidades y hasta ser criticado por los más allegados.

Claro que existe la otra vía muy utilizada por la mayoría: aumentar el crédito. Esto puede ser un alivio, pero también una bomba de tiempo. Sacaste dinero de la casa, de las tarjetas de crédito y del plan de retiro. Pero, ¿resuelves el problema? No, son soluciones "aspirinas".

Aquí entra la razón de la regla número 3: mantener un consumo constante para acumular riqueza neta (regla número 6), la suficiente para subir el consumo y vivir cómodamente en el retiro.

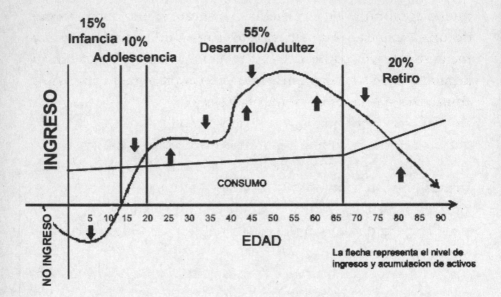

En la gráfica vemos el vaivén de los ingresos debido a una gran variedad de razones. A ellas deben sumarse la inflación y tantas otras cosas que pasan en la economía e incrementan la incertidumbre. Si nosotros contrarrestamos el riesgo con una dosis de balance en el consumo, estamos distribuyendo el riesgo.

Al mantener el consumo constante, especialmente en periodos de vacas gordas, tu José interno le dirá al Faraón: "Acumule, para los tiempos de las vacas flacas". Cuando las vacas están flacas, José le dirá al Faraón: "Tenemos suministros suficientes para pasar la tempestad".

La idea es que entre mayor sea la diferencia entre ingreso y gastos, más posibilidad hay de acumular. Al hacerlo estamos previniendo tener para cuando el ingreso disminuya, especialmente en el retiro. Si de por sí el ingreso es incierto, al no moderar el consumo estamos aumentando el riesgo.

No vamos a ser como el chiste de la señora que ahorró tanto que llegó a los 2 millones de dólares, pero se murió porque no quería comprar ni una medicina. No es eso. Piensa como dueño de una empresa, ¿qué le pedirías a tus administradores? "No me aumentes los costos demasiado para que no se vea afectada la ganancia". Es exactamente lo mismo aquí: mantén tus gastos constantes si quieres aumentar la riqueza.

5

Vive en presupuesto

Ya sé: llevar control de los gastos es pesado, monótono y aburrido. Pero, ¿quién dijo que hacer dieta o hacer ejercicios para sudar y bajar de peso es divertido? Reconozco que me siento incómodo cuando dicen que debemos disminuir el exceso de helado de vainilla con coca cola o que debemos salir a correr para mantenernos en forma. Pero ¿por qué lo hacemos entonces? Porque buscamos el resultado. Buscamos obtener un mejor estado físico para evitar enfermedades innecesarias e incrementar la posibilidad de vida.

Sucede lo mismo al tener control de los gastos y revisar los ingresos. Es pesado, pero el resultado, tener seguridad y tranquilidad financiera, lo vale.

¿Sugerencias para el presupuesto?

El presupuesto no es otra cosa que un plan a futuro sobre el uso de nuestros recursos en un tiempo determinado. Fíjate que se compone de dos acciones: planificar y controlar. Aunque ambas van de la mano, no son iguales. El primero es establecer las metas que se quieren lograr. El segundo, los pasos que daremos para lograrlas.

Una cosa sin la otra es pérdida de tiempo. Es como iniciar una dieta sin razón o querer bajar de peso sin hacer dieta.

Las metas debes establecerlas por tiempo, prioridad e impacto económico que tendrán.

Digamos a modo de ejemplo que quiero lo siguiente:

- Tener 3 mil dólares en una reserva de emergencia dentro de un año.

- Aumentar mis ingresos en 300 dólares mensuales en seis meses.

- Comer afuera dos veces al mes.

- Aportar 100 dólares mensuales a mi plan de retiro de forma religiosa a partir del próximo mes.

Teniendo más claro mi plan de juego al especificar lo que quiero, entonces me dedico a crear el presupuesto.

Establécelo pensando en términos anuales, pero consciente de que el control debe ser mensual.

Observa el siguiente cuadro para darte una idea:

Metas financieras				
Meta financiera	Breve descripción	Prioridad (alta, mediana o baja)	Fecha	Impacto $$ / Ingreso (+) Costo (-)
1. Incrementar los ahorros	Tener una reserva de emergencia.	Alta	1 año	- 250
2. Aumentar los ingresos	Trabajar 20 horas más a la semana o 13 horas de tiempo extra.	Alta	6 meses	+ 300
3. Aumentar el entretenimiento	Comer dos veces al mes afuera.	Baja	Ahora	- 50
4. Crear un fondo para el retiro	Comenzar plan de retiro.	Mediana	1 mes	- 100

Primero: Sé determinante al cuidar el dinero. Involucra a toda la familia en el plan, que todos participen. Éste es un trabajo de equipo.

Segundo: Haz una lista de los productos y servicios que se consumen en la casa. Sepáralos por categorías: entretenimiento, comida, ropa, etcétera. Analiza cada uno y busca un posible substituto que ayude a disminuir el gasto. Por ejemplo: en entretenimiento gasto 60 dólares en cine. Posible sustituto: rentar películas, total 20 dólares. En automóvil gasto en gasolina 100 dólares: un día a la semana en transporte público puede disminuir 20 dólares.

Tercero: Separa los gastos en dos categorías: "Los que hay que recortar" y "Los que no hay por donde recortar". Comienza a hacer el plan para disminuir los primeros. Los que no, déjalos como están. Toma en consideración que aunque no puedas disminuir buscando mejores precios puedes disminuir el consumo.

Cuarto: Hazlo todo por escrito. Aquí, quien no lleva control por escrito perece en el intento. El papel y lápiz (los *spreadsheet* para los del mundo de la computación) fueron creados para ampliar el volumen de nuestra memoria.

Quinto: Controla.

Sexto: Toma dos cajas de zapato y titúlalas: "Recibos por pasar" y "Recibos pasados". Cada vez que compres, guarda el recibo en la caja que dice "Recibo por pasar". Anota los gastos en la hoja de control.

Sé que hay muchos por ahí que dicen que no es necesario hacer presupuesto o que se puede ser millonario sin llevar un control de los gastos. También hay quienes no quieren mirar dónde va su dinero y esperan que las cosas se pongan mejor para ahorrar o a que el negocio vaya de maravilla para hacerlo. Acaso no escuchamos: "Tranquilo hijo, que Dios proveerá".

HOJA DE CONTROL

	Actual	*Nuevo*	*Diferencia*
Salario			
Negocio			
Inversiones			
Total Ingresos			
Médico/Dentista/Medicinas			
Ropa			
Transportación			
Comidas y bebidas			
Cuidado de niños			
Regalos			
Mascota			
Internet			
Entretenimiento			
Servicio de deuda			
Educación/Cursos			
Pagos de seguros			
Cuidado personal/ Efectivo			
Casa (teléfono, cable, etc.)			
Otros			
Total gastos			
Total (Total ingresos – total de gastos)			

Si no estás convencido, analiza el cuento del ferviente religioso que espera la ayuda del Señor. Se anuncia por los medios que viene una tormenta muy fuerte y se pide la evacuación inmediata. El religioso decidió esperar en su casa porque esperaba que el Señor lo salvara. La casa comenzó a inundarse por la tormenta y un bote con un hombre le gritó que se subiera con él para que no se ahogara. El feligrés declinó diciendo que esperaba que el Señor lo salvara. La inundación crecía y el hombre se tuvo que subir al techo de la casa. Se acercó un helicóptero extendiéndole una escalera movible para salvarlo. Él declinó la oferta porque estaba esperando que el Señor lo salvara. Finalmente, se ahogó. En el cielo se encontró al Señor y decepcionado el feligrés le dijo: "Señor estuve esperando que me salvara y no lo hizo". A lo que el Señor respondió: "Te envié un mensaje por los medios para que evacuaras, te mandé un bote para que salieras de la casa, te envié un helicóptero para salvarte. ¿Qué más querías que hiciera?".

A lo mejor el presupuesto también es un mensaje del Señor.

6
Estudia tu historia financiera

El filosofo Santayana nos hace recordar que no podemos darle la espalda a nuestra historia porque estaríamos condenados a repetir el mismo error. Es irrefutable que lo sucedido en el pasado no necesariamente se repetirá de igual forma en el futuro. También es cierto que el futuro es incierto. Pero, al estudiar el pasado podemos encontrar patrones que nos den pistas sobre posibles acciones que pueden repetirse en el futuro.

Tenemos que revisar nuestra relación histórica, tanto negativa como positiva, con el dinero, con nosotros mismos, con la pareja, los hijos y allegados.

El dinero no es malo. Lo primero con lo que tenemos que batallar con nosotros mismos es la percepción errada de que el dinero es malo, perverso y causante de males.

Contrario a la creencia generalizada el dinero es amoral. Ni es bueno ni malo. El es un instrumento para lograr un fin.

El dinero es como un ladrillo: puede ser usado para construir una casa, un hospital, un edificio. O puede ser usado para romper un cristal o la frente de alguien. Son las acciones que tomemos con él lo que hace la diferencia.

Dime algo: ¿queremos acumular algo que creemos es malo? En la medida que sigamos creyendo esas ideas seguiremos alejándonos de la posibilidad de conseguir la independencia financiera.

Revisa el uso que le has dado a tu dinero y qué uso le piensas dar en el futuro. Comienza revisando patrones. Por ejemplo en el consumo, observa si eres una persona que compra cosas de forma impulsiva e inmediata. O cuando vas a buscar financiamiento escoges el primero que te ofrecen. Lo importante es buscar esos patrones de conducta y decisiones.

Los errores son parte del proceso de aprendizaje. Aprende de los tuyos y de otros porque pueden representar un beneficio en el futuro. No sólo te fijes en los errores también en los aciertos.

Recuerdo a una pareja que me contó sobre la pérdida de una propiedad adquirida con un préstamo de amortización negativa que incrementaba sus pagos. Debido a esto y sumado a la pérdida del trabajo, se atrasaron más de noventa días en sus pagos. Trataron de sacar préstamos, pero la casa había perdido valor y no había banco que la refinanciara. Después de un tiempo, llegó la orden judicial y la pérdida de la propiedad.

Aunque fue un trago amargo que incluso puso en riesgo la estabilidad de su matrimonio, me explicaron su análisis de los hechos. Fue una mezcla de riesgo con la decisión de adquirir un préstamo que no entendían. Lo que sucedió fue que confiaron y no verificaron que lo que decía estuviera escrito en el papel. Sacaron préstamos sobre la casa para hacer remodelaciones que no eran necesarias y gastaron el dinero en viajes. No controlaban lo que gastaban. Confiaron en que su trabajo en la industria de la construcción no caería. Pero aprendieron la lección. Ahora se educan sobre el tema. Llevan presupuesto de todo e investigan antes de tomar una decisión financiera.

Ése es el punto. Comienza revisando los patrones.

Si queremos aumentar la posibilidad de éxito financiero en el futuro, debemos ser arqueólogos de nuestra historia financiera. Hay muchas cosas que se pueden rescatar y sacar enseñazas que nos sirvan para nuestras metas en el futuro.

Maximicemos las áreas donde tenemos control sobre el resultado y disminuyamos en aquellas que no lo tenemos. No ignoremos el pasado ni nos entreguemos a la suerte del futuro. Si creemos que todo es suerte, estamos asumiendo que no hay causa-efecto, que no tenemos responsabilidad por lo que hacemos ni mérito por nuestros logros.

Una compra innecesaria, un financiamiento que no debías solicitar o una inversión exitosa, son ejemplos que debemos analizar como lo hacen las compañías, las universidades y el gobierno, cuando estudian sus propios errores y aciertos. No sólo tiene que ser nuestra historia, también puede ser la de otro. La idea es entender lo que pasó, descifrar patrones y sacar conclusiones para para nuestras futuras decisiones.

Revisa la relación con el dinero, entre tu entorno familiar, y tú. Hay que establecer un sistema de valores para hacer del dinero un constructor de beneficios para uno, la familia y la comunidad.

Desafortunadamente, la relación del dinero y las parejas es una de las causas de divorcio. ¿Razones? Vemos el dinero como un fin en sí y no como un instrumento para generar riqueza, no trabajamos en equipo, no hay comunicación clara y las decisiones no se toman para beneficio del grupo.

Tenemos que comprender que se gana más trabajando en equipo que cada uno tirando para su lado.

Trabajemos la comunicación. Seamos claros en expresar ideas, no hagamos reproches ante un primer error y despersonalicemos la crítica. Evitemos los tonos emocionales cargados de negatividad y ataques personales. Enfoquémonos siempre en las consecuencias buenas o malas de una acción, no de la persona que tomó la decisión. Cuando critiquen siempre traigan una solución. Criticas sin producir soluciones no es productivo.

En matrimonio las decisiones financieras las toman ambos. En las parejas hay uno que es más analítico y ordenado que el otro. Mientras al otro le cuesta menos tomar decisiones y ejecutar. Aquel con talento para el análisis y el orden lleva los números y el control. El otro ejecuta las cosas y mantiene la situación avanzando.

Pero, ambos son los que revisan y toman las decisiones.

Si eres soltero busca un familiar, amigo, consejero, pastor o cura, quien sirva de consejero y contrabalancee tus decisiones. Debes tener a alguien que te mantenga en línea.

Tenemos que cambiar la historia de nuestras familias y comenzar a enseñar a nuestros hijos el valor del dinero.

Es preferible pagar comisión por trabajos realizados, para enseñarle que el mundo remunera a los que trabajan. Si trabajas se paga; si no hay trabajo no hay paga.

Las palabras y las acciones son el mejor maestro. Lo que dices lo haces y lo que haces lo dices. Es responsabilidad de los padres enseñar con el ejemplo. Muestra como están construyendo el edificio de su propia riqueza. Que vean las cosas maravillosas que se pueden hacer con el dinero. Que requiere disciplina, conocimiento, estar informado y motivado para tomar control.

A niños con menos de seis años muéstrales con ejemplo el poder del ahorro usando una alcancía en la que se pueda ver lo que acumulan. Aquellos entre 6 y 12, usa el sistema de los cuatro sobres: *emergencia, ahorrar para el futuro, gastar* y *dar.*

Entre 13 y 15, comienza abriendo una cuenta de cheque y enséñale a llevar su presupuesto y revisión mensual.

7
Aumenta
la riqueza neta

Para ir de menos a más, debemos hacer que la riqueza neta aumente:

El FLUJO DE EFECTIVO

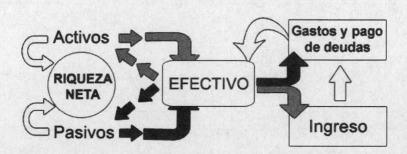

Piensa por un momento qué pasa con cada dólar que recibes. Por un lado, hay que pagar lo necesario para vivir y las deudas. En ambos casos estamos teniendo gastos. ¿Qué pasa si los gastos son menores que los ingresos? La diferencia la podemos ahorrar o usar para adquirir más deuda. Si aumentamos el ahorro o adquirimos cosas que nos pueden producir más dinero, estamos aumentando los activos y los ingresos (flecha gris). Si decidimos tomar el camino de las deudas, lo que estamos haciendo es aumentar los pasivos y los gastos (flecha negra).

Lo ideal es que el ingreso sea mayor que los gastos y que la diferencia se convierta en activos (y menos pasivos) para aumentar la riqueza neta, y a la vez, generar más ingreso.

¿Qué es la riqueza neta?

Básicamente: lo que es tuyo, lo que no debes y tiene valor monetario. Digamos que tengo una casa que vale en el mercado 200 mil dólares y le debo al banco 100 mil. Quiere decir que mi riqueza neta es de 100 mil dólares.

Lo que tengo - lo que debo = de lo que soy dueño

O técnicamente hablando sería:

Activos - Pasivos = Capital neto o Riqueza neta

¿Cuáles son los activos y cuáles los pasivos?

Si te fijas en la fórmula, lo que buscamos es aumentar los activos y disminuir los pasivos. Los activos son clasificados como tales, sin importar que hayan sido comprados o financiados con un préstamo. No es considerado un activo lo que estás alquilando, por ejemplo una casa, muebles, auto, entre otros. Debes saber que los activos que se incluyen en la hoja de balance se basan en el valor del mercado. Este es diferente del precio de compra.

Estos son algunos de los activos más comunes que poseen los individuos y las familias.

ACTIVOS	
Líquidos	**Inversiones**
Efectivo	*Acciones y bonos*
Monedas y billetes	Acciones comunes
Cuenta de cheques	Acciones preferenciales
	Bonos corporativos
Cuenta de ahorro	Bonos gubernamentales y municipales
En el banco	
Otra institución financiera	*Certificados de depósito*
Fondos mutuos de cuenta de capital	(> 1 de año de duración)
Certificados de depósitos (< 1 año de duración)	
	Compañías de Inversiones
	Fondos mutuales
	Bienes raíces
	Dueño de negocio
	Flujo en efectivo en seguros
	Fondos de retiro, Inversiones

Líquidos	Inversiones
	IRA, 401(k) plan
	Otros vehículos de inversión:
	Activos derivados
	Mercaderías
	Metales preciosos
	Anualidades y sociedades limitadas
Propiedades Inmuebles	*Propiedades personales*
Residencia primaria	Automóviles
Casa de vacaciones	Muebles
Otras	Enseres de la casa
	Joyas y obras de arte

Hay activos que se adquieren ahorrando, por ejemplo, comprando instrumentos financieros, como bonos y acciones. También podemos comprar activos reales como casa u otras propiedades. Pero hay activos que si queremos tener y no contamos con el dinero para adquirirlos entonces pedimos prestado. Aquí creamos pasivos (deudas). No importa cuál sea su fuente, es algo que se debe y hay que pagar en el futuro. Los pasivos incluyen desde una tarjeta de crédito hasta la hipoteca para comprar una casa.

Los pasivos se clasifican generalmente en dos: los pasivos corrientes, deudas que se vencen en 1 año o menos, y los pasivos a largo plazo, deudas que vencen después de 1 año.

PASIVOS	
Corrientes	*Largo plazo*
Facturas por utilidades	Hipoteca de la primera casa
Renta	Otras hipotecas

Corrientes	Largo plazo
Primas de seguros	Préstamo por auto
Impuestos	Préstamos por muebles y/o enseres del hogar
Facturas médicas, dentales	Préstamo por remodelaciones
Facturas por reparación	Préstamo para educación
Balance en tarjetas de crédito por:	Préstamo marginal por acciones
Tiendas por departamento	Otros préstamos
Bancos	
Viajes y entretenimiento	
Gasolina	
Otras	
Balance por línea de crédito bancaria	
Otros pasivos corrientes	

¿Cómo ahorrar?

Gasta menos de lo que ingresas o ingresa más de lo que gastas.

Algunas fuentes de ingreso
Salario
Ingreso por ser empleado propio
Bonos y comisiones
Ingreso por inversiones:
Interés
Dividendos
Ganancia por venta de acciones
Renta por alquiler de un activo
Recibo de cupones y manutención de los niños
Becas

Seguro social
Otros ingresos:
  Importe por venta de un activo que no sean
  acciones
Devolución de impuestos
Regalos, regalías

Los tipos de ingresos más comunes son: beneficio recibido por concepto de salario, ingreso por ser empleado propio, bonos, comisiones, interés y dividendos recibidos por ahorros e inversiones, ganancia por concepto de venta de un activo como un auto, la casa, acciones, entre otros.

Fíjate en la tabla que hay diferentes tipos de ingresos. Observa que los ingresos no se conforman solamente por el salario. Por ejemplo, si compras un bono de mil dólares que te paga un interés de 6 por ciento, que sería igual a 60 dólares, es un ingreso. Si tienes acciones que pagan dividendos, también es parte de tu ingreso.

Los gastos se consideran de dos formas: *1)* los gastos fijos, aquellos que incluyen pagos iguales (típicamente cada mes) y *2)* los gastos variables, aquellos que siempre cambian (ejemplo: comida, ropa, entretenimiento).

Fuentes de gastos		
Casa	**Cuidado de salud**	**Ropa, zapatos y accesorios**
Pagos de hipoteca	Facturas del médico	
Renta	Facturas del dentista	**Recreación, entretenimiento y vacaciones**
Reparaciones y adiciones	Hospital	Entradas a eventos

Servicios de mantenimiento	Seguro de salud	Bebidas
		Pasatiempos
		Equipos de deportes
Servicios	**Seguro y pensión**	Discos, libros, etc.
Gas y electricidad	Seguro de vida	Vacaciones y viajes
Servicio de basura	Seguro de incapacidad	
Teléfono	Seguro social y	
Agua	pensión	
TV Cable		**Otros**
	Impuestos	Sellos y correo
Comida	Sobre ingresos	Revistas
Supermercado	Sobre propiedad	Educación
Comidas fuera de casa	Sobre compra	Cursos
		Honorarios de abogado
Transportación	**Enseres, muebles y otros activos**	Gastos de interés
		Membresía
Compra o pago de préstamo	Compra	Regalos
	Pago mensual	Ayuda caritativa
Aceite y gasolina	Reparación y mantenimiento	Mascotas
		Cuidado de niños
Pago de licencias		Otros no clasificados
Reparaciones	**Cuidado personal**	
Pago de alquiler	Lavandería	
Otros	Cosméticos	
	Salón de belleza	
	Otros	

Lo importante es que el efectivo generado, después de cubrir lo básico para vivir cómodamente, lo pongamos a trabajar para que aumente la riqueza neta.

8
Sé astuto

De la misma forma que en la naturaleza el animal desprevenido puede caer presa del cazador, en un sistema competitivo, podemos caer víctimas de la ignorancia y/o de los ventajistas.

Algunos buscan satisfacer nuestras necesidades; otros buscan nuestro dinero. Tenemos que ser compradores y guardianes astutos de nuestro dinero, no consumidores. El primero es activo y alerta. El segundo es pasivo y despistado.

Sea que nos vendan un producto o servicio, hay tres formas básicas que usan las compañías y vendedores para informarnos de lo productos y servicios que venden:

1. Venta personal o directa.

2. Medios de comunicación como TV, radio, periódicos, magazines e internet.

3. Posicionamiento del producto como reconocimiento de la marca, colores, posición en un lugar visible o el empaque.

Unos usan métodos más sofisticados que otros, pero siempre recuerda que no importa lo bonito, novedoso, emocionalmente llamativo que te presenten un producto o servicio, tenemos que ser muy diligentes en saber tanto los beneficios y perjuicios de cada cosa que compramos.

Apúntalo con fuego: todos te van a hablar de los beneficios; nadie te va hablar del perjuicio o las limitaciones que tiene el producto o servicio si no lo preguntas. ¿la razón? Es muy difícil llamar la atención hablando de lo negativo que uno tiene en la primera cita. Por eso es que el beneficio lo vas a ver con letras grandes, colorido, llamativo y lugar visible. Lo no tan beneficioso lo verás en letra pequeña, descolorido, aburrido y escondido.

Conoce los beneficios, pero exige que digan, muestren y prueben las limitaciones.

No sólo veas el factor sicológico de la compra (lo quiero, me gusta, me hace sentir bien) también revisa el factor financiero, los riesgos y el efecto que pueda tener en tu economía personal.

Otro factor importante para ser astutos es la habilidad de negociar. Para negociar necesitas tres cosas:

- Paciencia

  Espera un tiempo prudencial antes de realizar la compra. Entre más grande la factura más tiempo, opciones, paciencia, conocimiento y análisis de la compra se requiere.

  Toma en consideración los motivos de la compra.

- Conocimiento

  No compres nada que no entiendes, no importando si te hace sentir sofisticado o importante.

  Infórmate sobre los perjuicios.

  Considera el costo de oportunidad de la compra. ¿Qué estaría dejando de tener si compro esto?

Escucha las opiniones de otros y nunca olvides a tu pareja si estás casado.

- Opciones

    Compara precio, beneficio y limitaciones de la competencia para que tengas un plan B en caso que no te dan lo que quieres.

    Explora la opción de usar el rol del chico bueno, el chico malo.

Entre más grande la compra, más debes usar de los tres elementos.

En negociación la relación tiene que ser de beneficio para ambos.

Y no tengas miedo de decir no cuando sea necesario. La mejor venta es cuando uno hace la compra.

Segundo piso:
Seguridad

Introducción

Todos queremos llegar a la independencia tanto financiera como el que está en medio de la selva buscando la civilización. Pero primero hay que sobrevivir. En este bosque económico lo primero que debemos hacer es comenzar por el principio: comenzamos con el manual de supervivencia económica.

Una vez que aplicamos las técnicas de sobrevivencia, estamos en condiciones de aventurarnos en la segunda faceta de la obra: construir el Segundo piso llamado seguridad.

Tenemos que estar prevenidos en caso de que nos falte el ingreso por enfermedad o accidente; debemos procurar que nuestros dependientes no se vean afectados económicamente en caso de un evento inesperado y también debemos proteger nuestras posesiones. Necesitamos tener nuestro portafolio de riesgo básico.

Hay que construir un salvavidas en caso que caigamos en aguas turbulentas como un despido, un accidente o cualquier evento que nos obligue una demanda inmediata de efectivo para cubrir las necesidades.

Muchos deseamos comprar cosas ahora. Pero, no tenemos los recursos para adquirir lo que queremos o necesitamos. Alguien nos puede prestar a cambio de que le paguemos con parte de nuestro futuro ingreso. Por eso, debemos tener seguridad antes de adquirir algo y administrar prudentemente los ingresos si queremos llegar a nuestro objetivo final: independencia financiera.

En esta fase vamos a concentrarnos en tres áreas: seguros, reserva de emergencia y crédito.

9
Seguros

¿Qué debo asegurar?

Tú, tus dependientes y tus activos

¿Qué seguros debo tener?

Salud, incapacidad, vida, auto, propiedad.

El caso de Francia

Con más de 10 años de trabajo, Francia había logrado convertir su negocio de accesorios para mujer en una de las mayores casas de distribución del área. El negocio aportaba al bienestar de la familia el 70 por ciento del ingreso bruto que recibía el hogar. De este porcentaje dependía la educación de los hijos, el pago de la casa y las operaciones diarias del hogar.

Pero de la bonanza pasó a la inestabilidad. El negocio se vio afectado por el alza en los precios de importación. Las ventas cayeron tras una seria recesión que afectó la demanda de accesorios. A la presión del negocio se sumó la presión de la familia por más consumo. Los hijos estaban concentrados en sus problemas existenciales y el esposo permanecía ensimismado en su trabajo. A la familia le sobraba entretenimiento y le faltaba comunicación.

Francia dejó que la presión aumentara internamente, pues tenía miedo a hablar porque no quería causarles dolor. Ella sabía que debía hacer ajustes severos. Una mañana, tomó la lista de los gastos y comenzó a marcar con tinta roja lo que no era necesario. Uno de esos gastos era el pago del seguro de vida que cubría a su familia en caso de que muriera. Dudó por un momento cuando el vendedor de la póliza le explicó las consecuencias, pero encontró una justificación para su decisión: "Sería el colmo de la mala suerte. Eso no me va a pasar".

Dos meses después de una tensa calma, un evento fortuito marcó la vida de Francia y su familia para siempre. Una enfermedad terminal acabó con Francia en menos de 10 meses. Ninguna casa quiso asegurar a una persona en las condiciones de Francia. Su pérdida dejó incertidumbre, dolor y deudas.

¿Qué debo asegurar?

Tanto en las finanzas personales como en todo orden de cosas vivimos en riesgo. Estamos rodeados por él. Sabiendo esto, debemos aprender a identificarlo, valorarlo y enfrentarlo. Para eliminar o reducir la exposición al riesgo, podemos hacer cuatro cosas:

1. Evitarlo.
2. Controlarlo.
3. Aceptarlo.
4. Transferirlo.

La forma más común en que los individuos, familias y negocios transfieren el riesgo es con la compra de seguros. En general, cuando compramos pólizas de seguros, lo hacemos para cubrir tres tipos de riesgos: *riesgo personal, riesgo por responsabilidad y riesgo por daño a la propiedad.*

Riesgo personal: Éste incluye pérdida económica asociada con muerte, enfermedad o incapacidad.

Riesgo por responsabilidad: Este surge como protección cuando producimos un daño a alguien o a la propiedad de otros. Por ejemplo, un accidente de automóvil, o mala práctica en nuestro negocio o profesión.

Riesgo por daño a la propiedad: El tipo de pérdida económica que cubre éste, típicamente incluye daños al automóvil, casa o cosas personales causados por accidente, robo, incendio o desastres naturales.

Por eso, debemos asegurar tres cosas básicas: nosotros, porque si nos enfermamos o tenemos un accidente ¿quién va a cubrir el ingreso por la falta de trabajo? Nuestros dependientes, porque si fallecemos ¿cómo van a afrontar económicamente la pérdida? Y nuestros activos, para no perder el valor de lo que tanto sudor nos ha costado.

Cuando hablamos de los riesgos a los que estamos expuestos como personas que puedan afectar la estabilidad económica propia y de nuestros dependientes, es indispensable buscar la manera de transferir el riesgo. En este sentido, los tres seguros importantes son: salud, incapacidad y vida. Otra protección básica es la del auto y la propiedad.

Seguro de salud

Salvo que seas súper millonario o tengas un ingreso tan bajo que califiques para los programas de salud del gobierno, es muy difícil que puedas cubrir los costos de salud por ti mismo. El problema es que aumentan constantemente y como no sabemos cuáles son las enfermedades que podemos padecer ahora o en el futuro, estar sin seguro de salud es un riesgo financiero enorme. Especialmente si tienes familia.

Lo más probable es que adquieras tu seguro de salud a través de tu empleador o el empleador de tu pareja. Si tienes ese privilegio, siéntete afortunado porque la cobertura en grupo es más barata que la individual; además, no tienes el dolor de cabeza de salir a comprar un seguro de salud. Claro que muchos deben conseguir un seguro privado, debido a que el empleador no los cubre o son empleados por cuenta propia.

Sea como sea, es un riesgo estar sin seguro pensando que no nos enfermaremos porque si sucede lo inesperado, el impacto económico es tal que no vale la pena correr el riesgo de no tener la cobertura. Aquí explico unos puntos que debes considerar en tu póliza de seguro de salud.

Conoce el plan. Esto es clave. Tenemos que conocer los tipos de cobertura y beneficios, los médicos y hospitales que están dentro del plan y cuánto debes sacar de tu bolsillo antes de que la póliza pague. También debes saber si existen pagos por visitas al médico o por medicinas y cuánto cuesta esto. ¿Cuál es la cantidad máxima que cubren de por vida?

Es cierto que no podemos escatimar cuando de salud se trata, pero no es bueno para el bolsillo ir al médico por cada resfriado que nos venga en la mañana. Por eso, conociendo el tipo de plan, podemos estimar qué nos cubre y qué no.

Si estás empleado en una compañía con plan de salud y tienes más de 20 empleados o si eres empleado del gobierno federal o estatal, acude al Departamento de Recursos Humanos para que te expliquen sobre el programa COBRA y si aplica a tu caso.

Y si estás por comprar una póliza individual o para negocio, solicita varias cotizaciones y compara los planes antes de entrar en el plan. No sólo el precio vale, también el tipo de cobertura.

Busca la mayor cobertura y la necesaria. Un error común es asegurar los gastos pequeños y no los grandes gastos como operaciones, hospitalización, médicos, análisis de laboratorio, radiografías, enfermedades que implican tratamientos costosos como cáncer, corazón, diabetes, entre otras.

Busca los planes que tengan mayor cobertura médica *(Major Medical Insurance Plan)*, especialmente aquellas pólizas que son comprensivas. Son más caras, pero cuando la enfermedad se presenta, el efecto negativo en nuestras finanzas es catastrófico y tener que enfrentar dos catástrofes a la vez no es nada positivo.

El problema es mayor para quienes tienen cobertura limitada y para quienes carecen de una. Más si tienen algunos activos acumulados, pues cuando llega una enfermedad costosa, es posible que nos pidan dinero incluso antes de comenzar a curarnos.

Recientemente salió un caso en *Wall Street Journal* sobre una mujer que por tener cobertura limitada está batallando con los altos costos de su terapia contra el cáncer porque el seguro no cubre todo y el hospital demanda dinero por el servicio. Sin problemas previos de salud, esta mujer renunció a un trabajo y compró una póliza de cobertura limitada para cubrir lo esencial, pues consideraba que no tendría problemas mayores.

Así sólo pagaba 185 dólares mensuales. Poco tiempo después le diagnosticaron leucemia. Debido a su cobertura médica limitada, el seguro no cubría el tratamiento ni los medicamentos.

Al carecer de cobertura, el hospital revisó y encontró que tenía algunos activos acumulados casa, plan de retiro, auto, entre otros. En consecuencia, exigió que ella no fuera tratada si no pagaba por adelantado. Actualmente, debe más de 130 mil dólares por el tratamiento. A los 52 años, puede pagarlo con sus activos, pero se quedará sin su retiro.

Éste es un ejemplo que muestra la importancia de estar cubierto para las cosas grandes. Mayor cobertura es la vía. Es posible que la cobertura que tienes no incluya medicamentos o tratamientos específicos y que debas obtener cobertura adicional.

Revisa la cláusula de participación y cobertura máxima de por vida. De acuerdo con el contrato, puede ser que no te cubran el 100 por ciento. Esto se conoce como *coinsurance clause* (cláusula de coparticipación) y quiere decir que la aseguradora puede pagar, digamos 80 o 90 por ciento del monto total de la factura tras haber restado el deducible.

Digamos, por ejemplo, que estuve cinco días en el hospital y la factura llegó a 8 mil dólares. Mi póliza dice que cubre el 90 por ciento después de un deducible de mil. Quiere decir que los primeros mil dólares de la factura los pago yo. De los 7 mil restantes, ellos cubrirán el 90 por ciento y yo el 10 por ciento. O sea, mi factura sería de 1 700 dólares.

Esto es importante porque generalmente pensamos que después del deducible no debemos pagar más, pero no es así si la cláusula de coparticipación es menor al 100 por ciento. ¿Te imaginas si la factura fuera 70 mil dólares o 700 mil dólares? ¡Tendría que pagar 7 900 o 69 900 dólares! Ni pensarlo.

Por eso, revisa que la póliza tenga el límite máximo incluso donde tú pagas la diferencia de coparticipación, cuando tenga esta cláusula. Es lo que llaman *stop loss provision*" o provisión de pérdida máxima, la cual evita que el monto sea muy alto.

La cobertura máxima de por vida es la mayor cantidad que la aseguradora pagará sobre la vida que cubre. Digamos que el monto es hasta 2 millones de dólares. Esto significa que en total, la aseguradora pagará hasta esa cantidad. El ideal es que no tenga un límite máximo.

Conoce los "límites internos" *(Internal limits).* Estos son límites que pone la compañía de seguros cuando va a cubrir un servicio particular como cuarto, ciertas operaciones, hospitalización por demencia o por droga. En estos casos la compañía establece el máximo que pagará por día durante un tiempo determinado. Por ejemplo, 250 dólares diarios por cuarto hasta un máximo de 90 días.

Compara "deducible vs. prima". La misma talla no se aplica a todos por igual. Para algunos puede ser conveniente tener una póliza con un deducible alto, pero para otros no. La razón para tener un deducible alto es que tiende a bajar la prima porque se le está diciendo a la compañía de seguros que nos haremos cargo de los primeros dólares que gastemos (el límite depende del tipo de cobertura y si es individual o familiar). Pero también puede suceder que una enfermedad inesperada te haga pagar más de lo necesario, haciendo que el ahorro en prima mensual sea menor que el gasto por la enfermedad.

Aquí te doy algunos puntos de referencia para ayudarte a determinar cuál opción puedes considerar como primera.

Candidato para alto deducible	Candidato para bajo deducible
Goza de buena salud y no estima que tendrá problemas de salud en el futuro. Tiene ingresos altos o ahorro suficiente para cubrir los gastos. Tiene la información y el tiempo para conseguir proveedores de servicios de salud locales (competencia de precios). Tiene ingresos con los que justifica la consideración del deducible de sus ingresos.	No goza de buena salud. Sabe que puede enfrentar mayores problemas de salud en el futuro. Tiene ingreso y ahorros limitados. Depende de muchos medicamentos y controles médicos. Vive en un área donde no hay variedad de proveedores de servicio de salud (poca competencia de precios).

¿Qué es HSA?

Se refiere a sus siglas en inglés por *Health Savings Account*. Es una cuenta de ahorro donde el dinero que se guarda se puede usar para cuidados médicos en el futuro, siempre y cuando se tenga una póliza de salud con un alto deducible (varía por individuo y familia cada año).

Lo interesante es que la contribución que se hace, limitada a un máximo anualmente, puede deducirse del ingreso cuando se llena la planilla de impuestos federales, al igual que las ganancias que genere el dinero si éste se invierte. Y cuando se retira el dinero, no se pagan impuestos si se usa para gastos médicos calificados.

Deducir gastos médicos. Si eres de aquellos con altos deducibles o de ingresos altos, está la cuenta de ahorro conocida como "*Health Savings Account*" (HSA) que te permiten pagar por los gastos de salud libres de impuestos. Aunque hay restricciones y no aplica a todos los casos, es una cuenta de ahorro que te permite deducir la aportación que haces a la cuenta de tu ingreso bruto reduciendo la factura al Tío Sam, es decir, al fisco.

Si calificas para la deducción detallada y tus gastos van por encima del 7.5 por ciento de tu ingreso bruto ajustado, el gobierno federal te permite deducir ciertos gastos médicos y dentales. Hay algunos gastos que puedes deducir y otros no. La publicación 502 y un contador son las mejores herramientas para esto.

Menos hot dogs. Un estudio publicado por el *American Journal of Public Health* indica que los hispanos adolescentes en un periodo de tres generaciones muestran peores conductas de nutrición en comparación con los blancos y asiáticos. Los hispanos somos más propensos a la diabetes, la obesidad y las enfermedades cardiacas. Esto potencia la posibilidad de pagar más deducibles, primas y otros gastos relacionados con la salud. Si queremos cuidar el bolsillo de los costos de salud, mejorar la dieta, el estilo de vida y el peso están dentro de la "receta financiera".

Seguro de incapacidad

El caso de Minerva

Era una tarde soleada. No había mucho tráfico y Minerva regresaba de una conferencia sobre su trabajo como enfermera. El recorrido para llegar a su casa era un viaje que le llevaba cerca de dos horas. A mitad de la ruta, una de las llantas delanteras explotó haciendo que su auto se descontrolara. Minerva perdió el control del automóvil. Éste dio varias vueltas hasta que se estrelló contra la muralla de concreto que dividía ambas vías.

Minerva sufrió varias fracturas, que aunque no ponían en peligro su vida, la limitaron durante cuatro meses y no pudo volver a trabajar y realizar las labores de enfermería.

Provisiones generales de la póliza de Minerva	
Condición de la póliza	Póliza de grupo.
Beneficio mensual	60% del salario bruto.
Periodo de espera	Enfermedad: 30 días. Accidente: 30 días.
Periodo de beneficio	Enfermedad: 720 días. Accidente: 720 días.
Prima anual	3 centavos por cada dólar de ingreso bruto.
Recibo de beneficios	30 días después de periodo de espera.

El seguro grupal por incapacidad le cubrió únicamente 1 800 dólares del sueldo mensual. Esto representó 60 por ciento de su ingreso bruto (antes del pago de impuestos), para cubrir 2 900 dólares de gastos mensuales.

Los beneficios no fueron pagados inmediatamente, sino 60 días después. Aunque su periodo de espera fue de 30 días, la póliza que tenía pagaba los beneficios 30 días después de terminado este periodo, por lo que durante 60 días, Minerva tuvo que cubrir sus gastos mensuales y los de sus hijos sin ingresos. Con 500 dólares de ahorro, ayuda del gobierno y familiares, haciendo ajustes y a pura tarjeta de crédito Minerva afrontó la situación.

El caso de Minerva es el de muchos cuando enfrentamos la realidad de un accidente o una enfermedad que nos impide trabajar y afecta las finanzas personales al no llegar dinero a casa. Aproximadamente, 82 por ciento de los trabajadores en los EUA no cuenta con seguros de incapacidad. La misma página electrónica del seguro social que habla sobre incapacidad, cita un estudio donde una persona de 20 años tiene 30 por ciento de probabilidad de quedar discapacitada antes de llegar a la edad de la jubilación.

Otras estadísticas muestran que una de cada tres personas entre los 35 y 65 años, sufrirá una lesión que lo incapacitará por un periodo de al menos 90 días durante su carrera.

La mayoría no imagina las consecuencias negativas en sus finanzas personales ante un accidente o enfermedad. Sólo piensa en Minerva para imaginar los sinsabores.

Hay dos tipos básicos de pólizas sobre incapacidad:

Póliza de cobertura a corto plazo. Un periodo de espera de 0 a 14 días con un periodo máximo de beneficio no mayor a 720 días.

Póliza de cobertura a largo plazo. Periodo de espera que puede variar desde semanas hasta meses con un periodo máximo de beneficio desde 2 años hasta el resto de tu vida.

En realidad, el seguro personal sobre incapacidad es básico. Es un producto diseñado para reemplazar entre 45 y 60 por ciento del ingreso bruto mensual durante un periodo determinado, en caso de que la persona sufra un accidente o enfermedad que la limite para realizar las labores regulares de trabajo. Con ello, podría recibir su ingreso. La cobertura puede ser adquirida de forma individual o a través del empleador como grupo. También hay pólizas para pequeños negocios, empleados propios y de gobierno.

La pregunta del millón es: ¿cómo se define incapacidad? ¿Qué pasa con una persona que sufre un accidente y no puede realizar las labores para las que está entrenada, pero puede realizar otras? ¿Puede esta persona considerarse discapacitada? Hay tres tipos de seguros para incapacidad total: ocupación propia, reemplazo del ingreso y por productividad.

El primero es el más comprensivo porque sigue pagando el reclamo aunque se realice otro tipo de trabajo. Digamos un doctor que se afectó la mano para operar, pero trabaja como administrador de una clínica. Él sigue trabajando, pero la lesión en la mano le impide realizar cirugías; por tanto, puede seguir recibiendo el seguro por incapacidad. Generalmente, la cobertura del gobierno por incapacidad no permite trabajar en ninguna otra labor.

Pero no olvidemos lo que dice el refrán: el diablo está en el detalle. Los contratos para seguros de incapacidad, como los de otros servicios, cuentan con una cantidad de provisiones y limitaciones que nos hacen ser arqueólogos del siglo XXI especializados en contratos. Aunque no voy a nombrar todas las provisiones, exclusiones y beneficios ya que los contratos varían por compañía y tipo de contrato, mencionaré tres tipos de póliza: *Non-Cancelable, Guaranteed Renewable* y *Conditionally Renewable*. Considera, la primera no-cancelable y evita la última.

La razón para considerar la primera es que esta provisión en el contrato, indica que no se le permite a la casa aseguradora cambiar o cancelar los términos de la póliza (excepto si no pagas la prima) o incrementar el pago de la prima, sin importar el ingreso, la ocupación o la salud del asegurado. Esta provisión puede tener un límite de tiempo ejemplo: hasta los 65 años de edad.

Puede que encuentres una póliza *Non-Cancelable Guaranteed Renewable* que se venda como lo mismo, pero no lo es.

El *Guaranteed Renewable* quiere decir que quieres que se renueven automáticamente las mismas condiciones cuando se termine la cobertura. En este caso, la prima será más alta.

En la *Conditionally Renewable* la compañía aseguradora puede cambiar cualquier área de la cobertura o incrementar el costo en cualquier momento.

La prima mensual que se paga depende de diversos factores como la edad, clase de ocupación, lugar de residencia, hábito de fumar o no, periodo de beneficio, periodo de eliminación (tiempo de espera para comenzar a recibir el beneficio), por nombrar algunos. Pero, generalmente se estima entre 1.5 y 3 por ciento del ingreso bruto anual. Por ejemplo, si mi ingreso bruto es 50 mil dólares, entonces mi prima anual puede oscilar entre 750 y 1500 dólares anuales.

También es clave saber:

- **Beneficio mensual,** es decir, que es la cantidad que te pagarán durante el periodo de incapacidad. Es un porcentaje de tu ingreso bruto. Este puede ser 50, 60 o 70 por ciento.
- **Periodo de espera** que se refiere al periodo de probatoria, 7 a 30 días, que se toma la compañía para empezar a pagar. Esto es importante, porque el pago no comienza el mismo día que quedas incapacitado. Hay que tener una pequeña reserva para cubrir estos días.
- **Periodo de beneficio,** es decir, el tiempo que te pagarán. Puede ser desde algunos meses hasta de por vida, dependiendo del tipo de póliza.
- **Prima mensual,** se refiere al costo que pagarás mensualmente por la cobertura en caso de incapacidad.

Es importante que:

- Estimes lo que podrías necesitar en caso de incapacidad.

- Contactes a la oficina del seguro social para estimar posibles beneficios por incapacidad.

- Revises otros programas del gobierno por si aplicas.

- Consideres que la mejor forma de conseguir un seguro personal por incapacidad es con tu empleador o asociación profesional porque lo sacan en grupo. Es menos costoso que comprarlo de forma privada. Habla con el encargado de beneficios en el Departamento de Recursos Humanos de donde trabajas para que te informe sobre los beneficios por incapacidad que ofrece la compañía. Revisa cuánto cuesta por mes y las provisiones generales.

- Estudies la capacidad financiera de la compañía. Recuerda que la compañía tiene que estar en condiciones de pagar si cayeras incapacitado. Revisa la clasificación de las compañías. Sólo acude a las que tienen la mayor calificación. En moodys.com, standardandpoors.com o ambest.com puedes ver su calificación.

- Si buscas un seguro privado, seas muy cuidadoso porque a los agentes les gusta llenar la póliza con muchas cosas que no necesitas. A ellos les conviene porque la comisión es más alta. Pide varias estimaciones y compara.

- Tengas un plan de ahorro para cubrir cualquier diferencia que necesites y no cubra el seguro.

Nadie puede predecir (a menos que queramos que suceda) lo que va a suceder en las próximas horas, días, meses o años. Pero las probabilidades de estar incapacitados por alguna enfermedad o accidente son reales. Y esto no sólo nos afecta en lo emocional y familiar, también en lo financiero.

Estima la necesidad de beneficios de incapacidad mínimo		
A- Ingreso neto mensual		$_____
B- Beneficios mensuales existentes:		
1- Beneficio de seguro social	$_____	
2- Otros beneficios del gobierno	$_____	
3- Beneficios de la compañía	$_____	
4- Beneficio de seguro por grupo	$_____	
C- Total (Suma 1 al 4)		$_____
D- Monto estimado mensual necesario (resta A – C)		$_____

Seguro de vida

El objetivo principal al tener un seguro de vida es el de proveer un ingreso a los que dependen de nosotros para que puedan vivir si morimos.

Sé que a muchos no nos gusta hablar de la muerte, pero la realidad es que cuando la parca toca a la puerta, no hay opción. Y aquellos que no quedaron financieramente preparados, sufren la pérdida física y también la económica. Es decir, el seguro de vida provee seguridad financiera a los dependientes. Especialmente cuando hay hijos en la foto familiar.

Un paréntesis relacionado con esto. Sacar un seguro de vida para los hijos, en mi opinión, no se justifica. ¿Por qué? Recuerda que tus recursos son limitados y que eso te obliga a priorizar. No se justifica en términos financieros asegurar a un hijo, porque él no trae el dinero a la casa. Es preferible usar ese dinero para pagar una póliza que les dé sostenimiento en caso de tu ausencia. No olvides que, además, hay que cubrir el retiro, bajar deudas, etcétera.

Si necesitas un seguro de vida, antes de comprar determina: *1)* la cantidad que necesitas cubrir, *2)* el tipo de póliza y *3)* quién o quiénes serán los beneficiarios.

¿Cuál debe ser la cantidad de la póliza?

Hay dos técnicas que se utilizan comúnmente para estimar cuánta cobertura económica se requiere: por ingreso múltiple y por necesidad. Hay una tercera, más eficiente, pero es matemáticamente compleja y requiere cálculos que nos quemarían las neuronas apenas comenzando.

En el caso de ingreso múltiple se calcula la cantidad total de la póliza que se necesita, multiplicando el ingreso bruto por una cantidad determinada. Esta puede ser 3, 5, 10 veces o más.

Los agentes de seguros tienen tablas basadas en la edad, situación familiar e ingreso bruto anual. Pongamos un ejemplo: hombre de 35 años, casado con dos niños que gana 40 mil dólares por año y tiene una tasa impositiva moderada, de 25 por ciento. La tabla podría decir que en este caso el múltiplo es 8.7. O sea, se multiplica 8.7 por 40 mil dólares y nos da la cobertura total de 348 mil dólares en la póliza. Digamos que esta persona tiene una póliza de seguro grupal en su trabajo que lo cubre por 50 mil dólares, entonces su necesidad disminuye de 348 mil a 298 mil dólares.

El otro método, por necesidad, considera específicamente las obligaciones financieras que pueda tener la persona y los recursos disponibles que existen en adición a la póliza de seguro. Requiere tres pasos. Primero: estimar cuánto necesitarás cubrir. Por ejemplo, aquí debes reemplazar tu ingreso anual por un cantidad determinada de años más un dinero para gastos y fondo de emergencia, otra cantidad para el pago de la hipoteca y otras deudas y un fondo para el *college* de tu hijo. A esta cantidad le restas lo que tengas en ahorros actualmente y la diferencia es el monto de la póliza. Por ejemplo: digamos que estimaste que necesitarás 500 mil dólares. Actualmente tienes una cuenta de retiro de 50 mil dólares y otros 100 mil dólares en la casa. En este caso, el monto de la póliza sería de 350 mil dólares.

Sea cual sea el procedimiento que utilices, es importante tener en cuenta que las necesidades cambian y, por tanto, la póliza varía. Tus necesidades hoy, no serán las mismas en 20 años. Debes revisar tu seguro y ajustarlo por lo menos cada cinco años o antes si sucede un evento o cambio en tu familia, como la llegada de un bebé, la compra de una casa, entre otras situaciones.

También considera, en el caso de un matrimonio que uno de los dos genera el ingreso para el hogar, que el monto de la póliza del que trae el ingreso debe ser menor del que no lo hace. ¿La razón? En caso de pérdida, él o la que genera el ingreso se verá menos afectado (a) que aquel que no lo genera.

¿Qué tipo de póliza escoger?

Hay muchos tipos de pólizas, pero yo me iría por la más simple y menos costosa: término o, como se conoce en inglés. *Term Insurance.* Esto te va a ahorrar tiempo y dinero. Salvo que cuentes con un nivel de ingreso más alto que justifique buscar otro tipo de seguro de vida por razones impositivas o de herencia, para la mayoría, término es la mejor opción.

Déjame explicar rápidamente por qué. Término es una póliza de seguro en la que pagas una prima a cambio de que la compañía pague a tus beneficiarios la suma determinada en la póliza si falleces durante el periodo que cubra la póliza.

A modo de ejemplo, digamos que compro una póliza de 250 mil dólares por 20 años y pago 55 dólares mensuales Esto significa que si mientras pago la prima estipulada, fallezco, es decir, durante el periodo de 20 años, la compañía tiene debe pagar los 250 mil a la persona que dejé como beneficiaria. Fíjate que usé "debe" porque depende de la compañía el cumplimiento del compromiso. Por eso es importante el tipo de compañía que elijas, pues si no es de calidad, puede no cumplir con lo estipulado.

El término puede ser 1, 5, 10, 20 e incluso 30 años. La cantidad de la póliza se mantiene constante durante el término de la misma, pero el pago puede variar.

Simple. ¿Por qué de término y no otras? Primero: el costo que cobra la compañía de seguros por cubrir esta póliza es mucho menor que las otras. Está el costo por el riesgo de asegurarnos. Éste depende de si se es mujer u hombre, si se fuma o no, del historial de salud y la edad. Calculado esto, sólo aplican un costo por la forma de pago, si el pago es mensual, cada tres meses, semianual o anual y por los gastos administrativos. Por tanto, la compañía de seguros no tiene que cargar más costos. Esto hace que la prima sea menor.

El problema cuando entramos en el tema de otro tipo de póliza, como las que ofrecen cobertura y cuenta de ahorro a la vez *(cash value)*, los costos aumentan porque la aseguradora tiene que tomar esa parte e invertirla y garantizar un rendimiento mínimo, entre otras cosas. Esto incrementa el costo del pago por la cobertura.

Segundo: la comisión. A los vendedores de seguros les gusta vender las de *cash value* porque la prima es mayor y ellos ganan comisión sobre el monto total del primer año de prima, el cual ronda entre 50 y 100 por ciento. Mayor prima anual, mayor cobro por cheque.

Tercero: no caigas en el cuento de que puedes invertir y estar cubierto a la vez. El costo que se genera, me parece la forma menos eficiente de invertir. La póliza de seguro, salvo ciertas circunstancias específicas, es para cubrir no para invertir, debido a su costo.

Lo mejor es comprar una póliza de seguro a término de bajo costo e invertir por otro lado. La idea es que estés cubierto por un tiempo mientras acumulas activos suficientes, para que con el tiempo tus beneficiarios gocen de lo que acumulaste.

Claro, ten en cuenta que si no ahorras para suplir la diferencia, podrías quedarte sin cobertura al vencerse el periodo y tendrías que comprar a un precio más alto.

ALGUNOS PUNTOS QUE DEBES REVISAR:

Free Lock Period. El periodo que tienes para cancelar la póliza. Generalmente es 10 días. Esto es bueno porque si vez otra opción o te pusieron algo que no se acordó puedes cancelarla sin penalizaciones.

Los riders. Son cláusulas opcionales que se añaden a lo básico de la póliza. Algunas tienen sentido, otras no.

Busca diferentes compañías para comparar de precios y beneficios. Especialmente, verifica que la prima que estás pagando la puedes afrontar y que la cobertura es la que necesitas. Asegúrate de que si hay un incremento en el pago de póliza en el futuro, puedas cubrirla. También compara la comisión que ganan los agentes para identificar los mejores precios.

Asegúrate de que la compañía de seguros tenga licencia y está cubierta por el fondo de garantías del estado. El Departamento de Seguro de tu estado puede suministrarte esa información.

Es importante verificar la estabilidad financiera de la compañía y que sea una compañía sólida. En la mayoría de las bibliotecas públicas puedes encontrar las encuestas sobre estas fuentes y también en Internet: A.M. Best Ratings www.ambest.com, Standard & Poor's www.standardandpoors.com, Weiss Ratings, Inc. www.weissratings.com y Moody's Investors Services www.moodys.com.

Siempre busca los registros de las quejas de la compañía que estás pensando elegir. La página web de la Asociación Nacional de Comisionados de Seguros, en www.naic.org tiene una importante base de datos con las quejas presentadas a los reguladores del estado, esto te ayudará a estar más seguro de tu decisión. Muchas quejas son una señal de que debes pensar dos veces antes de contratar su servicio. Aunque elijas un agente, éste te respetará más al notar que estás al tanto de lo que buscas.

Seguro de auto

Hace muchos años tuve mi primer encuentro "extraterrestre" con los seguros de auto. A partir de ahí, me di cuenta de que en el tema de riesgo no hay que estar solo.

Llevaba unos cientos de horas piloteando un auto. No era un novato, pero tampoco un experto, así que cada vez que salíamos, tomaba el volante.

Esa vez íbamos a la misa del domingo. Llegamos tarde y no encontrábamos estacionamiento, así que en el primer hueco que encontré, me metí. Pasó la hora y antes de cerrar la misa, el sacerdote tenía la costumbre de dar algún anuncio. Tomó el micrófono y dijo: "Atención a todos los feligreses. Dueño de auto marca XXX, cuatro puertas, color azul marino, placa XXX-XXXX. Me informan que el auto cruzó la carretera sin conductor y se estrelló frente al negocio de la esquina. Un auto milagroso."

Apenas terminó el sacerdote su comentario, todo el mundo rompió en una carcajada. Hasta el sacerdote se reía. Los murmullos y sonrisas entre los feligreses fueron incrementando al grado que lo último que dijo el sacerdote ni se entendió.

"¿Cómo que un auto se estrelló solo?", preguntó mi hermana riéndose con cara de ¿quién fue el tonto?. Tapándome la boca para que no se escuchara mi carcajada, me hice su cómplice: "Tiene que ser un novato que olvidó poner el freno de emergencia."

El sacerdote concluyó la ceremonia dando la bendición y nos levantamos en dirección al estacionamiento. Mientras caminábamos, se escuchaban los comentarios de la gente sobre el famoso auto fantasma y el llanero solitario. Las cabezas y los ojos de la gente buscaban con curiosidad quién había sido el tonto del auto fantasma.

Mientras me reía, me percaté de que mi auto no estaba. Miré y miré… Nada. Se acercó uno de los que estaba pasando y me preguntó "¿Tu auto no es marca XXX, cuatro puertas, color azul marino?". "Sí" —contesté ante la mirada de los que salían. "Está estrellado en el negocio de la esquina".

No me había dado cuenta. Por la prisa de llegar a tiempo, dejé el auto en neutro y sin freno de mano. Como estaba sobre la acera con pendiente, el auto bajó por la barranca, cruzó una avenida de cuatro vías y, a cien pies de donde lo había dejado, se estrelló en un negocio rompiendo la fachada del local y destrozando la parte frontal del auto.

Por suerte, no hubo una desgracia mayor. El auto tenía cobertura de responsabilidad por daños a la propiedad (*Property*

Damage Liability - PD) y un alto límite de cobertura, por lo que el seguro cubrió el daño al negocio. Al tener cobertura por colisión (daño al auto) con deducible bajo, no tuve que pagar mucho y el seguro cubrió el arreglo.

¿Moraleja? Es simple: hay que tener cobertura. Primero, porque en EUA es ilegal manejar un auto sin el mínimo de seguro exigido por el estado. Además, uno no saca una póliza por lo que no ha pasado, sino por el efecto financiero que tendría un accidente.

Sólo piensa esto: ¿Quién paga si tienes un incidente donde afectas el auto de otro (daño a la propiedad) y al conductor del auto (daño a persona)? si te chocan y, para mala suerte, la persona que guiaba el auto no estaba cubierta, ¿quién asume los costos?

Veamos un caso hipotético. Estás en una esquina, te comiste el signo de pare (STOP) y chocas un auto con tres pasajeros en el interior. El resultado es que las tres personas y el auto sufrieron daños físicos considerables. La factura médica y otros gastos, como trauma por el accidente, suman 80 mil dólares. El auto quedó como un acordeón y el arreglo cuesta 20 mil dólares. Tú no sufriste ningún daño físico y el auto recibió daños menores que cuestan 2 mil dólares.

Lo primero es ver tu póliza de seguro para saber cuánto cubre. Asumamos que ésta es tu póliza.

Cobertura	¿Qué quiere decir?	Ejemplo de cobertura
Responsabilidad por daños corporales (*Bodily Injury Liability* - BI)	Paga daños por lesiones corporales serias y permanentes ocasionadas a otras personas.	25 mil / 50 mil dólares *Significa que el límite máximo de cobertura es 25 mil dólares por persona y un máximo de 50 mil por accidente.*

Cobertura	¿Qué quiere decir?	Ejemplo de cobertura
Responsabilidad por daños a la propiedad (*Property Damage Liability* - PD)	Cubre daños a la propiedad de otras personas como resultado de un accidente de automóvil.	10 mil dólares *Significa que el límite máximo de cobertura es 10 mil dólares por accidente.*
Cobertura de daños personales (*Personal Injury Protection* - PIP)	Cubre gastos médicos, beneficios, incluyendo ingreso bruto no devengado, servicios de reemplazo y beneficios por muerte debido a lesiones corporales, enfermedades o muerte causadas por un accidente de automóvil.	15 mil / 250 mil dólares *Significa* que cubre 15 mil por persona por accidente y hasta un máximo de 250 mil dólares, cuando hay un daño permanente o significativo.
Cobertura para automovilistas no asegurados y/o no cobertura suficiente (*Coverage for Uninsured Motorists* - UM)	Cubre gastos médicos, salarios no devengados y pagos por dolores y sufrimientos ocasionados por lesiones corporales causadas por el dueño o conductor de un vehículo no asegurado.	35 mil por accidente *Significa* que cubre como máximo 35 mil dólares, sea a ti o a la propiedad en caso de un choque ocasionado por un conductor que no tenga seguro.
Colisión o choque (*Collision Coverage*) Extendida (*Comprenhensive Coverage*).	Cobertura en caso de daños a tu auto. Daños no ocasionados por accidente de auto como: Desastres, vandalismo, atropellaste un animal y te hizo daño al auto, etc.	500 dólares deducible Significa que en caso de daños a tu auto, los primeros 500 dólares saldrán de tu bolsillo.

Si esto fuera así tendrías que ir abriendo la chequera. Primero, los gastos médicos suman 80 mil dólares, pero tu cobertura (BI) tiene un máximo de 50 mil. Aquí tienes 30 mil que tendrás que sacar de otro lado para pagar. Además, los daños al auto que chocaste suman 20 mil dólares, pero tu cobertura (PD) tiene como máximo de 10 mil. Aquí tienes 10 mil dólares más que pagar. Aparte, tienes que pagar los 500 dólares de deducible porque el arreglo de tu auto cuesta 2 mil dólares. Aquí te salvaste porque la aseguradora paga los 1 500 dólares.

Si esto fuera real, sería un desastre para tus finanzas. Por eso es importante tener una cobertura amplia para evitar estos riesgos financieros. Especialmente si tienes hijos adolescentes o personas mayores que manejan el auto.

Por supuesto, esto de los seguros de auto es más complicado. Por ejemplo, de acuerdo con las leyes del estado donde vivas, te van a exigir un mínimo de o todas las coberturas. Además, en cada estado y compañía, varía el límite de cobertura. Hay un mínimo y un máximo. Entre más alta la cobertura, más alta la prima porque le exige a la compañía de seguros disponer de más dinero. También depende del nivel de riqueza que tengas, no es lo mismo la protección de María la del barrio que la de Bill Gates.

Ahora, la cobertura de colisión o choque *(Collision Coverage)* y la extendida *(Comprenhensive Coverage)* son opcionales. El primero cubre los daños físicos del auto como resultado de un accidente con un objeto como un árbol u otro auto, incluso si tú eres el responsable. El segundo protege ante incidentes como robo, vandalismo, inundación, incendio, choque con animales como ciervos, disturbios en las calles, etcétera.

Pero si estás financiando el auto, lo más seguro es que te exijan ambas coberturas *(Full Cover)* hasta terminar de pagarlo.

¿Cómo pagar menos seguro?

Primero tengamos una idea de cómo calculan el precio las compañías de seguros. Hay dos factores que determinan lo que pagamos por la cobertura de auto. Uno es el riesgo que la compañía considera que corre al asegurarnos. El segundo factor es el precio que le otorgan al riesgo que representamos.

Tradicionalmente, los factores que se consideran para determinar el costo de nuestra prima de seguro son: edad, sexo, estado civil, código postal, historial del conductor y tres años de historia de accidentes. De acuerdo con estos factores, las compañías de seguros crean una fórmula y definen el costo de la póliza de acuerdo con las características de cada asegurado. Así ellos han llegado a la conclusión de que las personas de 25 años o menos, tienen más accidentes que las personas mayores. Y que en algunas áreas hay mayor probabilidad de tener accidentes que en otras. Por ejemplo, ciudades como Detroit, New York y Los Ángeles están entre las cinco ciudades en que se paga más por cobertura de seguro de automóvil. Al final esto repercute en el pago por la cobertura.

¿Hay cosas que podemos controlar? Los precios que ellos determinen por el riesgo que corren no. Pero otras sí. Una manera es incrementando el deducible al eliminar los reclamos pequeños o de poca cantidad. Los deducibles se aplican en el caso de cobertura por colisión y comprensiva extendida. Cuando es más alto el deducible, le estás diciendo a la aseguradora que tú cubres el costo hasta el límite del deducible y ellos, el resto. Esto hace que el costo de la prima baje. Por ejemplo, no es lo mismo tomar un deducible de cincuenta dólares que uno de mil. Mayor pago de deducible, menor será la prima que pagarás.

Si el valor del auto es similar o menor al deducible, no vale la pena pagar este tipo de cobertura porque la casa aseguradora pagará más de lo que el auto vale en los libros, sin importar el costo de repararlo o reemplazarlo.

Compara precios entre distintas casas aseguradoras porque los precios varían debido a la competencia que hay en el mercado. Ahora si decides usar un agente independiente que representa a varias compañías, asegúrate de que el costo por su servicio se justifique por el conocimiento que tiene (experiencia) y el precio que te consiga.

También compara los descuentos que ofrecen. Por ejemplo, descuentos por asegurar varios autos, tener alarma en el auto, tener pocas millas en el auto, no tener historial de accidentes, tomar cursos de conducir (especialmente jóvenes y personas mayores), tener hijos con buenas notas (las estadísticas dicen que quienes tienen buenas notas, tienden a ser mejores conductores), combinar el seguro de auto y de casa bajo una misma póliza, entre otros factores.

En el caso de Cobertura para automovilistas no asegurados (UM), si el estado no te lo exige y tienes un buen plan de salud y de incapacidad, puedes no requerir esta cobertura. Pero ten en cuenta que si llevas a alguien de acompañante y no tiene seguro médico y no tienes esta cobertura, él puede verse afectado. Ahora bien, si te preocupa la cobertura en caso de un accidente fatal, es mejor cubrir a los tuyos con una póliza de seguro de vida a término, como lo mencioné arriba.

Mantén en buen nivel tu historial de crédito. Para las compañías de seguros hay una relación entre la prima y el historial de crédito. Entre más baja calificación tengas de tu crédito, es más probable que llenes más reclamos y viceversa. En consecuencia, el costo del seguro será mayor para aquellos que tengan peor historial crediticio.

Claro, hay un punto importante: la ley llamada *Fair Credit Reporting Act* (Ley de Reporte Justo de Crédito). Ésta dice que si las compañías de seguros usan el puntaje de crédito como razón para aumentar el costo de la prima, están obligados a avisarnos. En caso contrario, las compañías están expuestas a demandas, pero pueden argumentar que ésa no fue la única razón para decidir cobrarnos más. Ante esto, los críticos argumentan que no hay relación contundente entre la forma en que manejamos nuestra vida financiera y la pérdida futura que puedan tener las compañías de seguros. No obstante, lo mejor es mantener un buen historial de crédito.

Seguro de propiedad

¿Por qué asegurar mis pertenencias? Por dos razones: *1)* tus pertenencias son un valor que debes recuperar en caso de una pérdida, especialmente cuando las pertenencias todavía se deben (la casa, por ejemplo); *2)* demandas. Si alguien se hiere o muere en tu casa o auto, una demanda puede ser una pesadilla financiera si no estás cubierto.

Cuando uno ve en las noticias las imágenes de casas destrozadas por incendios en Washington, inundación en Tennesse, terremotos en un poblado de California, huracanes en las costas de Florida o una explosión en Texas; uno se queda sorprendido por las imágenes de destrucción. Pero casi nunca pensamos en los dueños que pierden sus muebles, enseres, joyas, computadoras, casa y otros activos que tienen un valor tanto sentimental como comercial.

Por eso, los seguros de propiedad son indispensables (el de inundaciones lo abordaré más adelante porque la cobertura es separada). Seas un dueño que quieres proteger tu propiedad personal como la casa, tu responsabilidad por si alguien se ve afectado por eventos que pasen en la propiedad o incluso si estás rentando y quieres proteger tus propiedades personales, el seguro de propiedad es importante.

El que está pagando un préstamo hipotecario, probablemente paga un seguro para proteger la propiedad porque el prestamista se lo exige. El que está rentando se liberó de la responsabilidad de poner un seguro en la propiedad porque eso recae en el dueño.

Cualquiera que sea la protección de la propiedad o las pertenencias, la pregunta del millón es: digamos que perdí la casa y las pertenencias o alguna de las dos, ¿qué me cubre la casa aseguradora y cuánto me devuelve?

En el caso de la propiedad, depende del tipo de cobertura y de la compañía. Hay pólizas que cubren unos eventos y otros no. Por ejemplo, está el HO-1, se conoce como la forma básica, pues protege la propiedad y las pertenencias personales incluidas en la póliza de 11 tipos de peligros. La HO-2, se conoce como la forma amplia y protege de 18 tipos de peligros. Puede haber circunstancias en que un determinado tipo de cobertura requiera de otras como las que protegen ante terremoto e inundaciones. Por eso debemos saber con claridad cuáles eventos peligrosos cubre nuestra póliza.

¿Y la cantidad que cubre? Ésta depende si la compañía va a reemplazar el costo perdido o el valor actual en efectivo. El primero, en inglés, se conoce como *replacement cost* y significa que reemplaza la cantidad que tomaría construir o reparar los daños con materiales similares, sin deducir el costo de uso (depreciación).

Hay compañías que pueden reemplazarte el costo total (100%) sin importar cuando se aplique el costo. Hay otras que pueden reemplazar el 80% e incluso el 25%. O sea, que si el costo de reemplazar la pérdida es 50 mil dólares y sólo te cubren

25%, los 37 500 dólares saldrán de tu bolsillo. Es cierto que hay un mínimo que cubren, pero esto varía por póliza y compañía.

El caso del valor actual en efectivo *(Actual Cash Value)* contempla el costo de reemplazo menos la depreciación. Por ejemplo, digamos que la póliza te protege hasta un máximo de 170 mil dólares, el costo de reemplazo actual, se determina en 140 mil dólares y se calcula una depreciación de 50 mil dólares. El valor actual en efectivo de esta póliza sería 110 mil dólares, no el valor de reemplazo. Con el *Actual Cash Value* se consideran los años y las condiciones que tenía el techo. La definición del costo de depreciación es muy subjetivo y genera controversia. Si te das cuenta, esta póliza te paga menos que la del costo de reemplazo.

Es importante que cuando revises la póliza veas si tienes una cláusula titulada *Guarantee Replacement Cost Coverage* o cobertura garantizada sobre el costo de reemplazo. Esta cláusula te provee garantía para cubrir los costos, incluso si no sabes cuándo se hará la reconstrucción total. Solicita que la cláusula incluya los costos de materiales que estén dentro del código de construcción. A modo de ejemplo, digamos que la protección por pérdida total que permite mi póliza es de 150 mil dólares. El costo por reemplazar la pérdida con los valores actuales es de 200 mil dólares. Si tengo la cláusula que mencioné, la póliza cubre los 200 mil dólares a pesar de que la póliza diga que el máximo es 150 mil dólares.

Considera que no hay una cláusula estándar para todos. Cada compañía la redacta de distinta forma y puede que incluya algo que la otra no incluye. Y la cobertura puede que incremente el costo de la prima o no cubra casas viejas.

En el caso de la cobertura sobre objetos personales, generalmente se te pide que hagas una valoración de lo que tienes y ellos se comprometen a cubrir un porcentaje del costo de reemplazo. Digamos que si entre ropa, computadoras, muebles, enseres y otros accesorios el costo de reemplazo es 8 mil dólares dólares (no pretendas que el valor que reemplazarán sea el del mercado sobre objetos nuevos), la compañía puede que te cubra entre 50 y 75 por ciento del valor de reemplazo.

¿Cuánto cuesta la cobertura? Esto depende de varios factores: tipo de construcción de la propiedad (una casa de madera es más barata que una de ladrillos), años de construida (una casa vieja puede que ni te la aseguren), la ubicación de la casa en relación con lugares de peligro y de seguridad (por ejemplo, una estación de bomberos), la cantidad de cobertura que pidas (entre más cobertura, mayor será la prima). También dependerá del deducible y descuentos que ofrezca la compañía.

Por eso, compara, compara y compara porque las compañías dan diferentes precios por la misma cobertura.

El enemigo silencioso, las inundaciones

Hay un mal silencioso que causa daños a la propiedad por más de 2 billones de dólares anuales en los EUA. Muchas víctimas del huracán Katrina (2005) aún sufren sus consecuencias hoy día: las inundaciones.

Si algunas propiedades fueron afectadas por inundaciones generadas por el huracán (por ejemplo: techos despegados o ventanas quebradas por los vientos) entonces los daños estarían cubiertos por la póliza (la mayoría de las pólizas cubren este tipo de daño aunque hay algunas excepciones).

Pero el problema no está ahí. Gran cantidad de propiedades sufrió daños por las inundaciones que, según datos preliminares, fueron causadas por ruptura en los diques. En este caso, una póliza de seguro tradicional no cubre los daños. Muchos no tenían esta cobertura al momento de la tragedia.

Según la Agencia Federal para el Manejo de Desastres (FEMA) en los lugares con mayor riesgo de inundaciones, sólo uno de cada cuatro dueños está protegido contra ellas. Y lo paradójico es que hay mayor probabilidad de que una propiedad se vea afectada por una inundación (26 por ciento) que por un incendio (9 por ciento).

Las razones obvias por las qué los dueños de propiedades no compran seguro para inundaciones son pensar: *1)* "Esto no me va a pasar a mí" y *2)* "El gobierno me dará ayuda financiera en caso de que me suceda". Para debatir el primer punto, en un periodo de 30 años (el tiempo que te toma pagar la casa) existe un 26 por ciento de probabilidad de sufrir una inundación. Y si argumentas que eso dependerá de la zona en que esté ubicada la propiedad (alto o bajo riesgo de inundación), te comento que 25 por ciento de todas las reclamaciones por inundaciones ocurren en áreas de bajo o moderado riesgo.

Sobre el segundo punto, quienes no tienen seguro contra inundaciones pueden ser elegibles para préstamos con interés bajo o subvención del gobierno. Pero la subvención generalmente está limitada a 5 mil dólares. Y con esta cantidad de dinero sólo compras una posibilidad.

No es bueno mantener un estado de negación y pensar, "Esto no me va a pasar a mí, no lo necesito". Hay algunas razones de peso que contribuyen a que mucha gente continúe sin cobertura contra inundaciones:

El pago por cobertura es alto. Aunque una póliza promedio en un área de bajo riesgo puede costar 112 dólares anuales, en áreas de alto riesgo la prima puede llegar hasta mil dólares. El promedio de una prima en este tipo de seguro puede ser de 400 dólares al año por una cobertura de 100 mil dólares. En comparación, el promedio de la prima de un seguro de propiedad está en los 600 dólares al año.

La cobertura generalmente no es requerida por los prestamistas. Generalmente se pide tener cobertura para la propiedad, pero en aquellas propiedades localizadas en áreas de alto riesgo (se conocen por las siglas en inglés SFHA), se exige tener cobertura en caso de inundaciones. A quienes no se les exige, siguen siendo vulnerables ante estos desastres. Quienes rentan la propiedad, enfrentan el hecho de que muchas veces el seguro de inundaciones sólo cubren los daños a la propiedad y no las posesiones del inquilino.

No todos tienen la posibilidad de una cobertura en caso de inundaciones. Si tu comunidad no está dentro del Programa Nacional de Protección por Inundaciones (NIFP por sus siglas en inglés), no puedes comprar un seguro. Incluso hay áreas costeras de importancia ambiental donde el gobierno no protege, pararon el propósito de desalentar la construcción en ellas.

La cobertura tiene un techo. El máximo de cobertura permitido por el NIFP es de 250 mil dólares (hay algunas compañías que ofrecen límites más altos). Esto es para reparar la propiedad y 100 mil de límite para cubrir las pertenencias (claro el valor actual y no el valor de reemplazo). La cobertura tampoco incluye dinero para cubrir gastos diarios, incluso si tomas semanas en reparar o reconstruir la propiedad.

La cobertura tiene 30 días de espera. Si la cobertura no es para una propiedad localizada en un área definida como de alto riesgo, se hace efectiva 30 días después de que la póliza ha sido comprada. Esto es así para evitar que dueños salgan y compren cobertura en la última hora.

Entonces, ¿hay que correr a comprar seguro contra inundaciones? No necesariamente. Primero debes explorar si puedes obtener cobertura para este tipo de desastre. Para ello, averigua si tu comunidad está participando en el programa de NFIP en la oficina de FEMA de donde resides.

Si el caso aplica, infórmate del tipo de riesgo que hay en la zona donde vives. Aquí debes preguntarte si es mejor tomar el riesgo de no estar asegurado o de sí estarlo. Eso sólo lo puedes contestar tú.

Tercero, familiarízate con los diferentes tipos de coberturas que existen para este tipo de eventos: si la cobertura es por huracán, desborde de ríos, vientos, ruptura en las cañerías, etcétera. También pregunta cuál es la cobertura para las posesiones dentro de la propiedad.

Infórmate sobre la cobertura, prima, deducible, periodo de gracia, etcétera.

La incertidumbre de cientos de miles de personas que sufren por las consecuencias de Katrina y de otras miles que seguirán a merced de las inundaciones, es muy pesada como para llevarla solo.

¿Acaso es sano seguir viviendo en la incertidumbre del "Ojalá a mí no me toque"? No lo creo.

10

Reserva de emergencia

El caso de Nancy

Nancy, madre divorciada con un niño, llevaba cinco años trabajando como administradora de una Deli. Cinco años recibiendo un buen salario.

Durante ese tiempo, financió la compra de un auto, un apartamento, muebles, escuela privada del niño, viajes de sus padres cada año y un viaje anual a Disney con su hijo.

Las deudas que contrajo eran altas y sólo tenía 50 dólares en el banco. Las tarjetas estaban hasta el límite. Apenas terminó de refinanciar, tomó el dinero restante para un viaje, pues esperaba que le aprobaran otra línea de crédito. Como el trabajo iba bien y no dejaba de entrar dinero, ella podía hacer los pagos sin problema cada vez que recibía un nuevo cheque.

Una mañana, mientras se preparaba para poner el pan en el horno, el dueño la llamó a la oficina. Se sentó frente al escritorio y le explicó que estaba muy contento con ella por el amor que le había dado a la cafetería los últimos cinco años. Frente a Nancy había un sobre blanco con su nombre. Comenzó a sonreír, hacía tiempo que esperaba un aumento. Pero no era el aumento. La situación de la cafetería había cambiado, los costos, la renta y la competencia, estaban poniendo presión al negocio. Sin otra opción, el dueño decidió cerrarlo. El sobre era su último cheque y la despedida.

¿Cómo enfrento un evento no esperado?

Ya sea por un despido, una enfermedad, un accidente o un ataque, es muy difícil enfrentar los eventos inesperados sin una reserva de emergencia. No sólo el Faraón del Génesis lo hizo. También el gobierno en Estados Unidos enfrentó un evento inesperado durante el periodo 1973-1974, cuando los países productores de petróleo decidieron hacer un embargo económico y no enviar petróleo a los EUA. Para evitar otro golpe como ése, el gobierno creó una reserva para enfrentar el caso extremo de que no entrara ni una gota de petróleo al país y éste no quedara sin abastecimiento a corto plazo.

También existe el riesgo en las finanzas personales. Una simple pregunta: si te pasa lo que a Nancy, ¿cómo cubrirías los gastos diarios y pagarías las deudas? Con seguro de desempleo, dirán algunos. Otros, buscando trabajo. Pero ¿y si no calificas para desempleo? En caso de que califiques, la cobertura es limitada. ¿Y si no aparece trabajo o el que aparece no quieres hacerlo? Si te ocurre un accidente, ¿cómo cubrirías los gastos diarios y pagarías las deudas?

El ejemplo de Nancy es uno de los tantos que muestra que contar con una reserva de emergencia es fundamental para nuestra seguridad financiera.

¿De cuánto?

Puede que sean tres meses, seis meses o incluso un año de tus gastos mensuales. Depende del tipo de trabajo, nivel de gastos, otros ingresos, oportunidades de conseguir empleo, acceso a seguro de despido y seguro en caso de accidente. Incluso influye de cuán dispuesto estás a sacrificarte. Todo esto determina que la reserva sea más alta o más baja.

¿Seis meses?, ¿un año? Pregunto: ¿cuánto tiempo toma conseguir un trabajo? Me imagino que muchos dirán: "Trabajo en lo primero que venga." Pero, ¿son los trabajos que estamos acostumbrados a hacer? ¿Es el mismo sueldo? ¿Puede una persona que ganaba 5 mil dólares mensuales estar cómoda recibiendo 1 500 dólares? Podemos pasar 15 semanas sin conseguir trabajo y hay que reconocer que pueden pasar 27 semanas o más sin que se presente una oferta de empleo adecuada. Claro que entre las razones que explican la tardanza en conseguir un empleo, están la falta de buenos trabajos y tener dinero para esperar el ideal. Pero la realidad es que pasan muchas semanas antes de que aparezca. Otro punto que debes considerar es el tipo de industria en la que se trabaja. Por ejemplo, el desempleo en la construcción y la hotelería es mucho mayor y varía más que uno en el gobierno o la industria financiera.

Hoja de trabajo – Estimar cantidad de reserva de emergencia	
Gastos estimados	
Transportación (gasolina, mantenimiento, estacionamiento, etcétera. Si estás pagando un préstamo por el auto, mejor inclúyelo en Deudas. El seguro que pagas por el auto va en Seguros.)	$ _____
Médico/ Medicinas (cualquier visita al médico, medicinas, etcétera. El pago por el seguro de salud inclúyelo en Seguro.)	$ _____
Deudas (incluye todos los pagos mensuales que haces a las deudas. Tarjetas de crédito, el auto, préstamos personales, universidad, renta o hipoteca de la casa, etcétera.)	$ _____
Auto (gasolina, mantenimiento, estacionamiento, etcétera. Si estás pagando un préstamo por el auto mejor inclúyelo en Deudas.)	$ _____
Seguro (salud, vida, incapacidad, auto, etcétera.)	$ _____
Otras obligaciones legales (manutención, impuestos atrasados, membresía en el club de deportes u otras obligaciones.)	$ _____
Comida (puedes excluir las comidas afuera si lo deseas.)	$ _____
Otros (gastos que incurrirás para buscar otro empleo y otros gastos opcionales como salidas afuera, entretenimiento, etcétera.)	$ _____
Total de gastos estimados	$ _____
Total de meses	
Total de meses para cubrir: mínimo 3, máximo 12	X _____
Reserva de emergencia para ahorrar	$ _____

Nancy trabajaba en un pequeño negocio; tenía un nivel muy alto de deudas y por su trabajo como manager le iba a tomar tiempo conseguir otro empleo. Además, no tenía paquete de despido y el seguro de desempleo sólo cubriría 40 por ciento de su salario, pero se lo pagarían un mes después de despedida. En estas condiciones, ella necesitaba tener una reserva de emergencia de por lo menos seis meses de sus gastos mensuales (4 000 x 6 = 24 000 dólares). Con ello, al ser despedida, hubiera tenido un fondo para cubrir los primeros seis meses de gastos. Esto no significa que Nancy no encontraría empleo durante seis meses, pero de haber tenido ese dinero ahorrado, hubiera contado con un colchón al recibir la noticia del despido y el consecuente impacto financiero. Por eso dicen: *"Cash is the king"* (El efectivo es el rey).

Considera lo siguiente como punto de partida para realizar tus cálculos.

- Tres meses de tus gastos mensuales si el periodo para conseguir trabajo es corto, tienes trabajo estable y has acumulado dinero suficiente en la casa, un plan de retiro u otras inversiones.

- Seis meses, si el periodo para conseguir trabajo es mayor a tres meses, tienes trabajo estable, pero no tienes dinero suficiente en la casa o en un plan de retiro.

- Un año, si el periodo para conseguir trabajo es mayor a tres meses y no tienes trabajo estable, es de alto riesgo o es muy específico (artista, empresario, ejecutivo). Además, si se te hace muy difícil conseguir dinero.

Hay tres cosas que debes considerar: *1)* el fondo es para emergencia, *2)* si aumentan los gastos debes aumentar el fondo y *3)* si usaste la reserva por un caso de emergencia, debe recuperar su estado original.

Sobre el punto 1, cuando tenemos una cantidad ahorrada nos ponemos contentos y comenzamos a gastar pero esto iría en contra del propósito del fondo y volveríamos al punto cero al no tener protección si nos falta el *cash*. El fondo de emergencia es para eso: emergencias.

Punto 2, si aumentas los gastos, aumenta la reserva.

Punto 3, si la usas por una emergencia (pérdida de empleo, falta de pago de la quincena, viaje repentino, enfermedad) una vez terminada la odisea, vuélvela a su estado original.

¿Dónde la guardo?

Digamos que ahorraste tu dinero para la reserva de emergencia. La pregunta del millón: ¿Dónde la guardo?

El caso de Julia

Julia y su esposo habían logrado ahorrar 36 mil dólares. Después de atravesar una crisis económica, decidieron que no pasarían más sacrificios por quedarse sin trabajo. Como ambos tenían gastos altos, trabajos que pagaban bien, sus padres eran mayores y tenían una familia numerosa; prefirieron guardar los 36 mil dólares como reserva de emergencia.

El debate entre ambos era dónde poner el dinero. Al esposo de Julia le dijeron que lo pusiera en un fondo mutual balanceado. A Julia le preocupaba poner una reserva en un lugar donde pudiera perder valor, no estar disponible ni ser la misma cantidad en el momento que se necesitara. Después de argumentar y hacer averiguaciones, convenció a su esposo de que pusieran

10 mil dólares en una cuenta de mercado de dinero y de que distribuyeran el resto de la siguiente manera: 25 por ciento en un certificado de depósito de tres meses, 25 por ciento en uno de seis meses y 50 por ciento en uno de un año. Todos en bancos miembros del FDIC.

Comencemos por donde NO debes poner el dinero para una reserva de emergencia: acciones, fondos mutuales, bonos, el colchón. Te explico por qué.

Nuestra primera fuente económica es el trabajo. En un ambiente de cambios en las empresas, crisis presupuestaria del gobierno e incremento en la competencia, el riesgo de perder el empleo es alto. Sea que perdamos el trabajo, busquemos mejores opciones o surja un evento fortuito, la reserva de emergencia es la clave.

La cuenta que usemos para guardar ese dinero debe tener dos características: *1)* el dinero tiene que estar disponible de forma inmediata con el menor costo de pérdida y *2)* su valor no debe cambiar durante el periodo que esté guardado, si acaso aumentar.

Te pregunto: ¿sería sabio poner el dinero en lugares donde te cobren mucho por retirarlo, no tengas disposición inmediata y te lo entreguen con un valor mucho menor? Eso quería hacer el esposo de Julia. Afortunadamente, ella lo hizo entrar en razón.

Los fondos mutuales no son el lugar para la reserva de emergencia. Su valor cambia, tienen muchos costos e incluso su venta puede causar multas. Este tipo de inversión no cumple con las características que buscamos en una cuenta para la reserva. Son buenos para otras cosas, pero no para esto. En el Tercer piso hablaré con detalle sobre los fondos mutuales.

Cuentas de ahorro, cuentas de cheque que pagan interés y cuentas de fondos del mercado monetario son algunas opciones, así como los certificados de depósito con término a corto plazo. Sólo debes saber que el inconveniente es que si retiras el dinero antes de la fecha de vencimiento pagas una penalización. Otra opción son las letras del tesoro de 4, 13 y 26 semanas. Si tienes que venderlas antes de tiempo, es posible que recibas un poco menos porque en el mercado secundario te pagarán menos por ellas.

Tipo de activo líquido	Descripción
Efectivo	Son las monedas y billetes que posees. Dinero en el bolsillo.
Cuentas de cheque	Son un sustituto del efectivo. Las ofrecen instituciones financieras de depósitos como bancos comerciales, instituciones financieras de ahorro y crédito, uniones de crédito.
Cuentas de ahorro	El dinero está disponible en el momento que lo quieras, pero no lo puedes retirar con cheque. Las ofrecen bancos y otras instituciones.
Cuentas de depósito de mercado de capital *(Money Market Account)*	Son un vehículo de ahorro que paga interés y ofrece privilegios limitados para usar cheques. Requieren más dinero para abrirlas que una cuenta de cheques. Están aseguradas por el FDIC.
Fondo de mercado de capital *(Money Market Mutual Funds)*	Son un vehículo de ahorro que es un Fondo Mutual. Ofrecen el privilegio de usar cheques. No están asegurados por el FDIC.
Certificado de depósito	Es un instrumento de ahorro. El dinero debe estar por un tiempo determinado. Impone penalizaciones por retirar antes de su vencimiento. No da el privilegio de usar cheques. Generalmente, están asegurados por el FDIC.
Letras del Tesoro de EUA. *(T-bill)*	Son activos a corto plazo (vencimiento de 4, 13 y 26 semanas). Los emite el Departamento del Tesoro de los EUA, su denominación mínima es de mil dólares.

FDIC *vs.* SIPC: ¿cuál es la diferencia?

Una preocupación válida que muchos me plantean es: si ahorro o guardo mi reserva de emergencia, ¿mi dinero está asegurado? Buena pregunta. La respuesta parece sencilla, pero no lo es.

Hay dos tipos de organizaciones relacionadas con esto que son distintas y se confunden. Una es el FDIC y la otra es el SIPC. Aunque hay varias diferencias y, como dicen, el diablo está en el detalle, se pueden rescatar cuatro, que en principio son importantes a la hora de cuidar nuestra reserva de emergencia: *1)* su formación, *2)* la función que cumplen, *3)* los tipos de activos que protegen y *4)* cuánto protegen.

El FDIC *(Federal Deposit Insurance Corporation)* es una agencia del gobierno Federal, creada en 1933 tras la Gran depresión debido a la pérdida del dinero que sufrieron muchos ahorradores. El SIPC *(Security Investment Protecction Corporation)* es una organización sin fines de lucro creada por ley en 1970.

Cuando un banco miembro falla, el FDIC asegura a todo los depositantes de esa institución en caso de pérdida hasta un cierto límite. El SIPC es un "seguro" que en caso de que un miembro cometa fraude, bancarrota, liquidación o el dinero se pierda por otras razones, se restituye el dinero también hasta un límite.

Ambos, básicamente, financian y respaldan su compromiso con primas que pagan los miembros de cada institución. El pago de las primas crea un fondo que se invierte prudentemente para proteger a los miembros en caso de problemas.

El FDIC protege cuentas tradicionales como cuentas de cheque, de ahorro, fideicomisos *(trust)* y certificados de depósito. También asegura cuentas de depósitos en mercado de dinero *(Money Market Deposit Accounts)*. La cantidad máxima es 100 mil dólares por depositante. En ciertas cuentas de retiro como IRA tradicional, *Roth IRA*, *SEP IRA*, Plan Keogh, Plan 457 y planes auto dirigidos como 401(k), por ejemplo, la cobertura sube a 250 mil dólares.

¿Qué no protegen? Inversiones en fondos mutuales, anualidades, acciones, bonos, títulos del Tesoro estadounidense o cualquier otro tipo de producto de inversión. No importa si es vendido por el mismo banco o por un *broker/dealer* del mismo banco, no lo protegen.

El SIPC protege *cash*, acciones y bonos. No protege contratos a futuro de materia básica *(Future Commodity Contracts)*, anualidades fijas, moneda y contratos de inversión que no están registrados bajo el SEC.

La protección del SIPC se aplica cuando existe un faltante en la cuenta del inversionista, en estos casos cubre la diferencia hasta un máximo de 500 mil dólares (incluyendo los 100 mil en el caso de efectivo). Pero es importante saber que el SIPC no cubre las pérdidas sobre el riesgo de la inversión, porque ésa es la naturaleza del mundo de inversiones. En el Tercer piso hablo más sobre el tema.

Un comentario sobre la cobertura del FDIC. La cobertura de 100 mil dólares se aplica de distinta forma de acuerdo con el banco y el tipo de cuenta legal, en el Cuarto piso hablo más de esto. Por ejemplo, digamos que María tiene 75 mil dólares a su nombre en el Banco asegurado X y tiene 50 mil dólares a su nombre en una sucursal del Banco asegurado X que queda en otro lugar. Si el banco se declara insolvente, sólo recibirá 100 mil dólares en total. Pero si una cantidad estuviera en Banco asegurado X y otra en Banco asegurado Z, los 150 mil estarían cubiertos. También depende del tipo de cuenta. Por ejemplo, si los 150 mil dólares están en el "Banco X", pero 75 mil están depositados en un CD a nombre de María solamente, y el restante está en una cuenta de ahorro compartida entre María y Juan, ambas cantidades estarían aseguradas.

Por eso, tener cantidades en categorías de cuentas legales distintas en el mismo banco pueden ser aseguradas separadamente. Así, es posible tener más de 100 mil dólares en un banco asegurado y recibir cobertura total.

Como primera opción para depositar tu reserva de emergencia considera aquellas instituciones financieras que estén dentro del FDIC. Es cierto que si compras letras del Tesoro no tendrán el seguro del FDIC, pero recuerda que están respaldadas por el Tesoro del Gobierno estadounidense

11
Crédito

¿En qué se fijan cuando pedimos prestado?

Las 3 Cs + Reporte de crédito + Puntaje.

¿Cómo me afecta el puntaje en el financiamiento?

Puntaje más bajo, pagas más caro, y viceversa.

¿Cuál es el máximo que debo pagar mensualmente por las deudas, incluyendo casa?

No más de 36 por ciento de tu ingreso bruto mensual después de impuestos.

El caso de Adriana

Adriana vio la casa de sus sueños. Ella, sus dos hijos y su esposo —que a los seis meses estaba estrenando empleo—, quedaron enamorados de la casa estilo español. ¿Precio? 221 mil dólares.

Adriana inició las averiguaciones de inmediato, y gracias a un amigo, encontró a un agente hipotecario independiente que les ayudaría a obtener el financiamiento. Les consiguió financiar el 100 por ciento de la compra. Sólo tenían que poner los gastos de cierre. Además, el pago era muy cómodo porque sería de 931 dólares mensuales. Con el ingreso de 4 mil al mes podían afrontarlo sin problemas.

Dos años y medio después, Adriana y su esposo estaban peleando para que no los sacaran de la casa por no poder realizar el pago mensual del préstamo. Tenían más de noventa días de atraso y el banco les enviaba cartas de notificación diciéndoles que si no saldaban la deuda en su totalidad, se remataría la casa.

¿Qué pasó? Adquirieron un préstamo 2/28 donde los primeros dos años pagarían 931 dólares y subiría a 1 408 dólares. De lo que no se habían dado cuenta, era de que el pago que se estimó inicialmente fue calculado con un interés bajo, pero con el tiempo, el contrato exigiría que se pagara una cantidad mayor.

Ese aumento inesperado, sumado a los impuestos de la propiedad, seguros y mantenimiento, consumiría 50 por ciento del ingreso familiar. Esto sin considerar las otras deudas adquiridas ni los gastos diarios.

Éste es un ejemplo de como el crédito puede ser fatal para la economía personal. Lo he visto en la compra de autos, con las tarjetas de crédito, los préstamos para la realización de estudios y para pequeños negocios y casas.

¿Qué es crédito?

Digamos que deseo comprar un bote que cuesta 10 mil dólares. Gano 31 200 dólares al año (15 dólares la hora). Puedo disponer de 10 por ciento de mi sueldo para comprarlo, por lo que requeriría de 6 mil 666 horas de trabajo y un poco más de 3 años para juntar la cantidad y comprar el bote. ¿Qué pasa si no quiero esperar ese tiempo? La opción es buscar a alguien para que me preste el dinero. Digamos que alguien ofrece prestarme 10 mil dólares hoy devolviéndoselo a pedazos en 36 meses a cambio de pagarle 1 116 dólares por usar su dinero. Aunque esto implicaría trabajar 7 411 horas (743 más horas de trabajo), tendría mi bote ahora.

Si no tienes dinero disponible para comprar la casa, un auto o cualquier otra cosa que quieras hoy, la opción es usar financiamiento. Aunque crédito es un término contable para describir cómo el prestamista registra el préstamo, para nosotros es dinero que cuando se usa se convierte en deuda (pasivo).

Deudas productivas *vs.* Deudas no productivas

Nuestro objetivo debe ser adquirir deudas productivas (algunos le llaman buenas, pero la deuda no es un ente moral). ¿Qué entiendo por productivas? Que generen ingreso y aumenten los activos con el fin de aumentar la riqueza neta (regla 6 del Manual de sobrevivencia económica).

En principio están los préstamos para adquirir propiedades o maquinaria destinada a generar ingresos en un negocio, por mencionar algunos ejemplos.

Las deudas NO productivas son las que no incrementan los activos. Por ejemplo, la comida (a menos que sea para una reunión de negocios), la ropa (al menos que sea para una reunión de trabajo), viajes (al menos que sean de negocios) y la lista sigue.

Ahora bien, cuando digo "en principio" me refiero a su naturaleza. No cualquier casa, educación, maquinaria o remodelación es buena. He visto casos de compra de propiedades que perdieron valor tiempo después; de gente que ha pagado miles de dólares en educación y ejercen otra profesión u oficio y todavía están pagando la deuda; de negocios que fueron un fracaso y de mejoras al hogar que no se recuperarán con la venta de la casa.

Otro problema es la selección del tipo de préstamo. Como vimos en el caso de Adriana, ella compró una casa (deuda productiva), pero no fue negocio. ¿Por qué? Porque tomó un préstamo complejo que no le permitía amortizar la deuda (ya explicaré más adelante) y con un precio que no podía pagar.

Las 3 C + Reporte de crédito + Puntaje

Es buena idea saber cómo piensan las personas cuando van a prestar dinero: en qué se fijan cuando otorgan un préstamo, qué tipos de préstamos ofrecen y cómo estiman los pagos. Con esta información podremos decir si queremos o no financiar deudas productivas, como una casa, con esas condiciones.

¿Qué es el Reporte de crédito?

Básicamente, es un reporte computarizado que contiene un perfil crediticio de tus préstamos, cargos, pagos, información personal y prácticas negativas que hayas tenido con otros prestamistas.

Aquí entran en escena Experian, TransUnion y Equifax. Ellos se encargan de recolectar información de registros públicos, la suministrada por acreedores y cualquier otra información financiera relevante. Esto lo resumen en un documento, que es el reporte de crédito.

Generalmente, el reporte consta de cinco áreas:

▶ Cuentas potencialmente negativas como bancarrota, atrasos en los pagos, cuentas en agencias de cobro.

► Cuentas con buen comportamiento, es decir, aquellas en las que hasta ahora no hay problemas.

► Cantidad de solicitudes del historial de crédito.

► Información personal como nombre, dirección, teléfono, trabajos actuales y pasados, entre otros.

► Mensajes del cliente para que otros acreedores lo lean cuando revisan el reporte.

En 2003, el Congreso hizo una enmienda a la ley federal *Fair Credit Report Act* (FCRA) para que las tres agencias de reporte de crédito nos den una copia del reporte gratis cada 12 meses en: www.annualcreditreport.com

Si el prestamista es dueño del dinero o trabaja para una institución que se responsabiliza por el dinero de otros (ahorradores o inversionistas) su obligación es asegurarse de dos cosas: que tengas la habilidad y disposición de pagar lo que pides prestado. Recuerda que ellos quieren la devolución de su dinero al precio (=interés) acordado.

Aunque la decisión de usar crédito es nuestra, para el prestamista el problema es decidir si calificamos o no para el préstamo. Su función no es analizar si el préstamo y la compra son productivos para nuestro bolsillo. Es cierto que te puedes encontrar prestamistas que rebasan sus funciones y van mas allá de su responsabilidad, pero recuerda que a ellos les pagan un sueldo o ganan dinero a partir del dinero prestado.

Se fijan en tres factores que llaman las tres C: Capacidad, Carácter y Colateral.

Capacidad. Consiste en saber si puedes pagar la deuda en el término acordado. Ellos estudian un conjunto de características tuyas como ocupación, años en el trabajo, ingreso bruto actual, gastos mensuales y otras obligaciones. Digamos que pides un préstamo de 15 mil dólares por 10 años. Ellos revisarán si el ingreso que tienes es confiable para saber si vas a devolver los 15 mil más el costo.

Carácter. Se refiere a indagar si hay signos que muestren tu actitud para pagar, buscan signos de estabilidad. Aquí entra el informe de crédito para ver cuánto debes, si pagas tus cuentas a tiempo, el total de tu deuda en comparación con el ingreso, el tiempo que llevas viviendo en un lugar y en el empleo, así como si eres dueño de casa o rentas, entre otras cosas. Por eso revisan el reporte de crédito, porque a partir de lo que dice tu historial, se estima tu puntaje de crédito *(credit score)*.

Colateral. Se refiere a la protección de un préstamo con algún activo. El crédito puede ser asegurado *(secure)* o no asegurado *(non secure)*. Dependiendo del préstamo, puede que lo respaldes con tus ingreso, ahorros, inversiones o propiedades. Por ejemplo: si pides un préstamo para comprar una casa, éste estaría respaldado por la propiedad. Esto es clave porque una deuda con respaldo hace que el costo de crédito sea menor. ¿Por qué? El prestamista tiene de donde agarrarse en caso de que falles en la responsabilidad del pago. Con base en esta información, se determina si se aprueba o no el préstamo. Cada prestamista hace su análisis de forma distinta porque usa métodos propios para decidir la aprobación.

Aquí entra el famoso número conocido como "puntaje de crédito" *(credit score* conocido popularmente como el FICO). Lo importante es saber que a mayor número en el puntaje, se supone que el costo de financiamiento será menor. Otra forma de decirlo es: Si tu puntaje es menor, pagas más caro; si tu puntaje es mayor, pagas menos interés en los créditos.

Imaginemos un caso hipotético. Tenemos a Olga y a Roberto. Ambos viven en Nueva York, en la misma ciudad y van al mismo banco. Tienen el mismo deseo: adquirir una hipoteca de 216 mil dólares con un interés fijo por 30 años y con el mismo pago de entrada.

La única diferencia entre ellos es que la puntuación FICO de Olga es de 800 y la de Roberto, 619. ¿Por qué la diferencia en el puntaje? Porque mientras Olga pagaba a tiempo sus cuentas, tenía empleo estable y un historial en el que las deudas adquiridas habían sido pagadas, Roberto tenía una deuda con más de 60 días de atraso, menos tiempo pidiendo prestado —es decir, poco historial—, más deudas en tarjetas de crédito y un ingreso variable.

Como los dos tienen un puntaje distinto, el interés que les cobraría el banco variaría entre uno y otro.

Si tu puntuación FICO® es:	Tasa de interés será:	Pago mensual será: (dólares)
760-850	5.794%	1 267
700-759	6.013%	1 297
660-699	6.293%	1 336
620-659	7.093%	1 451
580-619	8.820%	1 710
500-579	9.521%	1 820

Olga que quiere la hipoteca de 216 mil dólares a 30 años, por lo que le cobran un tasa de interés de 5.794 por ciento y le queda un pago mensual de 1 267 dólares.

A Roberto, para la misma hipoteca de 216 mil dólares a 30 años con una tasa de interés fija, le cobran un interés de 8.820 por ciento y su pago mensual asciende a 1 710 dólares.

La diferencia entre lo que pagarían Olga y Roberto es de 443 dólares. Por lo que Olga podría tener para su bolsillo casi 5 316 dólares al año. Si asumimos que ambos se quedan con el mismo préstamo por 30 años, Roberto pagaría 159 480 dólares más de lo que pagaría Olga por concepto de interés.

Ésa es la diferencia que gana Olga por tener un mejor puntaje de crédito.

Claro que la tasa de interés varía de acuerdo con el estado, banco, tipo de préstamo, etcétera. Pero el principio no cambia: cuanto más baja sea tu calificación de crédito más alta es la tasa de interés que te cobrarán por prestarte y más alta será tu cuota.

Es cierto que las 3 C son importantes al igual que el reporte de crédito y el puntaje. La relación de estas tres facturas tiene un efecto en la aprobación y el precio que pagaremos por el préstamo. Pero también es importante que entiendas que el sistema bancario es muy competitivo. Y esa competencia hace que los precios sean distintos, especialmente en las hipotecas.

Tipos de préstamos: aquí está el detalle

Ahora es cuando la cosa se pone buena, porque el crédito es como el trigo: se puede transformar para que tome diversas formas.

La transformación del crédito tiene como bases la cantidad que se cobra por prestar el dinero (¿recuerdas el costo de dinero?), el tiempo que dura el préstamo, el beneficio impositivo que permite restar el costo de la factura cuando pagamos los impuestos, si el dinero está asegurado o no con un activo y si se exige que el dinero prestado se vaya pagando a la vez que el costo por prestar (esto es amortización).

Este último punto es importante porque es la intención de eliminar la deuda que se adquiere. La amortización es, básicamente, el proceso de eliminar gradualmente lo que debes.

Analicemos un ejemplo sencillo. Digamos que te pido prestados mil dólares. Después de hacerme el análisis de las 3 C y revisar mi historial de crédito, determinas que soy un buen candidato. El interés por el préstamo es de 8 por ciento y tengo que pagártelo en un periodo de doce meses.

Como usaste el método de interés simple tendré un pago similar durante los doce meses: 86.99 dólares. En este pago hay dos componentes: interés y principal. Fíjate en las columnas 4 y 5 de la tabla que desglosa el interés y la parte de principal.

1	2	3	4	5
Mes	Balance (dólares)	Pago mensual (dólares)	Interés	Principal (dólares)
1	1000	86.99	6.666667	80.32
2	919.68	86.99	6.131188	80.86
3	838.82	86.99	5.59214	81.40
4	757.42	86.99	5.049498	81.94
5	675.49	86.99	4.503239	82.49
6	593.00	86.99	3.953337	83.04
7	509.97	86.99	3.39977	83.59
8	426.38	86.99	2.842512	84.15
9	342.23	86.99	2.281539	84.71
10	257.52	86.99	1.716827	85.27
11	172.25	86.99	1.14835	85.84
12	86.41	86.99	0.576082	86.41
		1043.86	43.86	1000.00

En este caso, el interés disminuye porque el balance va disminuyendo (aquí el interés se carga sobre el balance restante). Mientras que el principal, la cantidad que me prestaste, va aumentando. Esto muestra que te estoy pagando por el uso del dinero y, a la vez, estoy abonando al principal. Esto es la amortización.

Este análisis es importante para saber en cuánto tiempo se termina de pagar la deuda, cómo se aplica el interés y cómo va disminuyendo el balance.

En el capítulo dedicado a la casa, que está en la tercera parte, hablo del riesgo que se corre con un préstamo hipotecario en el que no se hace amortización. Al hacer un pago mínimo, solamente se paga solamente una parte del interés. La otra parte se suma al principal y hace que éste aumente como una bola de nieve con lo que la deuda se hace cada vez más grande. Amortizar un préstamo es importante.

Sabiendo esto, hablemos de los tres tipos de préstamos que hay.

Crédito de cuenta abierta. Es crédito que recibimos por adelantado por cualquier transacción. El límite de crédito puede bajar o subir.

Por ejemplo. Una tarjeta de crédito con un límite de 2 mil dólares. Esto significa que tenemos disponibles hasta 2 mil dólares. Puede suceder que usemos parte o todo o que nos suban el límite a 3 mil dólares o más o que disminuyan el límite original.

Esta línea de crédito tiene como base la voluntad de que pagaremos. Generalmente, las tarjetas de crédito no están aseguradas con un activo, salvo que no tengas historial de crédito y te pidan un dinero de depósito como garantía.

El pago puede variar. Te exigen un pago mínimo, que entre más bajo, más conviene al prestamista, pues la mayor cantidad es para pagar el costo de interés y otros costos indirectos. Aquí es posible que no estés pagando el principal y por eso la deuda nunca disminuye, pero tienes la opción de enviar más o menos dinero.

El interés lo cargan sobre el balance de la cuenta (generalmente es variable, aunque hay algunos que lo ofrecen fijo). Entre más alto el balance, mayor será el interés. Algunos suman el balance del mes anterior, lo que aumenta el pago. El límite para pagar la deuda no está definido. Por tanto, pagas muy poco al principal y la deuda no baja como debería.

Pregunta: "¿leemos la letra pequeña de los contratos de las tarjetas de crédito?"

¿Qué dice la letra pequeña?

Lo primero es saber que los contratos varían por emisor, es decir, el que presta el dinero y por estado. Esto lo hace más complicado porque los contratos y los costos son diferentes.

Confieso que antes utilizaba la lectura de los contratos de las tarjetas de crédito como técnica para dormir. Pero poco a poco he logrado descifrar algunos de los enigmas de este *Código de Hammurabi* del siglo XXI.

Aquí van cuatro de esos misterios contenidos en los contratos de las tarjetas de crédito que debemos tener presentes cuando decidamos usarlas.

1. **La cláusula del terror.** Se llama *universal default*. Aunque ahora que estoy escribiendo el libro, es muy probable que el gobierno decida prohibir la inclusión de esta cláusula en los contratos de tarjetas, es bueno que sepas porque es de terror

si llega a concretarse la prohibición. Esta cláusula del contrato permite a los prestamistas revisar el historial de crédito de forma regular y, si existe un cambio negativo en el reporte, pueden aplicar el interés más alto definido en el contrato *(default rate)*. Fíjate, no tienes que fallar en el pago de la tarjeta para que te suban la tasa de interés. Atrasos en los pagos (incluso una vez) de otra tarjeta de crédito, de la hipoteca, de la luz, del pago del auto o rebasar el límite en una de las tarjetas, aumentar el nivel de deuda y haces muchas solicitudes de crédito, son razones para aplicar la cláusula.

2. **Cuota** *(Fees)*. Aquí van sólo algunas.
Cuota anual *(annual fee)*. Son cargos por tener la tarjeta. Algunos no lo cobran, otros pueden cobrar hasta 75 dólares anuales.
Cuota por avance de efectivo *(Cash advance fee)*. Es el cargo por retirar dinero en efectivo de una tarjeta. Puede que te cobren una suma (hasta 4 dólares) o un porcentaje (4 por ciento) de la cantidad que retires.
Cuota por transferencia de balance *(Balance-transfer fee)*. Es el cargo por transferir un balance de otra tarjeta. Cuando te ofrecen "cero por ciento de interés" puede que te cobren un cargo por la transferencia.
Cuota por pago atrasado *(Late-payment fee)*. Son los cargos que cobran si el pago se registra después del cierre de la factura *(closing date)* y depende del balance de la cuenta. Entre mayor sea el balance, mayor será el cargo. Puedes pagar hasta 40 dólares por atraso.
Cuota por pasarte del límite *(Over-the-credit-limit fee)*. Son los cargos por usar más dinero del establecido en el límite de tu tarjeta. Por ejemplo, tienes un límite de mil dólares, pero lo rebasas; entonces te aplican el cargo que puede ser de 35

dólares por cada vez que el periodo de facturación registre un límite rebasado.

3. **Pago mínimo.** Los prestamistas exigen un pago mínimo. Éste puede ser de 1 o 2 por ciento sobre el balance o una cantidad específica. Con él se cubren los gastos por financiamiento. El problema del pago mínimo es que pagas primero el interés y los cargos (si aplican) y la diferencia se destina al balance. Para ellos es un buen negocio, pero para nosotros, no. Entre más tiempo tome bajar el balance, más pagamos porque el pago mínimo se estima sobre el balance. ¿Te imaginas tomando un sopón con la cuchara de un bebé? Así de rápido disminuirás el balance si pagas el mínimo.

Un ejemplo sencillo. Digamos que María está pensando en pagar una deuda de 2 500 dólares que tiene a un APR de 18 por ciento. Ella nos pide que le preparemos tres escenarios: uno con un pago de 50 dólares mensuales, otro con 75 y un tercero con 100 dólares.

Vamos a asumir que María no va a usar la tarjeta de nuevo, el interés será el mismo durante todo el periodo, no variará el pago mensual y no hay otros cargos en la cuenta.

¿Resultado?:

- Escenario 1: si paga 50 dólares mensuales. Terminaría pagando 4 655 dólares, 2 155 dólares más que el préstamo original de 2 500 y saldaría la deuda casi en 8 años.
- Escenario 2: si paga 75 dólares mensuales. Terminaría pagando 3 441 dólares, es decir, 991 dólares más que el préstamo original de 2 500 dólares y saldaría la deuda casi en 4 años.
- Escenario 3: si paga 100 dólares mensuales. Terminaría pagando 3 156, 656 dólares más que el préstamo original de

2 500, y saldaría la deuda casi en 3 años. Entre más bajo sea el pago, más tiempo te llevará saldar la deuda y más gastos incurrirás en intereses. Esto no es negocio.

4. **Interés.** La gente comenta su inconformidad por el alto interés que cobran las tarjetas de crédito. Por un lado, por ley no hay un tope que marque el límite del aumento del interés. Por el otro, cerca de 90 millones de consumidores pagan el mínimo mensualmente y dejan que el balance pase al mes siguiente. Éste es un riesgo para el que presta al que debe agregarse que el dinero prestado no está asegurado con algo tangible (como un auto o casa).

El interés se compone de dos partes: la fija (que se establece en el contrato) y la variable (que cambia y no se puede establecer en el contrato). Por ejemplo: puedes encontrarte con un contrato que diga: "Si retiras efectivo el APR será 12.99% + tasa prima". La tasa prima cambia y se suma a la fija. Generalmente hay tres tipos de interés: el básico, el que se genera al usar efectivo y el que resulta por dejar de pagar. Es un error creer que hay un sólo interés para todo. Si te atrasas aplica uno si sacas efectivo aplica otro y el estándar es otro. El que se cobra al dejar de pagar es el más caro de todos. Lo he visto en 22 por ciento + tasa prima. ¿Conclusión? Dicen que lo bueno viene en frasco pequeño… y el veneno también.

Otro tipo de cuenta abierta es la línea de crédito sobre tu casa o HELOC por sus siglas en inglés. Fíjate que aquí estás asegurando la deuda con la propiedad. Esta funciona como una tarjeta de crédito: se te permite usar cierta cantidad de dinero durante un periodo. El límite es determinado por el prestamista a partir del valor de la casa.

Préstamos personales. A diferencia del crédito abierto, en los préstamos personales se establece el monto del préstamo específico, la deuda se tiene que pagar durante un periodo predeterminado y el pago se establece antes (a excepción de un préstamo de tasa fija que varía porque el interés cambia). Además, el pago que se haga debe incluir una mayor cantidad para cubrir el monto principal.

Los más comunes para nosotros son el préstamo personal, préstamos para comprar enseres o muebles, de auto y de educación.

Préstamos hipotecarios. En este caso nos referiremos a un contrato formal y negociado para la compra específica de una propiedad inmobiliaria.

Hablaré de esto en el capítulo Hogar dulce hogar.

El caso de Álvaro

Apenas recibió 5 mil dólares como herencia de un tío lejano, Álvaro se fue a comprar el auto que había soñado tener. Él le llamaba *Baby red*.

Su trabajo en el banco le daba 40 mil dólares de ingreso anual; su sueño era el descapotable color rojo.

Entró a la concesionaria con su auto usado y ahí estaba la nueva máquina. Su rojo niquelado hacía parecer que la carrocería se reía sola. Álvaro recordó el anuncio que decía: "262 dólares con 0 por ciento APR".

Él sabía que podía pagar 262 dólares mensuales. Además, contaba con que le darían 4 mil por el auto viejo, más los 5 mil que tenía. ¿El precio en mente? 19 500 dólares. Quería terminar de pagar a *Baby red* en 48 meses.

Al verlo, el vendedor lo invitó a dar un paseo. Apenas estuvieron en la calle, el vendedor presionó el acelerador para que Álvaro sintiera la fuerza del motor. Álvaro apretaba las manos para no mostrarse ansioso (más de lo que ya había mostrado). Después de veinte minutos de haber experimentado el placer de su vida en *Baby red* con el que haría suspirar a las chicas, Álvaro siguió al vendedor a un pequeño cubículo.

"¿Ése es el color que te gusta?" le preguntó el vendedor. "Rojo. Tiene que ser rojo", respondió Álvaro. "Déjame ver si hay en el lote uno como ése", dijo el vendedor mientras tomaba el teléfono.

Álvaro se puso nervioso porque pensó que no tenían el auto en color rojo. El vendedor llamó a la central: "Tengo un cliente que quiere el dos puertas convertible en rojo". Pausa. Álvaro movía las manos mientras el vendedor lo miraba de reojo, hacía una pausa y escribía varios números en un papel.

Un minuto después, el vendedor colgó y tomó la calculadora para hacer unos cálculos y le pregunta a Álvaro cuánto es el máximo mensual que quiere pagar. Álvaro esperaba saber si tenían el rojo y no escuchó. "¿Lo tienen rojo o no?", preguntó Álvaro. "Están buscando", le respondió el vendedor.

En este punto, Álvaro daba lo que fuera por el auto. De hecho, dejó de poner atención y no se daba cuenta de que pagaría más por el auto por sólo enfocarse en el rojo.

El vendedor le preguntó cuánto era el mínimo y el máximo que él estaba dispuesto a pagar mensualmente. Como mínimo, 300 y como máximo, 400 dólares. Era de esperar que el vendedor tomaría el más alto.

Luego le preguntó cuánto daría de entrada y Álvaro dijo que daría el auto viejo como enganche —él estimaba 4 mil dólares—, más 5 mil que tenía en el banco.

Hora y media después, el vendedor entró en la sala de espera sonriente. Llamó a Álvaro y lo invitó a ella.

Después de decirle con una sonrisa: "Encontraron el auto" y "aprobaron la compra", le comentó que el pago final había quedado en 427.52 dólares mensuales. Aunque Álvaro tenía calculado 262 dólares, ya nada importaba porque estaba a punto de poseer a *Baby red*. Si podía pagar 400 dólares, 28 dólares más no eran gran diferencia. "Ya están preparando el auto. Firmas y es tuyo". Álvaro no le dio más vueltas. Firmó y unas horas más tarde conducía su convertible color rojo.

Por la emoción, Álvaro no se fijó al firmar el contrato, en que por su auto usado le habían pagado 800 dólares, cuando el precio en los libros era de 3 mil. La diferencia de 2200 dólares hubiese sido a su favor si hubiera conocido el valor real del auto antes de negociar. Pero la diferencia la habían ganado la concesionaria y el vendedor, quien aumentó su comisión.

Tampoco se percató de que al decir el precio máximo que estaba dispuesto a pagar, el vendedor ajustaría el precio y el tiempo del préstamo para definir el pago mensual. El precio del auto era 19 499 dólares, pero ese precio era por el auto básico sin transmisión automática, seguros ni alarma, aros cromados, descapotable, ventanillas automáticas y demás. A esto había que sumarle el impuesto sobre venta, el servicio por el contrato y el cargo por llevar el auto. ¿precio final? 30 394 dólares. Menos los 5 800, Álvaro adquirió un auto por 24 554 dólares con un interés de 7.75 por ciento.

Como era necesario que al calcular el pago mensual, quedara en el máximo que él dijo estar dispuesto a pagar, el vendedor ajustó la compra a 72 meses. Este pequeño detalle haría que el pago fuera cómodo, pero el costo a la larga era mayor. ¿Pago total? 30 781 dólares, sin el pago de entrada.

Si pagaba el auto en 48 meses, la mensualidad quedaba en 596.55 dólares y serían 2 146 dólares menos de interés. Pero esa cantidad asustaría a Álvaro.

Además, a estos números faltaba sumar el pago de seguro, 150 dólares por mes y 145 de gasolina por ser un auto que, en promedio, consume un galón (2.90 dólares) cada 20 millas y que Álvaro corre cerca de 1000 millas mensuales. Por supuesto al ser un auto caro, las piezas y arreglos también son caros.

¿Resultado? Lo que comenzó con una promoción de 262 dólares mensuales con "0% de interés", terminó en *427.52 dólares mensuales* durante 72 meses, con una factura total de 38781 dólares sin incluir lo que perdió por no vender su auto usado a precio de mercado.

Lo que Álvaro no tomó en cuenta es que el deseo también cuesta. En la concesionaria había un auto cuasi *Baby red* que costaba 14300 dólares. Cierto, no era descapotable ni era de carreras, pero si daba la misma cantidad como pago de entrada, el pago mensual era de 207 dólares mensuales durante 48 meses (4 años). Hubiera pagado 1046 de interés y el costo total por la compra llegaría a 15346 dólares.

Cuando comparas el precio de compra y costo de financiamiento entre ambos autos, *Baby red* le estaba saliendo 23435 dólares más caro en comparación con "cuasi *Baby red*". Son 3905 dólares anuales que Álvaro hubiese tenido en el bolsillo.

Además, el seguro bajaría a 120 dólares mensuales y el consumo de gasolina a cerca de 96 mensuales, asumiendo un promedio de 30 millas por galón.

Pero él quería a *Baby red*. Actualmente, Álvaro paga cerca de 14 centavos de cada dólar que ingresa por un auto. Cuando le sumas el seguro y el gasto en gasolina llega a 24 centavos de dólar. El préstamo estudiantil y la renta de su casa suman 50 centavos de dólar.

¿Cuánto me debo endeudar?

Bien, con una idea más clara sobre en qué se fijan y qué piensan los prestamistas cuando quieren otorgar un préstamo que les reditúe beneficios. Pero, ¿cómo pensamos nosotros? Ellos tienen su sistema establecido. Conocen su negocio. ¿Nosotros conocemos el nuestro? Por eso debemos tener un plan para saber si la deuda que adquirimos puede incrementar o no el riesgo en la economía personal.

El manual económico de sobrevivencia es clave en todo esto. No lo podemos olvidar, especialmente si se trata de un crédito.

Recuerda: durante nuestra vida económica se nos ofrecerá crédito para gastar. Ese dinero, una vez adquirido y gastado, se convierte en deuda (pasivo). Esa deuda conlleva la responsabilidad de pagarla. Si la deuda es productiva (aumenta nuestros activos e ingresos), parte de ella se está pagando con lo que genera. Si es deuda no productiva (no aumenta nuestros activos e ingresos), es dañino porque disminuye la riqueza neta y aumenta los gastos innecesariamente.

No olvidemos: las deudas adquiridas hoy se pagarán con nuestro ingreso futuro. Esto significa que la certeza de una deuda se basa en un ingreso incierto. Ahí reside la importancia de manejar las deudas con cautela y no emborracharse con ellas.

Importante también: tenemos la meta de ahorrar para acumular riqueza. Por eso, el nivel de deuda debe estar condicionado por el nivel de ahorro , ambos provienen del mismo ingreso. Por tanto, entre menos deudas tengamos, el potencial de generar riqueza en el futuro será mayor. Sobre el ahorro hablaremos en el Tercer piso.

Contrario a la creencia popular, la deuda mayor de una familia promedio, no son las tarjetas de crédito, sino el préstamo hipotecario. El segundo lugar lo ocupan los préstamos que la gente saca de sus planes de retiro. A estos les siguen los préstamos a plazo fijo (auto, educación o enseres eléctricos). En último lugar están las deudas de tarjetas de crédito.

Hay una regla general que los grandes proveedores de dinero usan para determinar si nos prestan o no. La regla es que no más del 36 por ciento de nuestro ingreso después de impuestos se debe dirigir al pago mensual del total de deudas. O sea que de cada dólar que recibimos por ingreso, 36 centavos de dólar se deberían ir a pagar las deudas que adquirimos. Por ejemplo: si mi ingreso después de impuestos es 3 mil dólares pagaré no más de 1080 dólares para cubrir las deudas que adquirimos (casa, auto, educación, etc.).

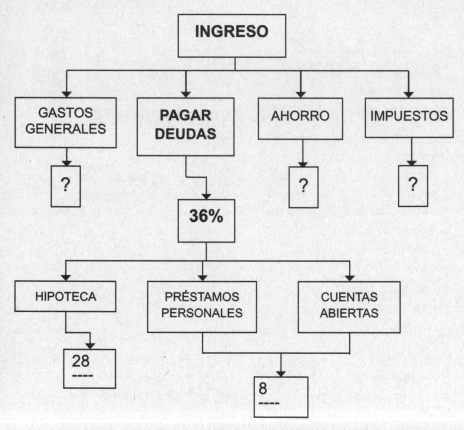

Del 36 por ciento se considera el máximo de 28 por ciento para servicio de casa y el 8 por ciento en lo demás.

Siguiendo el ejemplo de arriba, de los 3 mil dólares el máximo de pago mensual por la hipoteca (=principal del préstamo, el interés, impuestos, seguro) sería 840 dólares mensuales.

1. Ingreso mensual después de impuestos	3 mil dólares
2. Porcentaje máximo para la casa	X .28
3. Pago mensual máximo *	840 dólares
*Incluye principal del préstamo, interés, impuestos, seguro.	

En el caso de las deudas de consumo (préstamos personales y cuentas abiertas), el máximo sería 240 dólares.

1. Ingreso mensual después de impuestos	3 mil dólares
2. Porcentaje máximo para deudas de consumo	X .08
3. Pago mensual máximo	240 dólares

Deudas que se incluyen
Préstamos
Auto
Educación
Tarjetas de arreglos en la casa
Seguro de vida
Cuenta de retiro
Otros
Tarjetas de crédito
Línea de crédito
Personal
Casa
Protección de sobregiro
Otros

Ahora, si las deudas de consumo suman más del 8 por ciento, como le sucede a muchos, entonces la diferencia se resta del 28 por ciento. Si por ejemplo, mis deudas de consumo son 15 por ciento, quiere decir que mis pagos de la casa no deben pasar del 21 por ciento (36 - 21).

¿Cómo saber si estoy por encima o debajo del 36 por ciento?

Para saber el porcentaje de servicio de deuda (sin incluir hipoteca) tenemos que hacer tres operaciones:

1. Sumar el total de ingresos mensuales que recibimos después del pago de impuesto.
2. Sumar el total del pago mensual de deudas.

3. Dividir el total de las deudas (punto 2) entre el total del ingreso bruto mensual (punto 1).

$$\frac{800}{3\,000} = 0.26\%$$

Hay una regla general: entre más alto el pago mensual para pagar la deuda en comparación al ingreso y más alta la cantidad de deuda en comparación al ingreso, mayor riesgo financiero hay.

Porcentaje de deuda (excluyendo la casa)	Zona	Riesgo
0%-8%	Verde	Bajo
9%-12%	Amarilla	Moderado
13%-19%	Anaranjada	Moderado / Agresivo
Más de 19%	Roja	Alto riesgo

Algunos argumentarán que se puede incrementar el porcentaje y permite adquirir más deuda. Pero, soy de la escuela más conservadora (28%-36%) por varias razones:

1. Debemos mantener nuestro consumo constante para aumentar el ahorro y los activos. Uno de los principios de los que hablé en el Manual económico de sobrevivencia era que si queremos aumentar riqueza neta, debemos incrementar el ahorro y los activos.
2. Una de las características que se ve en los casos de bancarrota es que hay una relación entre bancarrota y altos

niveles de pago mensual por servicio de deuda (= pagar lo que se debe).

Después de ver personas con deudas altas como Adriana, es preferible errar por el lado de lo conservador teniendo un nivel de deuda menor. Al final es más dinero en el bolsillo.

Reparar el crédito

Ya vimos que el puntaje de crédito está basado en el reporte de crédito. Los errores que contiene éste te afectan porque el costo de financiamiento aumenta. Esto implica más dinero que saldría de tu bolsillo.

Acceso gratis al reporte de crédito:

▶ Internet: annualcreditreport.com

▶ Télefono: 1-877-322-8228

▶ Correo:

Pide el formulario y envíalo a:
Annual Credit Report Request Service
P.O. Box 105281, Atlanta, GA 30348-5281

Según un estudio realizado por el *U.S. Public Interest Research Group*, un grupo que aboga por derechos del consumidor, 79 por ciento de los reportes de créditos tienen errores.

De estos errores, 25 por ciento son tan serios, que podrían influir en la negación de un crédito. El mismo estudio reportó que más de 50 por ciento de los reportes tenían información no actualizada o que pertenecía a otra persona.

No sólo pagas interés más alto, también te afecta en los costos de seguro y hasta en tu empleo. Pero no te desesperes, puedes repararlo tú solo y es algo que no te llevará mucho tiempo.

Solicitar el reporte de crédito

Lo primero es ordenar tu reporte de crédito a annualcreditreport.com, para ver qué es lo que dice de ti. Como mencioné, en 2003, el Congreso hizo una enmienda a la ley federal *Fair Credit Report Act* (FCRA) para que las tres agencias de reporte de crédito nos provean una copia del reporte gratis cada 12 meses. Y en caso de que te nieguen un crédito, un seguro o un empleo por algo que contiene el reporte, también deben enviártelo gratis en un periodo de 60 días. Lo mismo sucede si te roban la identidad o estás buscando trabajo porque estás desempleado. De lo contrario, las compañías te cobrarán. Recuerda que no es lo mismo el informe de crédito que el número FICO, también llamado empírica. Por ese servicio debes pagar.

Para solicitar este informe, te pedirán nombre completo, número de seguro social, dirección, fecha de nacimiento e incluso pueden pedir algún dato que solamente tú conozcas, por ejemplo, cuánto pagas mensualmente por tu hipoteca.

Advertencia. ¡Cuidado! Hay muchos sitios en Internet que se promocionan con anuncios que dicen: "Informes de crédito gratuito", o "Monitoreo de crédito gratuito", pero no lo son. Por ley, sólo hay un sitio autorizado actualmente: annualcreditreport.com

Recuerda que un reporte de crédito negativo puede costarte mucho dinero. No sólo pagas interés más alto, también afecta los costos de seguro y hasta tu empleo.

Aunque esta ley se hizo efectiva en 1997, para muchos de nosotros es noticia nueva. En 1996, el Congreso hizo una enmienda al FCRA (es la que establece las reglas de juego sobre los reportes de crédito), la cual permite a los empleadores acceder al reporte de crédito con propósitos laborales. En otras palabras, el empleador puede usar el reporte de crédito para decidir si te contrata; te evalúa para darte una mejor posición, reasignarte a otro lugar o incluso retenerte. Se fijan en cosas como niveles de deudas en comparación con el crédito disponible, bancarrotas, pagos tardíos y evalúan el tiempo que éstos llevan en el historial. Por eso, es importante monitorear tu informe de crédito.

Examinar con lupa el reporte de crédito

- Es un trabajo de Sherlock Holmes. Ver línea por línea para encontrar una palabra incorrecta, dirección errada, cargos fraudulentos, cuentas que no han sido abiertas por ti, toda información que no sea correcta o que esté mal escrita. Elabora una lista de todos los errores que debas reclamar, las cuentas sin pagar que no sean tuyas, información inexacta, deudas, etcétera.
- Prepara una lista con cada error y anota por qué lo estás reclamando, para hacer una carta y pedir la corrección de todos los ítems incorrectos.
- Revisa cuentas de dos años atrás. Esa información negativa permanece durante siete. Solamente el tiempo y tus pagos puntuales mejorarán el crédito. La bancarrota se reporta por diez años y no hay quien te la quite. Si uno no paga un préstamo para estudios asegurado por el gobierno también se permanece en el historial. Esto es im-

portante porque la mayoría de los que otorgan créditos quieren saber cómo es el patrón de nuestros pagos, si los hacemos a tiempo, si el atraso es pasajero o lo tenemos como hábito.

Cómo reclamar los errores.

Los atrasos y la bancarrota no se pueden reclamar. Puedes poner un comentario para explicar por qué pasó, pero no puedes hacer que se desaparezca hasta después de 7 o 10 años, dependiendo de lo que se trate.

Adjunta a la carta que elabores, una fotocopia del reporte no los originales, marcando los errores con un círculo rojo y la razón por la cual se reclaman. Envíala a la compañía de informes de crédito que tiene el error. Si tienes copia de algún pago que aparezca como no pagado, envíales una copia (NO el original) para respaldar tu argumento. Es importante que lo hagas por correo certificado y, aún más importante, con "Acuse de recibo". Guarda copia de todas las cartas y el original del reporte de crédito.

Algo que no debes olvidar: poner la fecha. Debido a que el buró de crédito debe investigar los datos que estás cuestionando y dar atención a la reclamación en los 30 días siguientes a la recepción de la carta, cualquier error que no sea verificado como correcto debe ser removido del reporte. Y ellos deben notificar a las otras compañías para que hagan las correcciones necesarias.

Al completar la investigación, la compañía debe informarte por escrito los resultados y enviarte una copia gratis de tu informe de crédito, siempre y cuando se efectúe algún cambio en él. Los *ítems* que reclamaste no pueden permanecer en tu reporte a menos que la investigación muestre que la información sí es exacta. Incluso puedes pedir que envíen copias de tu registro corregido a quienes recibieron una copia del informe durante los últimos dos años, si fue con propósitos de empleo.

Si la reclamación no se resuelve, puedes solicitar que incluyan en tu registro una declaración de que tú reclamaste esos *ítems*.

Comunícate con el acreedor y los proveedores para notificarles que estás reclamando ese error. Envíales copias de la carta. Por último, no es mala idea verificar el reporte nuevamente un tiempo después de que te hayan informado que se harían los cambios.

Reducir tus deudas y balances

Cuántas veces nos decimos: "Voy a ser una persona libre de deudas". Pero el mundo real necesita más que un buen deseo para reducir las deudas. "Es más fácil y rápido contraer deudas, pero más difícil y lento salir de ellas" me comentó un ex endeudado.

Muchas deudas... ¿Por dónde empezar? Las deudas de las tarjetas de crédito son el talón de Aquiles. ¿La razón? Generalmente, son deudas malas y pagamos más caro por ellas.

Para llevar a cabo el plan "libre de deudas" inicia con las tarjetas y después con los préstamos personales. La hipoteca puedes dejarla para el final.

1. **Conoce dónde estás parado.** Siéntate con lápiz y papel y haz una lista de las cantidades que debes en cada una y cuánto interés pagas por las deudas. Ponlas en orden comenzando por la deuda más alta. Si son más o menos del mismo monto, entones pon primero la que cobra un APR (tasa de porcentaje anual) más alto.

2. **Paga más del mínimo.** El pago mínimo no es la mejor estrategia. Por ejemplo, si tienes una deuda de 5 mil dólares a 21% APR y pagas el mínimo, la pagarás en 14 años y alrededor de 3 800 dólares serán de interés. Esto asumiendo que el interés se queda quieto todo el tiempo, lo cual no sucede. En cambio, si pagas 250 dólares mensuales, terminarás aproximadamente en 2 años y pagarás cerca de 1 200 dólares de interés. Ahora, si tienes más de una deuda y estás aportando una cantidad mayor a una de ellas para bajarla rápidamente, puede que tengas que pagar el mínimo de las otras.

3. **¿De donde saco el dinero?** Hay varias opciones: *1)* aumentar el ingreso, *2)* bajar los gastos, *3)* combinar ambas acciones, *4)* vender un bien que tengamos o *5)* pedir prestado. ¿Vender o dar como garantía lo que tienes para pagar las deudas de tarjetas de crédito? Pero ¿para qué lo acumulamos? Es decir, ¿cada vez que nos endeudemos utilizaremos lo que acumulamos para pagar? Es como hacer un hueco y volverlo a tapar para volver a cavar. Hay que evitarlo en lo posible. Entonces, la opción es aumentar ingresos, ajustarse el cinturón y poner los gastos a dieta o encontrar una combinación de ambas acciones.

4. **¿Cuál pagar primero?** Aquí hay dos opciones: la financiera y la emocional. La financiera dice que pagues primero la que te costará más a la larga. Las deudas más altas son las que debes pagar primero porque entre más tiempo pase, mayor será el costo. Mientras tanto, pagas el mínimo de las otras. Al terminar una, continúas con la próxima, hasta terminar con todas. Pero en finanzas no sólo intervienen los números sino también las emociones. Para algunos, la pequeña victoria de lograr saldar una deuda, puede justificar el costo de

pagar más. Por eso, si necesitas refuerzo emocional más que financiero, comienza bateando tus deudas más fáciles. Baja primero las de menor cantidad mientras pagas el mínimo de las demás.

5. **Busca el 0%.** Transferir todas tus tarjetas a 0% de interés puede ser una buena idea. Pero atención: lee el tiempo límite que te dan por ese 0%. Verifica en qué se aplica, si es a compras nuevas o sólo a la transferencia. No se te ocurra pedir adelanto de efectivo. Si no puedes aplicar al 0% pide a tu compañía que te bajen el interés actual.

El tiempo y la disciplina son las claves. Es importante fijar tiempo para bajar las deudas de tarjetas de crédito. Claro que éste va a estar determinado por la cantidad de dinero que aportes a las deudas. Pero es fundamental que lo determines y mantengas la disciplina para lograr la meta.

Pongamos un ejemplo. Digamos que tengo tres tarjetas y debo mil, 3 mil y 6 mil dólares, respectivamente. Me cargan 21% de APR y mensualmente pago el mínimo de 4% en cada una.

Después de revisar mis gastos y ahorros decido comenzar a aportar 200 dólares mensuales más al mínimo. Primero los destino a la de mil dólares mientras que a las otras les sigo pagando el mínimo. Al terminar, envío los 200 dólares más el mínimo que pagaba a la siguiente tarjeta y así hasta que termine de pagar la última.

¿En cuánto tiempo terminaría de pagar todas las tarjetas? Aproximadamente en 24 meses.

Si no incremento las deudas y pago religiosamente, estaré libre de ellas en dos años.

Tercer piso

Acumulación

Introducción

Muchos comenten el error de generar una ofensiva, sin tener primero una defensa. Por eso, la fase que vamos a iniciar ahora, no podría construirse sin primero haber consolidado el Segundo piso.

Teniendo la seguridad en su lugar, es momento de entrar en la tercera fase de la construcción de nuestra independencia financiera: la acumulación.

Aquí vamos a preparar un plan para que nuestra riqueza neta aumente. Nuestras habilidades y conocimientos técnicos son una pieza clave para generar el ingreso necesario para subsistir y aumentar riqueza.

Acumular para el futuro es otra pieza clave en esta fase de construcción. Bien sea que usemos activos reales o financieros, estos son vehículos cuya función debe ser aumentar la riqueza.

No podemos olvidar que tenemos un socio que está exigiendo un pedazo de nuestros ingresos: el gobierno. Cierto, tenemos una responsabilidad ciudadana, pero eso no nos obliga a pagar más de lo necesario. Por eso, aquí hablaremos de impuestos, conocimiento, casa, retiro e inversiones.

12

Tu socio:
el gobierno

El caso de Román

Como gerente de una pequeña sucursal, Román se ganaba la vida contando y controlando. Con su trabajo, su esposa podía quedarse en casa cuidando a sus dos hijos. Tenía una vida cómoda.

A Román le preocupaba que de su cheque le quitaban mucho dinero. Cada dos semanas a su cheque de 2 292 dólares, entre impuestos federales, seguro social y seguro médico, le restaban 909 dólares. O sea, que en realidad recibía 1 383 dólares.

Un amigo le decía que no se preocupara, que cuando llenara la planilla de impuestos le mandarían el cheque de reembolso.

Como no le gustaba sentarse con los números, a la hora de presentar los impuestos dejaba todo para el final. Un día llenó las planillas y para su sorpresa tenía que enviar un cheque de 1 750 dólares más para pagar impuestos. Al final la factura al Tío Sam le salía de 4 846 dólares.

Román no se dio cuenta de que había llenado la planilla incorrectamente. No estaba haciendo ajustes al ingreso ni tampoco había deducido unos gastos que le ayudarían a aplicar deducciones y créditos. De haberlo hecho, en vez de pagarle de más al gobierno, éste le hubiese tenido que hacer un reembolso.

De haber incluido los mil dólares que puso en su cuenta de retiro individual, los gastos de interés por pagar el préstamo hipotecario, los gastos por pagar impuestos a la propiedad, los gastos médicos que iban por encima del 7.5 por ciento de su ingreso bruto ajustado (ya explicaré más adelante) y además el crédito que le otorgaba el gobierno por tener dos niños dependientes, el Tío Sam le hubiera devuelto 2 057 dólares por haber pagado de más.

Si queremos acumular riqueza, tenemos que saber cómo operan los impuestos para no pagar más de lo necesario. La decimosexta enmienda de la Constitución estadounidense le delega el poder al Congreso de imponer y colectar impuestos. La administración y aplicación de las leyes sobre impuestos recae en el Departamento de Rentas Internas (IRS) que forma parte del Departamento del Tesoro de los EUA.

Éste es el mecanismo del gobierno para el pago de impuestos sobre nuestro ingreso y sobre nómina cada año para financiar la mayoría de sus gastos.

Pero el momento de pagar los impuestos es un dolor de cabeza (pregúntale a Román que sin darse cuenta, estaba perdiendo dinero). La complejidad del sistema tributario hace que muchos nos perdamos. El *Standard Federal Tax Reporter*, que es un libro de referencia para los contadores y preparadores de planillas, cuenta con alrededor de 60 mil páginas. Y lo peor, es que las leyes, decisiones e interpretaciones cambian constantemente. Imagínate, desde la última reforma que se hizo en 1986, se han hecho más de 14 mil cambios al código de impuestos. El problema se multiplica cuando tienes cincuenta estados, más sus respectivos condados que te dicen qué impuesto aplica a qué.

Para complicar el panorama, cada estado tiene sus propias leyes que gravan nuestros ingresos. Salvo algunas excepciones, la mayoría de los estados tiene un impuesto al ingreso. Es decir, reportar lo federal y lo estatal. Imagínate el dolor de cabeza que tiene aquel que trabaja en un estado y vive en otro.

Los impuestos y el ingreso

El gobierno se sostiene con los impuestos. Tanto el federal, como el estatal y el local viven de eso. Hay una infinidad de impuestos como infinidad de sabores de helados (salvo que a veces ellos no son tan dulces). Por ejemplo, para el gobierno federal el impuesto al ingreso personal, a las corporaciones y el de seguridad social representan cerca de 82 centavos de cada dólar que recibe el gobierno federal. Hay otros impuestos como el impuesto de venta (que es muy importante para los estados) y el de propiedad (muy importante para las municipalidades) que también detectan nuestro ingreso. Pero para la mayoría de los ciudadanos, el impuesto de mayor impacto es el impuesto a nuestro ingreso. Por eso debemos prestarle atención, conocerlo bien para no pagar más de lo necesario.

Hay algo que tenemos que saber al respecto: es progresivo. ¿Qué quiere decir? A mayor ingreso, mayor impuesto. Además, el estado civil cambia la cantidad de impuesto que pagas.

A modo de ejemplo. Usando tablas del 2007, digamos que tenemos a dos solteros con las mismas cargas impositivas. La única diferencia es que el ingreso tributable de uno es 40 mil y del otro 95 mil dólares. El primero pagaría 6 430 dólares antes de restar los créditos. Mientras que el que gana más, pagaría 20 718. ¿Por qué? En la medida en que el ingreso aumenta, el porcentaje de impuesto se incrementa. Por eso, el sistema de impuestos individuales se denomina progresivo.

Pero hay otro factor: el estado civil. Digamos que tenemos dos personas que reportan el mismo ingreso tributable, 70 mil. La única diferencia es que uno reporta como casado y el otro como soltero. ¿Resultado? El casado pagaría 10 354 dólares, mientras que el soltero, 13 930 dólares.

¿Para qué saber todo esto? Porque al aumentar nuestro ingreso, debemos pagar más impuesto. El estado civil también significa un pago de impuesto distinto. Por tanto, necesitamos una *estrategia de impuestos,* requerimos formas legales de hacer que el pago de impuestos disminuya.

Ya vimos con Román que conocer cómo funcionan los impuestos al ingreso, puede hacer la diferencia entre pagar más y pagar lo necesario.

¿Qué debo tomar en consideración en un plan de impuestos?

Es claro que es una obligación cumplir con las leyes tributarias, pero uno se vuelve loco con tantos formularios. Que si W-2, 1098, 4952, 2106, 1040, 3903, 8901, Anexo A y B.

Y a esto súmale los diferentes tipos de impuestos: que si impuesto al ingreso, a la venta, a la propiedad, a la ganancia, a la exportación, a la herencia, etcétera.

Estas obligaciones son necesarias para vivir en una sociedad abierta y democrática. ¿La razón? Hay servicios que tú y yo necesitamos y que la empresa privada no puede, no debe o no quiere afrontar. Por ejemplo: protección policial, defensa, seguridad social, construcción de carreteras, escuelas, hospitales, administración de los recursos naturales y la lista sigue. Para cubrir con esos servicios se necesitan fondos y nosotros somos los encargados de llenarlos pagando impuestos.

Debemos cumplir con nuestra obligación ciudadana. Pagar menos de lo que la ley exige no es el camino correcto debido a que es evasión. Esto es contra la ley, pero no estamos obligados a pagar más de lo que ésta estipula. O sea, ni más, ni menos.

Un plan efectivo de impuestos básicamente incluye las deducciones, créditos, programas de retiro, vehículos de inversiones y procedimiento de distribución de riqueza para lograr: *1)* reducir, *2)* desplazar y *3)* diferir los pagos de impuestos.

Reducir consiste en hacer que la factura que le paguemos al Tío Sam sea la más baja posible dentro del marco legal. Por ejemplo, aprovechar las deducciones que nos permite la ley como el pago de interés de la hipoteca, los impuestos que pagaste por la casa o el auto, los gastos del negocio, el interés por pago del préstamo estudiantil, el crédito por cuidado de niños, el crédito por educación. También están las deducciones y créditos que permiten los estados en los casos que esto aplique.

Desplazar los pagos de impuestos se produce al usar los regalos o fideicomisos para mover parte del ingreso a otros miembros de la familia que están en un nivel de pago de impuestos menor y por el cual la intención sigue siendo proveer soporte, como por ejemplo, algunas cuentas de *college* para los hijos.

La idea de **diferir** los impuestos es reducir o eliminar el pago de impuestos hoy y posponerlo por algún tiempo para realizarlo en el futuro cuando haya una tasa de impuestos menor. Por ejemplo, utilizar el 401k, el IRA tradicional u otro plan de retiro que permite disminuir el ingreso que se reporta en la planilla.

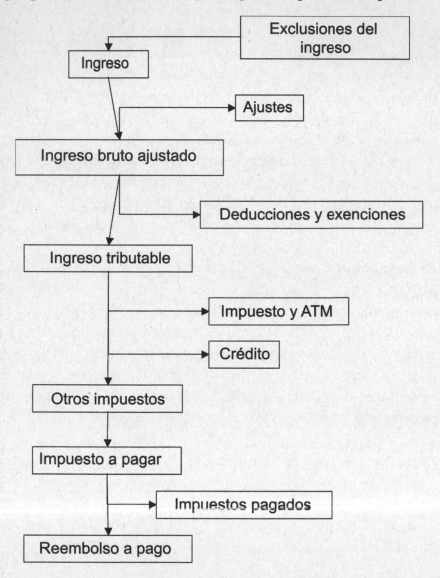

No debemos evadir el pago de impuestos, pero si podemos reducir, desplazar y diferir la factura.

Para eso necesitamos una visión panorámica de cómo funciona el pago de impuestos. Grábala en tu mente porque te va a servir para crear o usar estrategias para bajar su factura.

Ingreso

Lo primero que tenemos es el ingreso. Venga de un negocio o por salario, el ingreso es clave para nuestras finanzas y para el gobierno porque es de él que viene el sostenimiento.

Hay diferentes tipos de ingresos. Están los salarios, pago por hora, dividendos, intereses recibidas por una inversión, ingresos por negocio, ingresos por rentar una casa, comisión de venta, entre muchos otros. El gobierno considera una serie de fuentes de ingresos como gravables.

El gobierno nos permite hacer exclusiones al ingreso antes de reportarlo. Por ejemplo digamos que participo en un plan de retiro calificado como el famoso 401(k), pues la aportación que haga, la excluyo del reporte de impuestos porque así se me permite.

Esto es importante porque al bajar el reporte de ingresos, el pago de impuesto es menor. En el caso de Román el ingreso era 55 mil dólares. Digamos a modo de ejemplo que él participaba en el 401(k) de su empleador, aportando 5 mil dólares entonces, el ingreso que debía reportar en la planilla era 50 mil porque la aportación al plan se excluye del ingreso al momento de declarar. Pero como él no participó, el ingreso que reportó fue 55 mil dólares.

Ajustes al ingreso

Una vez que reportamos el ingreso, el gobierno nos permite hacer ajustes. Por ejemplo, si pagaste préstamos estudiantiles, el interés lo puedes restar del ingreso; si pusiste dinero en una cuenta de retiro individual y calificas para hacer el ajuste, también lo puedes restar del ingreso; si realizaste una mudanza; si tienes un plan de retiro al ser empleado por cuenta propia o la mitad de lo que pagaste en seguro social (esto sólo aplica a los que son empleados por cuenta propia), cursos que tomaste, etc.

Si te fijas, tienes la exclusión al ingreso, que puedes realizar antes de reportar el ingreso, y los ajustes que puedes hacer posteriormente.

Román abrió una cuenta de retiro individual tradicional (IRA) donde puso mil dólares. Al no estar cubierto bajo el plan de retiro de su empleador, debido a su ingreso y estado civil, el gobierno le permitía restarle los mil a su ingreso de 55 mil dólares.

Ingreso bruto ajustado

La diferencia entre el ingreso y los ajustes es lo que se denomina ingreso bruto ajustado. En inglés se conoce como *Adjusted Gross Income* o simplemente AGI. En el caso de Román, el ingreso bruto ajustado era de 54 mil dólares por el dinero que aportó a la cuenta de retiro individual tradicional. A partir de esta cantidad, se restan los gastos y las exenciones para llegar al ingreso gravable, que es sobre el que se calcula el impuesto que debes pagar.

Deducciones y exenciones

Algunos gastos que realizamos durante el año, podemos restarlos al ingreso. Esto lo permite el gobierno y se llaman deducciones. Básicamente hay dos: la estándar y la detallada. La estándar es una cantidad determinada que el gobierno establece de acuerdo con el estatus civil.

En el caso de Román, como él reportó "casado radicando planilla conjunta", el gobierno le permitió restar 10,300 dólares. Aunque esta cantidad cambia cada año (la de Román fue para el 2007), esa cantidad hace que el ingreso disminuya.

La deducción detallada son gastos que hemos incurrido en cosas que el gobierno considera que puedes restar del ingreso. Por ejemplo, si pagaste intereses sobre un préstamo hipotecario; si tuviste gastos médicos y dentales que suman más del 7.5 por ciento de tu ingreso; si hiciste alguna donación; pagaste impuestos sobre alguna propiedad, etcétera, son cosas que el gobierno te permite reducir en el impuesto al ingreso.

La clave es que los gastos que entran dentro de la deducción detallada sean mayores que la estándar que establece el gobierno. Si es así, utiliza la detallada porque disminuye el AGI. Pero, si la cantidad es similar o menor, no debes usar la detallada.

Tomemos el caso de Román. Como él era casado y reportaba como matrimonio, tomó la que ofrecía el gobierno, 10 700 dólares (año 2007), sin percatarse de que tenía gastos más altos que iban por encima de los 10 700 dólares. Román tenía gastos de interés sobre la hipoteca, gastos médicos, impuestos sobre la propiedad, seguro y donaciones que sumaban cerca de 15 084 dólares.

Al ser más alto, a Román le convenía tomar la deducción detallada. Recuerda que tener gastos más altos disminuye el ingreso bruto ajustado, haciendo que cuando se aplique el pago de impuestos correspondiente sea sobre un ingreso menor. Eso reducía el pago de impuestos considerablemente.

Aunque el tema de la deducción detallada es tan complejo que puede volver loco a cualquiera, y además existen condiciones donde no todos aplican, lo importante es rescatar que existen gastos que puedes deducir del ingreso. Román podía hacerlo.

La exención es una cantidad específica que el gobierno otorga cada año que permite que sea restar del ingreso, siempre y cuando tu ingreso no pase de cierto límite. El ingreso de Román no pasaba el límite, tenía dos hijos y esposa, podía estimar la cantidad de exención sobre cuatro dependientes. Como en el año 2007 la cantidad de exención era 3 400 dólares, podía restar de su ingreso 13 600 dólares.

Ingreso gravable

¿NECESITAS AYUDA?

Si eres *computer savvy*, tienes el tiempo y tu caso es simple, los programas de computadoras son una opción.

Si no lo quieres hacer solo y no tienes una vida financiera complicada, los preparadores serían la primera opción.

Ahora, si tu caso es más complejo, tienes tres opciones:

Agente registrado (*Enrolled Agent***):** Son entrenados para manejar temas técnicos relacionados con los impuestos y serían la primera opción.

Contadores públicos autorizados (CPA): No todos los CPA están preparados para el llenado de planillas. Aquellos que sí lo están, también están preparados para temas complejos. Si sólo deseas llenar la planilla o tu situación no requiere de un plan de contabilidad anual, mejor considera a un agente registrado como primera opción.

Abogado de impuestos: Es el más caro de todos y se usa cuando tienes complejos temas de impuestos y de ley como fideicomisos, venta de un negocio, entre otros.

Después de pasar por ese laberinto de restas y sumas, llegamos al ingreso gravable que no es otra cosa que el ingreso sobre el que se calcula el impuesto federal. En el caso de Román, después de hacer los ajustes, restarle las deducciones y exenciones, quedó en 26 716 dólares. Con esa cantidad se consulta una tabla que tiene el IRS. Como Román llenó planilla como casado y de forma conjunta, en el 2007 debió pagar de impuestos 3 226 dólares. Ésta es la cantidad que Román le debía al gobierno federal.

¿Manda el cheque? No, porque todavía hay otros laberintos que pasar que aplican en el caso de Román y le reducirían la factura.

Crédito

Básicamente son cantidades de dinero que el gobierno permite restar de la factura impositiva. Digamos que pagaste servicio por cuidar a tus hijos o a personas mayores que dependen de ti, realizaste gastos en educación para algún dependiente o pagaste cursos; si contribuiste a una cuenta de retiro individual o tienes hijos que califican como dependientes, puedes recibir un crédito por hijo. También está el crédito tributario por ingreso del trabajo, que es para aquellas familias con asistencia financiera.

Aplicando los créditos al caso de Román, él pudo obtener un crédito de 2 mil dólares por los dos niños. Esta cantidad se podía restar de lo que le debía al gobierno y, como era de esperarse, la factura menores reduciría aún más.

Aunque el tema de los créditos es mucho más complejo, lo importante es que entiendas el concepto y sepas que existen créditos que si aplican a tu caso, te ayudan a pagar menos impuestos.

Román hubiera pagado 1 089 dólares, si hacía todos los ajustes y restaba también las deducciones, exenciones y créditos que aplicaban a su caso.

¿Tengo que enviar y me reembolsan?

Ésa es la pregunta del millón. Primero hay que saber la cantidad que te retuvieron del cheque durante el año fiscal. Si eres empleado o trabajas por tu cuenta, si ganas dinero sobre cierta cantidad, tienes que enviar al gobierno una parte por impuestos estimados. Por ejemplo, cuando Román fue contratado, llenó una planilla (W4) en la cual, basado en los dependientes que tiene, el gobierno determinó cuánto le debía retener el empleador en cada pago por su trabajo. Esa cantidad es importante, porque si pagó más durante el año, recibe su dinero devuelta (reembolso).

Como Román había pagado 3 156 dólares (lo que pagó por el seguro social y plan médico del gobierno se paga pero no se descuenta de los impuestos) y él debía pagar 1 089 dólares, el gobierno le debía reembolsar 2 067 dólares porque pagó más de lo que debía.

Uniendo el rompecabezas

Resumiendo el caso de Román para que veas la importancia de conocer los fundamentos de cómo funcionan los impuestos, te presento la comparación entre el antes y el después. Antes de que Román aplicara sus derechos como contribuyente.

Categoría	Antes*	Después*
Ingreso total	55 000	55 000
Menos: Ajustes	0	1 000
Igual: Ingreso bruto ajustado (AGI)	55 000	54 000
Menos: Deducción (estándar o detallada)	10 300	15 084
Menos: Exenciones	13 200	13 200
Igual: Ingreso gravable	31 500	25 716
Impuesto a pagar	3 974	3 089
Menos: Crédito	0	2 000
Igual	3 974	1 089
Pagos totales durante el año	3 156	3 156
Diferencia que Román tiene que pagar	818	
Devolución que recibirá Román		2 067
* Cantidades en dólares.		

El mundo de los impuestos es más complicado de lo que aparenta aquí. Además, entre más complicado sea el caso (personas que tienen inversiones, negocios, casas, fideicomisos, etcétera), más análisis requiere. ¿Ahora entiendes la importancia de los contadores?

Lo que quiero que rescates del ejemplo de Román es que debemos conocer los fundamentos sobre la manera en que el gobierno tributa nuestros ingresos y las opciones que tenemos para reducir la factura, sin evadir.

Y lo más importante: los impuestos requieren de un plan de 12 meses durante los cuales buscamos la forma de reducir, desplazar y diferir el pago para que no paguemos más de lo que debemos.

Moraleja sobre la historia de Román

- Conocer la aplicación de los impuestos al ingreso personal.
- Conocer los ajustes, deducciones y créditos disponibles.
- Revisar que la retención de impuestos sea la correcta.
- No compres, financies o gastes estrictamente para bajar la factura de impuestos
- Hacer un plan de impuestos que dure 12 meses.
- Buscar formas legales de reducir, desplazar y diferir el pago de impuestos.

13
Invierte
en conocimiento

¿Qué debo tomar en consideración en un plan de *college*?

Cuál es el costo del college, *y de dónde saldrá el dinero*

¿De dónde sale el dinero?

El dinero puede salir de otros, de nosotros o de ambos. Fuentes externas e internas.

El caso de Diana

Apenas salía de la universidad soñada. Llevaba un diploma de posgrado, estaba lista para introducirse en el mundo de la arquitectura. Pero también salía con una factura de 70 mil dólares por préstamos para su educación.

Nada importaba. Con los sueldos que pagaban y una maestría de una prestigiosa universidad privada, le sería fácil conseguir un puesto con un sueldo de 75 mil dólares para empezar. Lo que Diana no sabía, era que mientras terminaba los cursos, el estado donde residía estaba viviendo una de las mayores recesiones de la construcción en los últimos años. Esto disminuía la demanda de arquitectos. Los pocos puestos vacantes exigían conocimiento y experiencia en la nueva tecnología. Algo de lo que ella carecía.

Existían otros lugares donde la construcción no estaba siendo afectada por una recesión. Pero eso implicaba moverse de estado con todo y familia.

Después de meses de aplicar para varios trabajos y aguardar por la llamada con la noticia "ha sido contratada", llegó el tiempo de comenzar a pagar las deudas. No podía darse el lujo de esperar a que pasara la recesión. Debía trabajar.

Consiguió un empleo de secretaria en una escuela. Ahí estuvo hasta que le llegó la oportunidad de empleo en una compañía multinacional para incorporar información en una base de datos. Nada que ver a la carrera de planos y perspectivas que había estudiado, pero la presión de las cuentas por pagar y un mejor sueldo pesaron al momento de tomar la decisión.

Al principio, no se dio cuenta de que estaba entrando en un terreno de mucha demanda y poca oferta: la carrera de administración de base de datos. La cantidad de información que manejan las empresas está en constante aumento y eso las obligaba a contratar los servicios de administradores capaces de crear estructuras para organizar y almacenar información. La habilidad adquirida en el diseño y manejo de formas y espacios que adquirió con los estudios de arquitectura, le ayudaron a abrirse paso en esta nueva área de conocimiento.

Tomó más cursos y recibió entrenamiento en la empresa y con los años fue subiendo de puesto hasta conseguir un empleo con un excelente salario que llegaba a las seis cifras.

Después de 20 años pagando en promedio 405 dólares mensuales, Diana terminó de pagar la deuda de la universidad.

El caso de Diana es un ejemplo de las oportunidades y los riesgos que presenta la educación. Es cierto que la educación le abría las oportunidades, nuevos retos económicos e intelectuales. Pero, también conllevaba un grado de riesgo.

Diana se enfrentó a una de las cinco fuerzas que nos afectan positiva y negativamente nuestra vida económica: tecnología, gobierno, cambios sociales, demografía e influencia extranjera.

FUERZAS QUE TRANSFORMAN

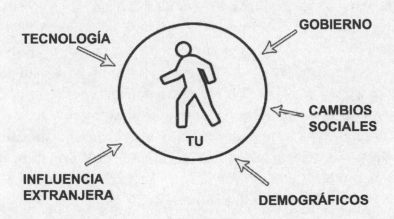

Estas cinco fuerzas constantemente nos empujan a la transformación. Ésta no sucede rápidamente, pero cuando llega es como un *tsunami* económico, algo que ya no se puede evitar.

Ponte a pensar en cómo la internet y los cambios tecnológicos están cambiando la forma de hacer las cosas. El tema de la globalización, el intercambio comercial y los tratados entre países, hacen que capitales y trabajos se muevan de un lugar a otro.

Nuevas regulaciones por parte del gobierno, incremento en la inmigración y cambios sociales como los religiosos, culturales y políticos inciden en la manera de hacer las cosas. Porque estos cambios afectan la forma de hacer negocios, cambian la manera en que hacíamos las cosas y lo que sabíamos. Estas fuerzas producen cambios, y los cambios alteran el conocimiento que teníamos de las cosas.

Si queremos mejorar nuestros ingresos o proteger lo que tenemos debemos tener una mentalidad capaz de adaptarse al ambiente económico. ¿Cómo? A través del entrenamiento continuo.

Si antes la secretaria sólo escribía en maquinilla, hoy no sólo tuvo que tirar la maquinilla, sino aprender *Microsoft Office*, para mantener su empleo o aumentar el ingreso. La misma Diana tuvo que adaptarse.

La mayoría de nosotros debe cuidar su ingreso y aumentarlo porque ahí está el poder para adquirir lo que queremos y llegar al económico. Para que tengas una idea, de cada dólar registrado como ingreso en los Estados Unidos, 60 centavos provienen de salarios y pago por hora. Esto muestra con claridad cuán importante es el ingreso para la economía nacional y personal.

¿Qué podrías hacer sin salario, pago por hora o sin ganancias de un negocio en una sociedad cada vez más monetarizada? No mucho. Sin ingreso no podemos incurrir en gastos, pagar deudas ni aumentar nuestra riqueza neta.

Pero si alguna fuerza o combinación de varias provocan una transformación en nuestra área de trabajo o negocio, debemos adquirir los conocimientos necesarios para adaptarnos a la nueva realidad. Si no, pregúntale a quienes trabajaban en la industria fabricando videocaseteras o discos de pasta. Indaga sobre los nuevos empleos que han surgido debido a los cambios tecnológicos en áreas como telecomunicaciones, ciencias, nanotecnología, medicina y la lista continúa. Por eso debemos flexibilizar nuestra mentalidad y aplicar lo que dicen que decía Sócrates: "Sólo sé que no sé nada".

Si no desarrollamos nuestras habilidades y actualizamos nuestros saberes, nos puede pasar como a los fabricantes de videocaseteras: se descontinuaron. La educación y el aprendizaje deben ser permanentes. Te ayudan a conseguir mejores carreras, generar crecimiento en tu negocio, adquirir más conocimiento, abrir oportunidades de empleo y aumentar los ingresos.

Incluso los cursos que no te sirven para adquirir una certificación o un grado universitario avanzado, te ayudan a incrementar conocimientos que puedes aplicar al trabajo o el negocio. Por ejemplo, quienes tienen un negocio propio o quieren abrir uno buscan cursos para emprendedores y para la administración de negocios con el fin de aumentar sus capacidades y habilidades, así como de traducirlas en mayores ventas, mejor administración o expansión. Siempre hay algo nuevo que descubrir y saber. La capacidad de adaptación es ingreso potencial.

Fíjate en esta tabla. El censo presenta una encuesta anual sobre los resultados académicos. Utilizando información de 2005 publicada en 2007, muestra que el ingreso de por vida en una persona con mayor conocimiento es mayor.

Grado	Ingreso anual 18 años + todos los trabajadores (dólares)	Ingreso de vida (dólares) Edad 25-64 Empleado tiempo completo todo el año
Escuela secundaria	26 933	1 531 400
2 años de universidad	36 645	1 920 680
Graduado	52 671	2 742 160
Título de posgrado	66 754	3 337 800
Doctorado	91 370	4 449 440
Grado profesional	112 902	5 612 760

La tabla permite observar que hay una relación entre los años de estudio y el aumento potencial del ingreso. Una persona con grado universitario tendría el doble de ingreso que quien tiene grado de secundaria.

El conocimiento paga, sea universitario, certificación profesional o especialidad. Los saberes y la experiencia adquirida en hacer determinadas cosas son potenciales para aumentar el ingreso. Si hay demanda por esas habilidades y tienes el conocimiento estás más cerca de lograr mejores oportunidades.

Claro que ésta es una tendencia porque hay excepciones. He visto casos de personas sin estudios formales que viven económicamente muy bien. Otros con PhD y viven de la ayuda gubernamental. El punto no es el título en sí, sino la habilidad técnica que desarrollas, ésta es la que paga. ¿Dónde está ese conocimiento? En la universidad, en los centros de estudios, en la empresa, en el negocio, en un familiar. De acuerdo con la formalidad del conocimiento puedes adquirirlo en un lugar o en otro.

En conclusión: no podemos recostarnos y creer que lo sabemos todo y vivimos aislados de los cambios. Hay que renovarse constantemente adquiriendo habilidades que nos ayuden a aumentar nuestras ventajas competitivas.

Costos

Pero tiene un costo, y ¡ qué costo!

Según el *College Board*, el costo promedio de matrícula y cuota en una universidad privada para el año académico 2007-2008 fue de 23 712 dólares (6.3 por ciento más que el año anterior). Una universidad pública para el mismo año académico costó 6 185 dólares (6.6 por ciento más que el año anterior). Esto sin considerar los costos de estadía, libros, materiales, transportación y otros gastos.

Aunque estos números varían por región, tipo de universidad, transportación, vivienda, si el estudiante es considerado residente del estado, entre otras variables, los actuales y futuros padres no pueden obviar una realidad para sus bolsillos: los costos de educación van para arriba. Considera un incremento anual entre 5.5 y 7 por ciento.

Y con estas cifras, muchos recurren al financiamiento. Cerca de 56 por ciento de los gastos de los primeros cuatro años de estudios universitarios son financiados. Entre más alto sea el costo de la universidad, más alto es el monto del financiamiento. A esto, súmale los costos de posgrado.

Los graduados y profesionales que persiguen estudios más allá de los 4 años piden prestado más. La deuda puede fluctuar entre 27 mil y 114 mil dólares de acuerdo con la carrera y la universidad. En promedio, cuando sumas a las deudas, los estudios de posgrado puede ser mayor de 42 mil dólares.

Por eso debemos buscar formas para aumentar nuestras habilidades sin tener excesos en los gastos. Si estás empleado, pregunta por incentivos o programas de entrenamiento. Muchos tienen programas en la empresa o cubren gastos educativos fuera del trabajo, como cursos, libros, útiles u honorarios para cursos universitarios y de posgrado. Por ejemplo, el plan *127 limited* en el cual el empleador cubre parcialmente los gastos educacionales y no se consideran ingresos para efectos de impuestos.

Si no tienes ese privilegio o trabajas por tu cuenta, acude a internet, busca libros, visita las bibliotecas públicas o indaga sobre cursos que te ayuden a aumentar tus habilidades. No se puede establecer qué tipo de entrenamiento es mejor, pues eso varía por caso y especialidad. De todos modos, no vendría mal hacer una lista de las cosas que necesitas aprender. Me refiero a las que son necesarias para mantener o aumentar el flujo de ingreso a la economía personal.

Si son estudios universitarios, posgrado, certificaciones o cursos independientes, estima cuánto te costarían y recuerda que no sólo te costarán dinero, también será una inversión de tiempo.

¿Qué pasa con aquellos que tienen hijos?

Es interesante, porque según estimaciones del gobierno, una familia donde el ingreso antes del pago de impuestos sobrepasa los 39 800 dólares, el gasto estimado para mantener a un hijo ronda los 250 260 dólares, desde que nace hasta que cumple 18 años. O sea, que si los números son cercanos a la realidad, estamos hablando de aproximadamente 14 mil dólares anuales. Por supuesto, la cifra no incluye los gastos de la universidad.

El caso de Gerardo

A sus 36 años, Gerardo trabaja 60 horas a la semana en la distribución de pedidos de equipo pesado. Está casado y quiere que sus dos hijos vayan a la universidad y se gradúen. Consciente de que los costos de educación se están disparando cada año, siguió el consejo de empezar desde ahora a destinar 610 dólares mensuales para la educación de ambos niños. Para un sueldo de 4 500 dólares es un sacrificio el que está haciendo por sus hijos.

A pesar de que lleva más de cinco años trabajando para la misma empresa y de que califica para el plan de retiro, aún no ha abierto la cuenta. Su empleador ofrece poner 5 por ciento de su sueldo anual en el plan de retiro por encima de lo que Gerardo ponga.

Pero él no puede porque su prioridad es contribuir a la cuenta de sus dos hijos para cuando vayan a la universidad dentro de 14 años.

Una de las conductas características de padres con hijos menores o de quienes están a punto de tenerlos, es el deseo —para algunos la obsesión— de querer ahorrar para la educación de sus hijos. Quieren que vayan a la mejor universidad, terminen y comiencen estudios de posgrado.

La preocupación es válida cuando vemos que los costos incrementan y que su formación es un potencial para las oportunidades futuras. El problema surge cuando los padres posponen su retiro en beneficio de la educación de los hijos. Como veremos más adelante, los hijos pueden ahorrar, por ejemplo, de los regalos que reciben cada año; los familiares pueden participar en un fondo común y, finalmente, existen las becas.

Además, dc la misma forma que los costos educativos se incrementan, el costo en el retiro aumenta. Entre más se posponga el ahorro, más dinero tendrá que buscarse si se quiere mantener el estilo de vida. De no realizar el ahorro cada vez será más difícil mantener un buen estándar en el futuro.

Hay un ejemplo que usan mucho y se aplica a este caso. ¿Por qué en los aviones piden que si disminuye la presión en la cabina, los padres se pongan la mascarilla de oxígeno antes que los menores? Tú puedes ayudar al niño con la máscara, pero él no puede ayudarte a ti.

Aunque tu instinto paternal diga que primero los hijos, primero asegúrate de tener fortaleza económica, porque así estarás en mejores condiciones para ayudar a tus hijos. Además, no querrás ser una carga para ellos cuando llegues a la edad del retiro.

Estamos de acuerdo en que comenzar temprano es mejor. Por regla, entre más temprano comiences el plan de ahorro, menos presión pones en tus finanzas. No es lo mismo sacar de tu bolsillo un pago mensual por años, que sacar una gran suma en un periodo corto.

Pero también es cierto que muchos vendedores de productos usan este argumento para motivarte a empezar ahora y no después o usan otra estrategia de venta: eligen la universidad más cara de Estados Unidos para estimar cuánto necesitas ahorrar. Puede ser que su intención sea hacerte reflexionar sobre la importancia de comenzar temprano, pero también puede ser que su único objetivo sea venderte un plan de ahorro como si fuera la única opción para financiar la educación de tu hijo, sin considerar tus prioridades financieras ni darte otras opciones.

Es muy probable que necesites un plan de inversión para la universidad y que te conviene empezar temprano, pero la decisión y el producto debe estar condicionado a tu plan financiero y no al revés. Si los recursos son limitados, el retiro debe tener prioridad y estar por encima del ahorro para la universidad.

Tengamos un plan

Sabiendo esto podemos desarrollar un plan comprensivo para invertir en la educación de los hijos en el futuro. Podemos dividirlo en dos partes.

1. ¿Cuál es el costo?
2. ¿De dónde saco el dinero?

¿Cuál es el costo?

Para estimar el costo hay que saber qué se compra. Los costos los puedes dividir en dos áreas: facturado e indirectos.

Costos facturados. Estos son los que factura la universidad o colegio, como matrícula, cuarto (si va dentro del campo), entre otros.

Costos indirectos. Estos no vienen en la factura de la escuela e incluyen libros, viajes y gastos personales como lavandería, teléfono, transporte, entre otros. Si el estudiante va a vivir y comer fuera del campo, los costos de vivienda serán indirectos. Esto varía de acuerdo con la cantidad que se consume y las preferencias del estudiante (o los padres).

Considera el tiempo, pues entre más alejado esté del presente, los costos cambiarán. Por ejemplo, no es lo mismo estimar los costos de la educación de un hijo que tiene 4 años e irá a la universidad dentro de 14 años, que estimar los de uno que tiene 17 años e irá el siguiente año.

Veamos un ejemplo. Digamos que Raúl tiene una hija de 4 años y la quiere enviar a la universidad estatal. Entre matrícula, libros y útiles la factura sumaría 8 076 dólares hoy. Si partimos de que los costos aumentarán 6 por ciento por año, quiere decir que cuando ella comience la universidad el costo por año será de alrededor de 18 259 dólares. Al cabo de cuatro años, llegaría a 80 mil dólares. Asumiendo que Raúl decide abrir una cuenta de ahorro que no genera rendimiento, tendría que ahorrar 476 dólares mensuales durante los próximos 14 años para lograr la meta. Esta estimación no incluye los costos de alimentación, vivienda, transportación y otros.

Usando el mismo ejemplo pero suponiendo que su hija no tiene 4 sino dieciséis años. El ahorro mensual sería de 1 654 dólares si quiere cubrir el 100% del costo.

Pero ¿qué sucede si la universidad es más o menos costosa? ¿Qué pasa si invierto el dinero para tener un rendimiento que me ayude a bajar la factura? ¿Y si decido no cubrir el 100 y sólo me concentro en 50 o 30 por ciento? ¿Y si determino un 5 por ciento de inflación y no 6? Estas son preguntas válidas y se deben analizar porque los escenarios cambian.

Por eso, estimar antes de comenzar a ahorrar es fundamental porque puedes ahorrar de más o no ahorrar lo suficiente. Recuerdo el caso de un padre que abrió un fondo para la educación de su hijo en el que depositaba 100 dólares mensuales para pagarle la educación completa en Harvard. En realidad, necesitaba ahorrar más de 13 veces esa cantidad.

Hazlo antes de ir a comprar cualquier plan que te ofrezcan.

¿De dónde saco el dinero?

Sabemos que la universidad vale "x" cantidad. ¿Tenemos que pagarla en su totalidad? Existen opciones para dividir la factura.

El dinero puede salir de otros, de nosotros o de ambos. Los llamaré fuentes externas e internas.

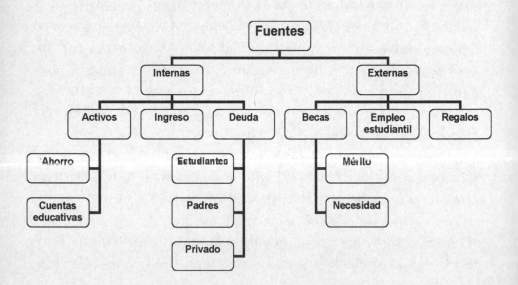

En las **externas** están los regalos monetarios que nos hacen terceros para nuestro beneficio o para el de nuestros hijos. Digamos que recibiste 6 mil dólares de un Tío lejano o de algún familiar. Sería un regalo. Muchas veces los padres, familiares, abuelos u otros dan regalos monetarios sin que el beneficiario pague impuestos por él.

Aunque hay un límite para que los regalos de esta naturaleza no generen impuestos (se conoce como *gift tax*), es una práctica que se usa especialmente para llevar a cabo un plan de acumulación con el fin de costear los estudios universitarios de los menores.

En muchos estados, los menores no pueden establecer contratos ni abrir cuentas bancarias. En esos estados se crean cuentas con un custodio que se responsabiliza del dinero en beneficio del menor. Aunque éste es un tema que colinda con lo legal, es importante saber que el dinero a nombre del niño puede tener un impacto negativo cuando él pida préstamos estudiantiles.

Aunque me estoy adelantando, es importante saber que cuando el niño tiene dinero a su nombre o está como beneficiario, el dinero cuenta como activo disponible del niño para pagar los estudios. Generalmente, cuando uno pide ayuda financiera (préstamos respaldados por el gobierno), quienes lo otorgan estiman que cerca de 35 por ciento de los activos a nombre del menor, serán utilizados para los estudios universitarios y sólo consideran 6 por ciento de los activos de los padres para el mismo fin.

Toma lo siguiente como regla general: entre menos quieras que el menor se endeude en el futuro, más dinero deberás acumular. Ahora bien, más dinero acumulado a su nombre, significa menos ayuda financiera.

Los regalos de navidad, cumpleaños, verano, etcétera, pueden ir creando el fondo para los estudios. Si la familia participa y concentra los recursos en áreas más productivas, disminuirá el peso financiero en el futuro.

Otra opción es que el estudiante trabaje tiempo parcial mientras estudia, hay un programa federal que provee estos trabajos a estudiantes con necesidades financieras. El trabajo puede ser dentro o fuera de la universidad. Los trabajos fuera del campo universitario son conseguidos por medio de organizaciones sin fines de lucro o del gobierno.

Las becas son otra forma de pagar la educación. Lo mejor de las becas es que ese dinero no se devuelve. Hay becas por mérito y por necesidad económica.

Las becas por mérito se conocen en inglés como *scholarships* y consisten en una cantidad de dinero otorgada por *colleges*, negocios, individuos, organizaciones, iglesias, gobierno y otros grupos, para que un estudiante pueda educarse. Los *scholarships* usualmente se ganan con buenas calificaciones o por tener un talento particular, por ejemplo, para un deporte, la música, la ciencia u otra área.

El otro tipo de beca es por necesidad y en inglés se conoce como *grants*. Es dinero que se da a estudiantes que demuestran las necesidades económicas de su familia. Por ejemplo, la Beca *Pell* y la beca federal suplementaria. También hay becas que ofrecen los estados e instituciones privadas sin fines de lucro.

Las **fuentes internas** se pueden concentrar en tres: ingreso, activos y financiamiento.

El caso del ingreso, se refiere al respaldo que creamos con el dinero que vamos generando. Recuerdo el caso de un amigo que tenía que pagar 2 400 dólares por dos cursos de cinco meses y otros 1 600 por uno en verano. Además, pagaba 280 dólares en libros. El pago se tenía que realizar antes de la segunda clase. Este proceso duraba dos años. Ahorraba mensualmente cerca de 600 dólares para pagar el posgrado. Por supuesto, se sacrificaba en un montón de cosas y hacía otros trabajos para lograr la meta.

Como su ingreso se lo permitía y calificaba para un tipo de crédito llamado *Lifetime learning credit* (ver el capítulo sobre impuestos donde hablo del crédito), durante esos dos años pudo restar cerca de 1 400 dólares del pago anual de impuestos.

En este punto es importante mencionar que hay dos créditos educativos de los que se pueden obtener beneficios: el HOPE y el *Lifetime Learning*. La cantidad de crédito se determina considerando los gastos de educación calificada (no se incluye cualquier gasto), los gastos relacionados cubiertos por cada estudiante elegible y el ingreso ajustado.

Por ejemplo, para el año fiscal 2007, si tu ingreso bruto ajustado modificado (MAGI) fue menor (94 mil dólares si reportan planilla conjunta) y tus gastos de educación calificada llegaron a 10 mil dólares, podrías restar de tu pago de impuesto anual 2 mil dólares.

Claro que como en todo lo relacionado con impuestos, hay limitaciones para su uso y, si utilizas el beneficio de otro plan de ahorro para la educación, como el 529 o *Coverdell* ESA, puedes o no usar el crédito.

En los activos entran los ahorros, las inversiones, el dinero invertido en las cuentas de retiro y la casa por nombrar los más comunes. Algunos usan las cuentas de retiro, otros sacan dinero de la casa en forma de financiamiento para pagar los estudios propios o de los hijos.

También existen cuentas creadas para padres y tutores que quieren acumular dinero con el fin de ayudarlos a cubrir los costos de educación de los menores. Los padres que están por comenzar a acumular para la educación de los hijos tienen varias opciones: el UTMA/UGMA, los planes 529 y la cuenta educativa *Coverdell* (CESA); así como los bonos de ahorro de educación *(Education Savings Bonds)* emitidos por el gobierno federal, otros tipos de fideicomisos y vehículos de inversión. Me concentraré en los primeros tres.

En la mayoría de los estados los menores no tienen derecho a establecer contratos. Por tanto, no es posible que el niño abra una cuenta y sea dueño de acciones, bonos y fondos mutuales. Esto puede hacerlo cuando tenga la mayoría de edad legal. Para estos casos, los abogados han inventado un mecanismo que consiste en transferir los activos a un fideicomiso que se crea con el único objetivo de beneficiar al menor. Cuando llegue a la mayoría de edad, éste toma posesión de los activos. Es decir, no se puede poner dinero a nombre del niño y después quitárselo. Es lo que llaman fideicomiso irrevocable. El custodio (a), generalmente los padres, son responsables de la administración prudencial de los activos, pero no sus dueños. Cuando el hijo cumpla la mayoría de edad, tomará posesión de los activos y podrá hacer lo que quiera con ese dinero.

Aquí entran el UGMA & UTMA. Aunque son similares, se diferencian por su complejidad y flexibilidad. Por ejemplo, el UGMA puede ser creado sin la necesidad de un juez o abogado, pero limita los tipos de activos que pueden ser parte del fideicomiso. En este aspecto, el UTMA es más flexible porque permite poseer otro tipo de activos.

Lo importante es rescatar que el menor es el dueño, no los padres o custodios. Y esto es clave para quienes piensan solicitar ayuda financiera, pues cuando los activos están a nombre del menor tienen un impacto en la elegibilidad. El pudiente no tiene problema, pero quien necesita pedir prestado, puede ver afectada su elegibilidad.

Veamos el plan llamado 529. Se le dio este nombre porque está la sección 529 del código de Rentas Internas que regula este tipo de plan. Los planes 529 básicamente se dividen en dos: prepagados *(Prepaid Plan)* y de ahorro *(College Savings Plan)*. Ambos están en la misma sección, pero tienen sus diferencias.

En el Plan prepagado *(Prepaid Plan)*, aseguras el costo de la universidad en el futuro. Compras un número de créditos de educación en una universidad determinada, al precio de hoy. Por ejemplo: si compras dos años de educación hoy, pues esos dos años de hoy cubrirán el costo de dos años en el futuro. El estado garantiza cubrir los costos en el futuro siempre y cuando el estudiante acuda a la escuela o escuelas establecidas en el plan dentro del estado. Claro que la escuela pública la cubren, pero si es una universidad privada dentro del estado, la diferencia de precio, si es que la hay, la pagan los padres.

Claro que cada estado tiene su forma de construir el plan, incluso hay consorcios con universidades de diferentes estados, que permiten a los tutores del menor comprar cursos de universidades de otros estados siempre y cuando pertenezcan a la red. No obstante, pagar el plan no garantiza que el estudiante sea aceptado en la universidad.

El plan 529 de ahorro es diferente porque no bloquea los costos de educación en el futuro y tampoco está respaldado por el estado. O sea, el dinero que se pone, se invierte en el mercado aceptando tanto los riesgos como las oportunidades propias de las inversiones.

Quien cuente con un plan 529 no tiene que vivir en el estado del plan que elija. Puede vivir en un estado y contribuir a un plan ubicado en otro, para la educación de su nieto que vive en un tercero y que termina yendo a una universidad de un cuarto estado. Incluso si estás pensando en volver a la escuela, muchos planes permitirán que saques una cuenta 529 de ahorro para ti.

A diferencia del UGMA & UTMA, el dinero es controlado por los dueños de la cuenta, no por el menor. O sea, que si tu hijo decide irse a vivir la vida loca en vez de estudiar, no podrá hacerlo con el dinero de esta cuenta, porque no es de él.

Funciona de manera similar a una cuenta de retiro en la que puedes contribuir con dinero y obtienes beneficios en los impuestos. Aunque tiene un límite máximo de contribución, contrario al UGMA & UTMA, es mucho mayor que en la cuenta de educación *Coverdell*. Además, no tienes límite máximo de ingreso para aportar como en la *Coverdell*. Aunque la contribución se hace tras calcular los impuestos en el nivel federal (en el estatal, algunos estados permiten deducir la aportación), la acumulación está libre de impuestos. Y si sacas el dinero para cubrir los costos educativos aceptados en el plan, tampoco pagas impuestos.

Si sacas la ganancia y decides no usarla para cubrir los costos de educación, no solamente pagarás impuestos sobre lo que haya ganado la cuenta, además pagarás un 10 por ciento de penalización. Sin embargo, muchos planes permiten cambiar de beneficiario. Así, si tu hijo decide no ir al *collage*, puedes transferir la cuenta del plan 529 a otro beneficiario, por ejemplo, otro hijo o un sobrino. Para efectos de préstamos estudiantiles, los activos acumulados en la cuenta se consideran son del dueño de la cuenta, no del menor, contrario al UGMA/UTMA.

La cuenta de educación *Coverdell* (CESA) es otro tipo de cuenta que permite hacer aportaciones para cubrir gastos de educación. La diferencia estriba en que el límite máximo de contribución es mucho menor que en el 529 y el UTMA & UGMA, pues es de 2 mil dólares por estudiante. El beneficio se pierde después de determinado ingreso.

Otra diferencia es que de acuerdo con la forma en que se establece la cuenta, el menor o el padre o tutor pueden aparecer como el dueño de la cuenta. De acuerdo con el tratamiento que se le dé a la cuenta, el impacto en la elegibilidad de préstamos estudiantiles, puede ser menor.

Similar al 529, la contribución se realiza después del cálculo del impuesto al ingreso, pero está libre de impuestos durante la acumulación. El uso del dinero para cubrir los costos educativos está libre de impuestos. El fondo en una cuenta *Coverdell* también puede cubrir el costo de la escuela elemental o secundaria, la compra de computadora y la transportación. Si la usas para algo que no esté dentro de los gastos calificados, pagarás 10 por ciento de penalización más los impuestos correspondientes.

Ésta es una tabla con algunas características importantes de las cuentas que hemos revisado.

	UGMA & UTMA	529 *Prepaid*	529 *Savings Plan*	CESA
Tratamiento impositivo a la contribución	La contribución no es deducible; ganancia excluida del ingreso si se usa para cubrir gastos calificados.	La contribución no es deducible en el nivel federal, pero algunos estados permiten deducción parcial o total; ganancia excluida del ingreso si se usa para cubrir gastos calificados.		La contribución no es deducible; ganancia excluida del ingreso si no pasa los gastos calificados en el año que se retira.
Contribución máxima	No hay límite.	Depende del plan y la edad del estudiante.	Establecido por el programa; varía de 100 mil a 305 mil dólares.	2 mil dólares por beneficiario por año no importando cuantos individuos contribuyen y no importando cuantas cuentas CESA son creadas para el beneficiario.

	UGMA & UTMA	529 Prepaid	529 Savings Plan	CESA
Gastos calificados	No hay restricciones.	Educación, cargos, libros, útiles y necesidades especiales; dormitorio y hospedaje por un mínimo de estudiantes a tiempo parcial.		Educación, cargos, libros, útiles y necesidades especiales; dormitorio y hospedaje por un mínimo de estudiantes a tiempo parcial; también cubre gastos de secundaria
Control de la cuenta	El beneficiario es dueño de la cuenta.	En la mayoría de los estados, el control lo tiene quien contribuye.		En la mayoría de los estados los activos pasan a ser propiedad del estudiante a la edad de 18 años.
Ingreso límite para aportar	No.	No.		No hay límite.
Efecto en la ayuda financiera	Los activos se consideran como parte del beneficiario. El impacto es alto.	Los activos se consideran como parte del dueño. El impacto es bajo.	Los activos se consideran parte del dueño de la cuenta –a menos que el dueño sea también beneficiario. El impacto es bajo por considerarse sólo una parte de los activos.	Depende de quien sea el dueño. Si son los padres, el impacto es menor. Si es el menor, el impacto es mayor.

	UGMA & UTMA	529 *Prepaid*	529 *Savings Plan*	CESA
Inversiones	Los que se permitan según las regulaciones del estado.	El administrador del plan invierte el dinero.	Activos administrados por administradores de portafolio. Dependiendo del plan, puedes escoger entre 2 hasta casi 30 tipos de fondos mutuales.	Activos pueden invertirse en acciones, bonos, fondos mutuales e instrumentos líquidos.

La tercera opción y la más costosa es el financiamiento. Hay préstamos que están respaldados por el gobierno y préstamos que no lo están. Los respaldados tienen un tratamiento distinto de los privados. Los primeros son más baratos que los segundos. Esta diferencia es importante porque aunque los bancos pueden ofrecer los respaldados en el nivel federal, también ofrecen préstamos privados. Existe una diferencia entre uno y otro.

La primera diferencia sustancial es su costo. Los préstamos federales exigen por ley un máximo de interés por préstamo y que los costos para otorgarlos no pasen de cierto límite. En el caso de los privados, las regulaciones son más flexibles. Segunda diferencia: los criterios que utilizan para otorgar préstamos. Los subvencionados no reparan tanto en el historial de crédito o el colateral que tienes para pagar el préstamo. En el privado sí. Otro factor es la variedad de opciones de pagos que tienes y los términos para extender el plan de pago, siendo más amplio en el federal que en el privado.

Los préstamos respaldados se pueden otorgar tanto a los estudiantes como a los padres. En ambos casos pueden ser otorgados a través de prestamistas privados o del gobierno. Para los estudiantes los préstamos respaldados se llaman *Stafford Loan*. Hay dos variaciones: el FFELP y el FDSLP. La diferencia entre uno y otro es que el primero lo otorgan los prestamistas, subvencionados por el gobierno, mientras que los segundos los otorga directamente el Departamento de Educación. El costo por interés es similar, pero el tiempo para pagar el préstamo sí es distinto, en el FDSLP es más largo.

Ambos pueden ser subsidiados o no subsidiados. Con el subsidio, el gobierno paga por el interés del préstamo mientras estás estudiando; sin él, tú pagas todo el interés aunque puedes atrasar el pago hasta después de graduación.

El interés de los *Stafford* varía si es para los cuatro años de universidad o para estudios de posgrado. El máximo es 6.8 por ciento fijo hasta 2012. De acuerdo con tu nivel de ingreso, es posible que puedas deducir del ingreso el pago de interés hasta cierto límite.

En el caso de los préstamos, en el programa PLUS los padres son quienes solicitan el préstamo. Es un suplemento para cubrir los costos no cubiertos por los préstamos al estudiante. En éste programa, también existen las variaciones FFELP y FDSLP.

En este programa también entran los adultos graduados o estudiantes profesionales que quieran financiar su educación, pero no son subsidiados.

El FFEL PLUS tiene 8.5 por ciento de interés y el Federal Direct PLUS, 7.9 por ciento. Ambos son fijos. De acuerdo con tu nivel de ingreso es posible que puedas deducir del pago de impuestos el interés, hasta un cierto límite.

Hay otro que se llama *Perking*, diseñado para personas que tienen mayor necesidad financiera. El interés es mucho menor que en los otros. Lo he visto de 5 por ciento y también considera el nivel de ingreso para deducir del mismo, el pago de interés.

Ahora bien, sea el *Stafford*, PLUS o *Perking* debes pasar por un filtro para calificar y éste considera el nivel de ahorro del solicitante.

No sé si notaste que cuando hablaba de las cuentas de ahorro para educación, siempre decía "afecta o no afecta la ayuda financiera". ¿Por qué? porque cuando uno pide, se toman en cuenta los activos acumulados que pueden ser utilizados para cubrir los costos de educación.

Todos los préstamos respaldados por el gobierno deben pasar por FAFSA. Ésta es una abreviación de *free application for federal student aid* y en español se puede traducir como aplicación gratuita para ayuda financiera federal. Es la aplicación oficial y gratuita de la oficina de ayuda financiera (FSA) del Departamento de Educación de EUA, cuyo fin es que todos los estudiantes elegibles puedan recibir financiamiento para pagar la educación universitaria. No es un banco ni un prestamista, es sólo una aplicación.

En ella, el Departamento de Educación indaga el perfil financiero de los padres y de los estudiantes para saber con cuánto cuenta cada uno para cubrir la factura. Y como mencioné arriba, toman más en cuenta los activos de los hijos que los de los padres. El Departamento considera el 35 por ciento de los activos del menor como activos disponibles para pagar la universidad, mientras que sólo se toma en cuenta 5.6 por ciento de los activos de los padres.

Lo importante sobre el financiamiento es que tengas en mente que es una deuda. Nadie pone en duda la importancia de adquirir conocimiento. Pero, ¿porque es bueno estudiar, hay que endeudarse hasta al cuello? Tanto padres como hijos deben controlar la forma en que pagarán la educación: es una inversión que produce oportunidades, pero también representa riesgos. Especialmente en el mundo de los préstamo destinados a la educación, existen algunos conflictos de interés entre los prestamistas y las universidades. Un caso es la "lista preferencial". Ésta es creada por cada universidad con el fin de ayudar al estudiante a escoger entre los mejores paquetes de préstamo, pero ha sucedido que no se le dice al estudiante que las universidades reciben pagos o regalos de los prestamistas para ser incluidos en la lista aunque no ofrecieran un buen paquete.

Este conflicto de interés afecta a los estudiantes, pues en ocasiones pagan más y a los padres que también cargan con la factura. De manera particular, resaltan los préstamos privados con interés variable, mismo que puede llegar hasta 20 por ciento.

Ésta es otra razón para considerar que antes de pedir es mejor ahorrar. Los regalos de cumpleaños, Navidad, para viajes, así como los regalos de otros familiares y las aportaciones de los padres, pueden hacer la diferencia al momento de pagar la educación de los hijos.

Pon la educación universitaria en un contexto de beneficio intelectual, pero también financiero. Piénsala como una inversión: ¿cuál es la oportunidad que tengo, los riesgos, el rendimiento y el costo que asumiré para justificar la inversión?

El caso de Adolfo

En su juventud, Adolfo quería estudiar actuación. Buscando, encontró la universidad deseada. Aplicó y fue aceptado para estudiar en una de las universidades más caras de los Estados Unidos. En aquel entonces, 1990, el crédito valía 450 dólares (actualmente 1 200). Como la carrera era de 120 créditos, su factura, sólo por universidad era de 54 mil dólares por los cuatro años. De esta cantidad, la universidad le dio 16 mil dólares en beca. Los 36 mil restantes los financió, en su mayoría, con préstamos respaldados por el nivel federal, préstamos privados de menor cantidad y ayuda de su madre. El promedio de financiamiento fue de 6 por ciento de interés.

¿Y los costos de vivienda? De esos se encargó su madre con un préstamo sobre la propiedad que llegó a los 30 000 dólares. La alimentación y otros gastos mensuales, los cubrió realizando todo tipo de trabajos, desde limpiar inodoros hasta repartir comida.

Lo que Adolfo no supo hasta después de graduarse, era que el pago promedio por hora para un actor redondeaba los 6 dólares en aquel entonces. Con ese ingreso, requería de cerca de 23 horas al mes para pagar los 143 dólares mensuales del préstamo estudiantil que tenía pautado terminar en 25 años.

Comprendió su situación después de meses de audiciones. Entonces se dio cuenta de que su ingreso como supervisor de tiempo completo en una aerolínea que le pagaba 11 dólares por hora, aunque no era su empleo ideal, le daba la estabilidad que necesitaba. Mientras, los fines de semana podía emplearlos en audiciones para trabajar en teatro.

Hoy le pagan 65 dólares la hora y sólo tiene que trabajar 4 horas al mes para pagar su préstamo, del cual le quedan poco más de 9 años para saldarlo. Lo único distinto es que los 65 dólares no vienen de la actuación, sino de un trabajo bien remunerado como director de operación en la industria hotelera.

Es un error creer que un estudiante tiene garantizado el éxito en el futuro por asistir a una universidad costosa y de gran prestigio. Muchos padres y estudiantes se esfuerzan y viven estresados por pagar este costo, asumiendo que el nombre de la universidad es lo que deben comprar. La educación y los beneficios están más relacionados con el ambiente, área de estudio, vocación, nivel y voluntad del estudiante, profesores, costos, posibles estudios de posgrado, ambiente laboral y otros factores.

También deben considerar que si la carrera la buscan sólo por dinero, es posible que se encuentren con una sorpresa. Es como "Boxear con una mano sujetada en la espalda". La felicidad profesional está en lo que haces, no en el dinero que produce. Mi caso es un ejemplo: pagaban muy buen dinero por actuar y cantar; era un trabajo muy bien remunerado, pero no me daba satisfacción. Al conocer personas que ganaban mucho menos, pero eran felices con lo que hacían, me di cuenta de que el dinero es una parte de la ecuación.

Por supuesto, a veces debes canalizar tus preferencias a profesiones más lucrativas. He conocido actores, músicos y maestros que han dedicado mucho más que tiempo a su pasión, pero el pago no reflejaba las horas de trabajo. Lo que han hecho es buscar trabajos que complementen su pasión con una paga mejor. Por ejemplo, un maestro encontró en el entrenamiento y creación de currículos para empresas, la oportunidad de canalizar sus dones para la enseñanza y ayudar a producir cambios en los empleados, en el aumento de la productividad en las empresas y, en el camino, añadió más números a su cheque mensual.

Por último: los hijos tienen que participar activamente en su educación. Su responsabilidad no termina al ser estudiantes aplicados y responsables. Deben ayudar a bajar la factura sacando buenas notas para obtener becas y ahorrando dinero en sus trabajos de verano.

Deben entender que los sueños comienzan a los 18, pero que no deben olvidar que la realidad financiera los baja de un cachetazo apenas entran al mundo de los adultos.

No olvides esto: el mejor resultado de la universidad comienza en casa, enseñando el poder del ahorro y la pasión por el conocimiento desde temprano.

14

Hogar dulce hogar

El caso de los Morales

En el 2004, los Morales encontraron la casa de sus sueños. ¿El precio? 425 mil dólares. ¿Su ingreso? 65 mil. ¿El historial de crédito? Más o menos. ¿Ahorro? Muy poco. Pero les ofrecían un buen trato: El tipo de préstamo era un 3/27, es decir, los primeros tres años harían un pago mínimo y después, éste se iría ajustando. De esta manera, la familia pagaría 1 570 dólares mensuales durante tres años y después cerca de 3 195 con interés ajustable cada seis meses. Con la ayuda de un agente hipotecario amigo, la familia logró el financiamiento. Su razonamiento fue el siguiente: los precios de las casas estaban subiendo entre 8 y 10 por ciento anualmente. Además, la situación estaría mejor en el futuro y como la casa se aumentaría su valor, se podría refinanciar. Tres años después, varias cosas pasaron. Los intereses subían y se aplicaba el nuevo pago. Subieron los impuestos de 2600 a 5200 dólares. Trataron de refinanciar, pero como tenían una penalización de 12 mil dólares y los precios de las propiedades en el área estaban cayendo, varios bancos declinaron refinanciarles.

Ahora tienen tres trabajos; cortaron salidas, entretenimiento, viajes, remesas y clases para poder pagar la hipoteca, ya que no quieren perder la casa.

Los Morales son una de las millones de familias que compran casa en los Estados Unidos. Según el *Census,* existen casi 124 millones de propiedades actualmente. Del total de hipotecas que se venden en un año (que representan billones de dólares), cerca de cuatro de cada cinco son para residencias.

La realidad es que para la mayoría la casa es la primera forma de acumular riqueza. Es el activo más grande en nuestras finanzas, el que sirve para financiar otras cosas y como "cochino de cemento" cuando hay que "salvar las papas".

Pero, como en el caso de los Morales, de qué vale obtener un activo que te da riqueza pero te quita sueño. Lo que ganas en valor, lo pierdes en salud. No es negocio.

Estamos claros en que si queremos acumular riqueza tenemos que aumentar activos. Y la casa es uno de ellos. Ahora bien, ¿la compra de la casa es 100 por ciento un beneficio financiero o rentar es mejor opción? ¿Qué monto debo considerar? ¿El tipo de financiamiento es el problema? ¿El problema son los costos en que se incurren? ¿Debe ser la casa el "cochino de cemento" para todo?

Estas son preguntas fundamentales que voy a responder para que el activo llamado "casa" sea un aumento en la riqueza, no un incremento en las enfermedades.

¿Comprar o rentar?

El problema de esta pregunta es que enfrenta un argumento contra otro, como si uno de los dos fuera mejor cuando en realidad la respuesta depende de muchos factores. Entre otros: el tiempo que vivirás en la propiedad, la situación financiera, los precios de las casas y el costo de financiamiento (especialmente el interés), los beneficios impositivos, los cambios futuros en los precios de las propiedades y en las leyes impositivas.

Por ejemplo: si compras en un periodo donde los precios están caídos de seguro que ganas. Pero si compras cuando los precios están sobrevalorados apostando que seguirán subiendo, descubrirás que rentar era la mejor opción.

Recuerdo haber analizado el caso de un matrimonio que compró una propiedad en 75 mil dólares cuando los precios de una propiedad similar en el área rebasaban los 100 mil dólares. Durante un tiempo, la pareja mantuvo los costos bajos y no invirtió mucho dinero en la propiedad. Siete años después, se dio un alza en la demanda de propiedades en el área, elevando el valor de la propiedad a 260 mil dólares. El matrimonio vendió y logró un rendimiento promedio nominal de casi 19.5 por ciento anual. Después, rentó por un tiempo en el mismo barrio, hasta que consiguió una propiedad a buen precio y compró.

Tomemos el ejemplo de la ciudad de Nápoles en Florida. En el 2005, de ser una ciudad tranquila para retirados se convirtió en uno de los mercados más calientes del país. La media en el precio se fue a más del doble entre 2000 y 2005, llegando a 482 400 dólares. Para junio del 2007 rozaba los 380 mil dólares. El que compró en el 2005 debe estar sintiendo el costo. Sin duda existen muchos casos de gente que gana y pierde. Pero ni todos ganan ni todos pierden.

Otro punto es el costo. Si bien es cierto que en la casa tienes la apreciación del valor de la propiedad y que parte del dinero pagado es el principal que vuelve a ti, si sumas el costo del interés —que muchas veces es mayor al préstamo original—, el impuesto por la propiedad, el seguro, el mantenimiento y las mejoras, es probable que en 30 años hubieras podido pagar más de una casa. Estos costos se evitan en una renta. Pero también es cierto que si compras a buen precio, la casa aumenta su valor, se controlan los gastos, los impuestos no aumentan desproporcionadamente y se vende en un periodo de bonanza, el beneficio será un alto rendimiento que no te lo daría una renta.

Hay un argumento a favor de la compra: los impuestos. Si se cumplen las condiciones que exige el Tesoro, tanto el interés que se paga por el financiamiento como los impuestos que se pagan por la propiedad, puedes deducirlos del pago de impuestos al ingreso. Esto es cierto.

Como es cierto también que el beneficio que se pudiera recibir por la deducción *no necesariamente* justifica el costo de financiamiento, el pago de los impuestos de la propiedad, del seguro y del mantenimiento durante el tiempo que se compra.

Otro punto a favor es que parte del dinero que se paga es ahorro transferido a la propiedad. Es cierto. Si usas la técnica de financiamiento donde amortizas el principal (ya veremos más adelante), parte del pago es ahorro. Si la propiedad se revalúa a la alza (a largo plazo las propiedades tienden a reaumentar su valor), el ahorro aumenta. Pero si consideras los costos de mantenimiento y remodelación, el ahorro puede que sea nulo o negativo.

¿Es mejor comprar que rentar? No necesariamente. ¿Entonces es mejor rentar que comprar? Tampoco es correcto. La respuesta depende de cuál es la mejor manera de hacer que aumente nuestra riqueza, lo cual está relacionado directamente con las circunstancias, el momento en el que decides comprar o vender, los costos, el precio, el beneficio impositivo, el periodo, etcétera. No te cases con ninguna de las dos como un absoluto porque es posible que te convenga tanto una como la otra. Incluso, es muy probable que durante tu vida financiera lleves a cabo las dos. Habrá tiempos donde te convenga comprar y otros donde te convenga rentar.

Ahora, cualquiera que sea tu decisión, toma en cuenta lo siguiente:

1. **Analiza costo-beneficio.** En finanzas, las emociones pasan por el filtro de los números. En el caso de los Morales, no sé de dónde sacaron los números. Tomaron un número de apreciación sin ponerlo en perspectiva histórica, es decir, la casa debía aumentar su valor considerablemente para justificar el refinanciamiento. Por lo sucedido, queda claro que tampoco pusieron en la ecuación el alto costo de financiamiento y mantenimiento. No pensaron "que pasa si no aumenta el ingreso" o "si la propiedad no aumenta como se espera", o si cualquier otro evento sucedía.
   Recuerda: la idea es acumular activos, no pasivos.

2. **La casa demanda gastos.** Entre más inviertas en ella, más difícil será recuperar tu dinero . Entre financiamiento, mantenimiento y remodelaciones puedes hacer de tu inversión una pérdida. O sea, la idea es que estimes los costos y los mantengas bajos. Por eso, compra barato e inteligente.

3. **Bajar costo abonando al principal.** Sabemos que uno de los costos más altos es el interés. Digamos que debo 150 mil dólares a 30 años con 6.75 por ciento de interés fijo. Observa en la tabla, el efecto que se genera cuando abono más dinero mensual al pago del préstamo:

Aportando	Pago	Costo por Interés	Tiempo en: Meses	Años
$ -	$ 972.90	$200 242.97	360	30
100	1 072.90	145 278.70	275	23
200	1 172.90	115 710.28	227	19
300	1 272.90	96 728.42	194	16
400	1 372.90	83 353.68	170	14
500	1 472.90	73 359.70	152	13

A los 30 años habré pagado 200 243 dólares en interés. Al abonar 100 más al pago mensual, bajaría la deuda a 24 años (cuatro años menos) ahorrando casi 54 964 dólares y si aumentara 500 dólares, estaría reduciendo el tiempo a la mitad y ahorraría cerca de 126 884 dólares.

Mi opinión: sería ideal pagar más en el menor tiempo posible.

4. **Compra pensando en que otro comparta la factura.** Busca propiedades que puedas rentar o donde puedas vivir y rentar a la vez. En una parte vives y la otra, la rentas. Entre más compartas el costo, mejor. Además, obtienes más dinero para amortizar el principal y pagar la deuda más rápido. Una vez pagada, tienes más activos disponibles para comprar otra casa.

Sé que para muchos va en contra del principio de individualidad e independencia. Pero cuando uno ve que el capital neto aumenta, entiende que ahí está la verdadera independencia.

5. **Controla las remodelaciones.** Seguimos con los costos. Recuerdo el caso de una lectora que le puso 50 mil dólares a la casa en una cocina, baño y piso nuevos y un garaje remode-

lado. Cuando vendió, no le dieron más de 30 mil dólares por todo. Esto sin contar el costo de refinanciamiento, porque sacó dinero del patrimonio para hacer la remodelación. Por supuesto que en las casas con mayor valor compradas a precio muy bajo es justificable poner más dinero con un margen menor. Pero, siempre se deben controlar las remodelaciones.

Un punto importante es saber que el sistema incentiva la compra de casa y permite que los dueños tengan mayores beneficios en su pago de impuestos. ¿Cómo? Cuando se vende la casa y hay ganancia, es posible que puedas excluirla del pago. La exclusión de la ganancia llega a 250 mil dólares si reportas planilla individual y 500 mil dólares si reportas como matrimonio.

Veamos esto en números. Digamos que vendí mi casa en 300 mil dólares. Tengo que determinar si tuve ganancia y si ésta fue por debajo de los 250 mil dólares (500 dólares para los casados). Para ello se deben determinar tres cosas: *1)* el precio de venta de la casa, *2)* el costo base y *3)* los gastos por la venta de la casa.

La fórmula es:

	Precio de venta
-	gastos por la venta
=	cantidad obtenida
-	costo base ajustado
=	ganancia (pérdida)

Si por ejemplo:

	$300 000
-	25 000
=	275 000
-	125 000
=	150 000

De ser así, es posible que no tenga que pagar impuestos. El IRS dice que podría excluir hasta 250 mil dólares (500 mil para los casados) de la ganancia generada (=no reportar y por tanto no pagar impuestos) si se cumplen *todas* las situaciones siguientes:

1. Pasé la prueba del *owning test*, es decir, fui dueño de la casa por los últimos dos años.
2. Pasé la prueba del *use test*, es decir, viví por un mínimo de 2 años en esa casa.
3. En lo últimos dos años antes de la venta, no obtuve beneficio de exclusión de impuestos por la venta de otra casa.

Digamos que fui dueño y viví 4 años, pasé el *owning and use test*. No saqué beneficio antes y mi ganancia fue menor de 250 mil dólares, entonces no es necesario declarar la ganancia y no tendría que pagar impuestos por ella. O sea, los 150 mil dólares son libres de impuestos.

¿Qué monto debo considerar?

Hay tres métodos para estimar cuál es la mejor opción sobre el precio de la propiedad. Son: la regla del precio (RP), la regla del ingreso (RI) y la regla de la deuda (RD). Cada una da resultados distintos porque asume diferentes premisas. Pero la de menor precio, es la que debes considerar como primera opción.

Esto es importante porque los vendedores usan una, los agentes hipotecarios otra e incluso los planificadores pueden usar otra. Se deben usar las tres como herramientas de análisis para determinar la mejor opción.

Todas están basadas en la regla del 28/36. Aunque hay prestamistas que permiten que llegue al 33/42, yo me quedo con el 28/36 como punto máximo.

Veamos un ejemplo.

Digamos que mi ingreso bruto es 6 mil dólares mensuales. Hay una casa que quiero comprar. Llamé al agente que representa al dueño y piden 250 mil dólares por ella. ¿Impuestos? 2 500 dólares anuales. Llamé a mi banco y me dicen que me pueden dar una hipoteca con tasa fija de 7 por ciento sin puntos por 30 años. Los gastos de cierre estimo que serán 3 por ciento del precio. Tengo 20 mil dólares separados para el pronto y los gastos de cierre. Como estoy dando menos del 20 por ciento, me piden tener un seguro (PMI) para que el banco se asegure que en el caso que no pague ellos no pierdan. Entre seguro e impuestos estimo un 2 por ciento del precio.

Sumé mi pago total de deudas actuales y el resultado es 900 dólares mensuales (entre auto, préstamo estudiantil, tarjetas, etcétera).

La pregunta del millón: ¿puedo asumir la deuda? Usemos las tres reglas.

Vamos con el caso del RP que se basa en el precio de la propiedad. Si me dejo llevar por el precio tendría que tener un ingreso después de impuestos mínimo de 7 056 dólares; un máximo de deuda no hipotecaria de 565 dólares mensual. El problema es que no tengo ese ingreso. Además mi total de deudas actuales está por encima.

Con la regla RI, todo el cálculo está basado en el ingreso. Asume que el PIIS (principal, interés, impuestos más seguro privado y de propiedad) no puede pasar 28 por ciento de los 6 mil. En este caso, el precio máximo de la propiedad debería ser 215 708.95 dólares. Con éste puedo cubrir los costos y el pago de entrada, y el financiamiento sería de 198 452.24 dólares.

		Precio (RP)	Ingreso (RI)	Deuda (RD)
1	Precio máximo	$ 250 000.00	$ 215 708.95	$ 165 616.30
2	Efectivo necesario para pago de entrada	20 000.00	17 256.72	15 036.12
3	Préstamo total	237 500.00	198 452.24	150 580.18
4	Ingreso neto mínimo requerido	7 056.40	6 000.00	6 000.00
5	Total de deudas no hipotecarias	564.51	480.00	900.00
6	PI (principal+interés)	1 580.09	1 320.31	1 001.81
7	PIIS (principal + interés + impuestos + seguros)	1 975.79	1 680.00	1 260.00
8	Divide 7 entre 4	28%	28%	21%
9	PIIS+Total de pago de deudas	2 540.30	2 160.00	2 160.00
10	Divide 9 entre 4	36%	36%	36%

Pero fíjate en un detalle: asume que el pago mensual que hago a otras deudas no hipotecarias no deben pasar el 8 por ciento de mi ingreso, es decir, 480 dólares. Mi pago mensual es de 900 dólares. O sea, alcanza 15 por ciento.

Entonces uso la regla RD, porque utiliza como ajustable principal el pago por servicio de deudas no hipotecarias (es decir, tarjeta de crédito, auto, préstamos, etcétera.) Como mi deuda es de 900 dólares, entonces el pago mensual del préstamo más los seguros e impuestos no pueden ser mayores de 1 260 dólares. Al ser menos la cantidad, menor será el precio de la casa y la cantidad del préstamo. En este caso, 165 616.30 dólares sería el precio máximo de compra, por lo que el monto máximo de préstamo no debería ser mayor de 150 580.18 dólares. En este caso, para tomar mi decisión tomaría esta última.

Si quiero adquirir un monto mayor, entonces debo aumentar el ingreso y el efectivo para dar el pago de entrada o bajar el nivel de deudas.

Hay prestamistas que pueden prestar más usando un porcentaje mayor a la regla del 28/36. Incluso pueden llevarlo hasta el 42 por ciento de tu ingreso. Es cierto que cada caso es distinto y las personas tienen diferentes preferencias. Pero hay que ser muy cuidadoso porque también incrementarías las deudas. Como dije en el *survival kit,* hay fuerzas económicas que no podemos controlar, que cuando actúan se nos dificulta amortiguar el golpe si estamos más endeudados. Al final somos nosotros los que corremos con la responsabilidad de la deuda.

Un punto importante: si vas a adquirir un préstamo hipotecario con tasa de interés ajustable amortizable (que aportas al principal), sugiero que para estimar el pago mensual uses el 25/33 y no el 28/36 como la tasa fija. De ahí le restas el gasto que incurrirías en impuestos y seguro, para entonces estimar el monto máximo de la deuda que vayas a adquirir.

Lo que se puede rescatar de todo esto es que si sólo se toma en consideración una regla, se estaría subestimando el análisis. Además, fíjate que estas reglas están sujetas a la información que utilices. Cambios en los costos, ingreso, servicio de deuda, tasa de impuestos, tasa de interés, pago inicial o término, cambian el resultado.

Técnicas de financiamiento

Hay muchas técnicas de financiamiento que usan los prestamistas y debemos conocerlas, como no queremos graduarnos en finanzas hipotecarias, veremos las técnicas más comunes y los principales puntos que debemos saber de ellas.

Opción de pago	El principal...	En el préstamo con...	
		interés fijo (FRM)	interés ajustable (ARM)
Tradicional	↓	Pagas interés fijo + principal	Pagas interés ajustable + principal
Interés solamente (IO)	No cambia por un tiempo	Pagas interés fijo	Pagas interés ajustable
Pago mínimo	↑ por un tiempo	Pagas menos del interés fijo total	Pagas menos del interés ajustable total

Para entender el complejo tema de las técnicas de financiamiento, hay que verlo como si fuera uno menú de los combo que vende McDonald's o cualquier centro de comida rápida. Puedes combinar estos cuatro factores:

- Quieres o no tener opción de pago
- Quieres o no bajar el principal (amortización)
- Quieres tasa fija, tasa ajustable o una combinación de ambos
- Quieres o no que cambien el pago mensual

Como verás, algunos son bajos en grasa y otros pueden llevar tu nivel de colesterol hasta las nubes.

Veamos las variaciones por tipo de interés.

Hipoteca con tasa fija
(Fixed Rate Mortgage)

La más común, tradicional y simple es la hipoteca de tasa fija donde la institución financiera asegura el interés por contrato, sin que éste cambie durante el tiempo del préstamo. No hay una cláusula en el contrato que diga que el interés cambiará. Así, los pagos mensuales no varían durante el tiempo de la hipoteca, no importa si el interés en el mercado sube o baja. Es decir, el interés y el pago mensual de la hipoteca se mantienen constantes durante el periodo de contrato.

Los periodos son generalmente de 10 a 40 años. Los más populares son los de 15 y 30. Entre más corto el periodo, más alto el pago mensual, pero menos gasto de interés a largo plazo porque pagas la deuda más rápido.

Esto es importante porque al no variar el interés durante el contrato y con la especificación de que debe pagarse durante un periodo fijo, el pago mensual tiene ambos componentes: interés y principal. Por tanto, el balance del préstamo no crecerá, por el contrario, bajará con cada pago que realices.

Un ejemplo. Vamos a asumir que te cobran un 7 por ciento fijo por prestarte 200 mil dólares. El banco te pide que le pagues en modalidad mensual durante 360 meses. El pago mensual es de 1 330.60 dólares.

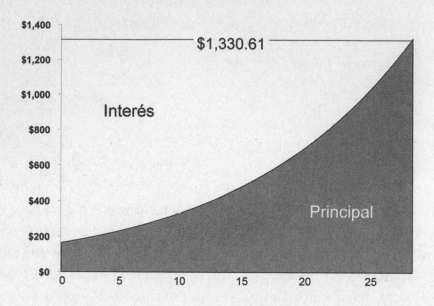

Si mantienes el préstamo, hasta el final vas a realizar el mismo pago. Al principio la mayor cantidad del pago mensual cubrirá el costo por prestar el dinero (interés) y menor cantidad se destinará al principal. En la medida que avanza el tiempo, más dinero se aplica al principal y menos al interés. ¿Por qué? El interés se calcula sobre el balance que queda después de ir restando el principal que se pagó. Como el principal baja, también el interés. Como el pago es el mismo todo el tiempo, más dinero se destina al pago de la deuda.

Lo explico en forma numérica. El primer mes abonas el pago mensual determinado. Se calcula el interés multiplicando el costo por el monto de la deuda. Se suma a la deuda. La diferencia entre el interés y el pago mensual se abona al principal (acumulación de capital). El principal se resta a la deuda. El resultado se usa para calcular el costo por interés en el segundo mes. Se repite el proceso mes a mes, hasta llegar a 360 meses. Al final, la deuda llega a cero.

Mes	Deuda	Pago mensual	Interés	Principal	Deuda Final
1	200000	$1330	1166.667	$163.93	199836.07
2	199836	1330	1165.710	164.89	199671.18
3	199671	1330	1164.749	165.86	199505.33

Hacer que parte del pago mensual se destine a la deuda es lo que se llama amortizar.

Aquí no se incluye el costo por seguro, impuestos, mantenimiento y otros gastos. Solamente nos centramos en el pago por el dinero prestado. ¿Puede existir amortización negativa en un préstamo de tasa fija? Sí, si eliges un pago donde no abonas al principal y abonas una cantidad que es menor al pago de interés. La diferencia se irá sumando al principal como una bola de nieve.

Ventajas y desventajas de una hipoteca con interés de tasa fija.

La mayor ventaja es que el pago mensual permanece igual y no cambia. Entre más corto el periodo, más rápido pagas la deuda y te ahorras costo de financiamiento. La estabilidad te permite hacer otros proyectos porque tu pago será el mismo mensualmente.

Una posible desventaja es que el costo de interés tiende a ser alto. Por ejemplo, es posible que una hipoteca a 30 años te cueste entre 0.25 y 0.50 por ciento más que un préstamo a 15 años. Si bien al financiar a menos años, mayor es la cuota mensual, el costo total del financiamiento sería menor. Además, si lo comparas con una ajustable, puedes encontrar una diferencia de 0.25 por ciento. Pero como en las hipotecas de interés ajustable éste varía y hace que el pago sea incierto, podría no valer la pena correr el riesgo por ahorrarnos 0.25 por ciento.

Una de las críticas a esta opción es que si el interés en el mercado baja drásticamente, es posible que tu hipoteca de tasa fija tenga un costo mayor, en comparación con la nueva tasa de interés en el mercado. En algunos se justifica el refinanciamiento.

Hipoteca con tasa ajustable o
Adjustable Rate Mortgage

En este caso, la hipoteca tiene un interés que varía durante el tiempo del préstamo. Contrario al préstamo de tasa fija, en el que sabes cuál es y será el pago, con el préstamo de tasa ajustable no sabes cuál será el pago en el futuro. Varía porque la tasa que cobra la institución financiera está relacionada con tasas específicas del mercado. En general, las instituciones se dejan llevar por un índice que utilizan como base.

El índice pueden ser las letras del Tesoro de los EU (*T-Bill*) o el promedio que paga el banco sobre un Certificado de Depósito (CD). Sobre esta base, ellas cobran un margen. Digamos, por ejemplo, que tu hipoteca es de tasa ajustable y el banco utiliza como índice la letra del Tesoro y el margen es de 2.5 por ciento. Si el interés de la letra es de 4.5 por ciento, entonces pagarías 7 por ciento de interés (=4.5+2.5 por ciento).

Si el interés en el contrato se ajusta cada año y al momento del ajuste, el interés de la letra del tesoro baja a 4 por ciento, entonces el interés de la hipoteca bajaría a 6.5 (=4+2.5 por ciento). ¿Y si sube a cinco? entonces el interés de la hipoteca subiría a 7.5 (=4+2.5 por ciento). Si te fijas, el interés de la hipoteca subirá o bajará dependiendo de cómo se comporte el índice escogido por el banco. Por eso se llama tasa ajustable.

Los índices más comunes son *Constant Maturity Treasury* (CMT) y *Cost of Funds, Eleventh District* (COFI). Hay otro tipo de índices que son variaciones del CMT o que usan diferentes tipos de interés. Lo importante es que cuando compares, no sólo te fijes en el tipo de índice también toma nota del margen, porque un índice alto puede ser contrabalanceado con un margen menor.

Usando los mismos datos que utilicé para la de tasa fija, presento los cálculos con un interés que se ajusta 0.50 por ciento hasta un máximo de 9 por ciento y un mínimo de 4.5. Fíjate que el principal fluctúa porque el interés cambia. En consecuencia, el pago mensual varía.

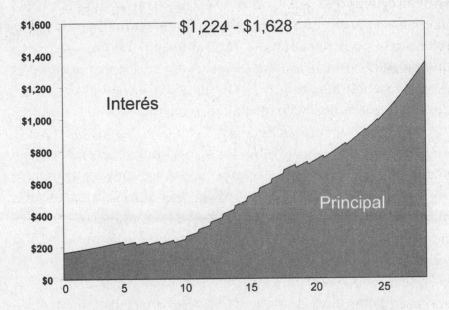

A diferencia del préstamo con pago fijo, aquí el pago cambia porque el interés varía. Claro que el cambio depende de cuánto se ajusta el interés determinado en el contrato. Pero lo importante es ser consciente de que el pago mensual varía.

En este caso hipotético, el pago mensual llegó a un mínimo de 1 224 dólares y un máximo de 1 628 dólares debido a los cambios en el índice, que transforma el costo de financiamiento (interés). Observa que la diferencia es mayor y menor a 1 330 dólares, cantidad que se pagaría con tasa fija.

¿Puedes terminar pagando más interés? Sí. ¿Puedes tener la posibilidad de pagar menos? Sí. El problema es que no sabemos cuánto, porque está basado en los índices que cambian con el vaivén del mercado.

¿Sube el interés indefinidamente? No, porque los contratos deben tener una cláusula que determine un límite máximo y mínimo para él. Esto es para protegerte y protegerse ellos en caso de que suba o baje demasiado el interés en el mercado.

Cuando compares opciones de préstamo, revisa tanto el máximo que puede subir el interés durante el tiempo del préstamo como el máximo que puede subir el interés durante el periodo de ajuste. Recuerda que de acuerdo con el préstamo, ellos determinan cada cuánto tiempo se reajusta el interés y por tanto, el pago.

También están los híbridos, una combinación de interés fijo que se mantiene por un tiempo y que después se hace ajustable.

El ajuste varía en el tipo de ARM, pero puedes identificar el periodo de la tasa inicial con el primer número y con qué frecuencia se ajustará, con el segundo, por ejemplo: un 3/1 ARM significa un interés fijo mismo por 3 años y después se ajustará una vez al año hasta que finalice el préstamo.

En el pago tradicional, cuando pagas el interés y abonas al principal, es una opción dentro de los combos de préstamos hipotecarios. También existe el combo "sólo interés" (*interest only*) y "pago mínimo" (*minimum payment*).

Si eliges "sólo interés", quiere decir que sólo pagas el interés por un periodo. En este periodo, el principal no baja, y puede ser de varios años, usualmente desde tres hasta diez años.

Pero concluido el periodo, el pago se convierte en tradicional porque vas a pagar el principal e interés en el tiempo restante.

Tipos de ARM híbridos	
1/1 ARM	El mismo interés fijo por el primer año y después se ajustará una vez por año hasta finalizar el préstamo.
3/1 ARM	El mismo interés fijo por los primeros tres años y después se ajustará una vez por año hasta finalizar el préstamo.
5/1	El mismo interés fijo por los primeros 5 años y después se ajustará una vez cada año hasta finalizar el préstamo.
7/1 ARM	El mismo interés fijo por los primeros 7 años y después se ajustará una vez por año hasta finalizar el préstamo.
10/1	El mismo interés fijo por los primeros 10 años y después se ajustará una vez cada año hasta finalizar el préstamo.
3/3 ARM	El mismo interés fijo por los primeros 3 años y después se ajustará una vez cada 3 años hasta finalizar el préstamo.
2/28	El mismo interés fijo por los primeros 2 años y después se ajustará el interés por los próximos 28 años. En comparación con los otros, el ajuste puede ser cada seis meses.
3/27	El mismo interés fijo por los primeros 3 años y después se ajustará el interés por los próximos 27 años. En comparación con los otros, el ajuste puede ser cada seis meses.

Esto es clave porque entre más tiempo estés pagando únicamente interés, el pago será más alto cuando comiences a pagar interés y principal y más caro saldrá el préstamo a la larga.

Digamos que adquiero un préstamo a 30 años que me ofrece sólo pagar interés los primeros 5 años. Esto significa que los 25 años restantes tendré que pagar el principal y el interés. Es de esperar que el pago suba sin importar que el interés quede igual, porque ahora tengo que pagar el principal y el interés a la vez durante un tiempo menor. Además, en esta opción, el interés puede ser fijo o ajustable.

En el caso de los préstamos que ofrecen la opción de escoger este tipo de pago (se conoce en inglés como *Option* o

Flexible), puedes elegir entre 4 opciones: hacer un pago mínimo, pagar interés, pagar el total (principal+interés) en un periodo de 15 o 30 años. Ya hablamos de los otros, así que concentrémonos en el pago mínimo. Para entenderlo mejor retomemos el caso de los Morales.

Ellos tomaron el combo para pagar un mínimo de 1570 dólares. Prefirieron ésta sobre las opciones de hacer el pago tradicional (principal+interés) por 30 o 15 años y pagar sólo interés. Como querían la casa, el mínimo era el más cómodo para sus posibilidades.

Ese pago no cambiaría durante tres años, siempre y cuando el monto de la deuda no rebasara los 531 mil dólares. Finalizado los tres años se aplicaba el pago tradicional: interés y principal. Como ellos estuvieron pagando el mínimo, el principal subió a poco más de 449 mil dólares (toma nota, subió el principal). Además, se aplicaba la nueva tasa de interés, 7.75 por ciento. En consecuencia el pago, solamente de la hipoteca, ascendía a 3195 dólares. Por eso, el pago mensual subió a más del doble en tres años. Y éste es uno de los riesgos, los otros los vives en el resto de los gastos tras el impacto de tener que pagar mucho más de un momento a otro.

La razón de los pagos muy bajos al comienzo —pueden ser de 1 por ciento—, reside en que sirve para motivar la venta o hacer accesible la compra a quienes tienen un historial crediticio pobre, pues permite al comprador hacer un pago mínimo por una casa más costosa, lo que en otras circunstancias no podría pagar.

Los ARM son considerados más riesgosos que el interés fijo porque no tienes idea de a cuánto ascenderá tu pago futuro. Si los intereses en el mercado se disparan rápidamente, podrías pagar mucho más al realizarse el ajuste.

Si le sumas un interés ajustable con préstamos que sólo te paga el interés o el pago mínimo, el riesgo aumenta aún más.

Una comparación de los cuatro.

Comparemos los cuatro combos desde la perspectiva del pago mensual. Digamos que vamos a financiar 200 mil dólares y queremos saber el efecto en el pago mensual al cabo de 1, 5 y 6 años. Nos ofrecen cuatro opciones:

1. Un 2/28 pagando un mínimo de 2 por ciento durante los primeros 2 años. Después se aplica el pago total de interés más principal. El interés es ajustable.
2. Un 5/1 ARM IO pagando 4 por ciento fijo durante 5 años y, a partir del sexto, se aplica el interés ajustable.
3. Un 3/1 ARM pagando 4 por ciento fijo durante 3 años y a partir del cuarto, interés ajustable.
4. Pago tradicional con una tasa fija de 7 por ciento por 30 años.

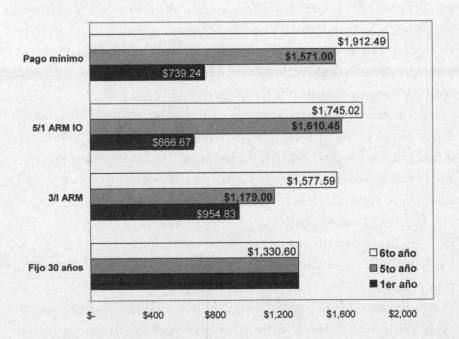

Esta tabla es un ejemplo de las oportunidades y riesgos de cada tipo de financiamiento.

Viendo esta gráfica recuerdo lo que dijo el filósofo medieval William Ockham: "cuando te enfrentes con muchas posibles soluciones a un problema, escoge la más simple".

El préstamo hipotecario de tasa fija a 15 años es la más simple y mejor opción para la mayoría de nosotros, seguido por la de 30 años a tasa fija. Un comentario sobre los préstamos *balloon*. Como la palabra lo dice, el préstamo es como un globo. Comienza delgado al principio hasta que llega un punto en que se infla. Este tipo de préstamo es así: comienza con un pago fijo durante un periodo determinado hasta que llega a un punto en el que se debe pagar el préstamo total. Es similar al préstamo de tasa fija, en el cual se calcula al pagar la deuda durante un periodo definido, pero la diferencia es que al cabo de 5 o 7 años, el contrato exige que se pague el monto que quede de la deuda. En ese momento, el que tiene el préstamo debe pagar el resto de la deuda o intentar refinanciarla.

Retomemos el ejemplo de los 200 mil dólares con interés de 7 por ciento fijo y un pago de 1 330.60 dólares. Digamos que tengo un contrato *balloon*. Estaría pagando la misma cantidad mensual, pero mi contrato exige que al cabo de 7 años pague el monto total de la deuda. En este caso, al cabo de 7 años, debo pagar el dinero que adeudo, es decir, los 182 295 dólares o tendré que refinanciar esa deuda si quiero seguir en la casa.

Los costos

Es cierto que la compra de una casa da beneficios no monetarios como la privacidad, la posesión, el bienestar por pertenecer a un lugar, entre otros. Pero también debemos pensarla como inversión. Aunque disfrutemos del "Hogar dulce hogar", queremos que nuestro capital neto diga "Valor dulce valor".

En la propiedad podemos generar valor de dos formas: aumento del valor de la propiedad e ingreso por renta. Puede ser uno, otro o ambos.

Pero hay que considerar los costos. No vamos a comprar una propiedad para rentarla en mil dólares si nos cuesta 1,500 o si su valor no aumenta. Si ni la renta ni el valor nos benefician y no tenemos la suerte de vivir en una bonanza de bienes raíces para vender la propiedad con una ganancia, concluiremos que no es buen negocio.

Los costos son una pieza clave. Básicamente podemos resumirlos en cuatro:

- Impuestos y seguros
- Financiamiento (el interés que se paga por el uso del dinero; lo cubrimos arriba)
- Transacción
- Mantenimiento

Impuestos y seguros

Hay dos tipos de impuestos sobre la propiedad: el general (le llaman *ad valorem* porque es sobre el valor de la propiedad) y los especiales (mejoras como pavimentar la carretera, aumentar la iluminación, etcétera). Ambos se cargan sobre la propiedad.

El impuesto sobre el valor puede variar desde 0.50 hasta más de 2 por ciento sobre el valor de la propiedad, de acuerdo con el municipio y la tasa de impuestos. Lo mucho o poco que pagues, depende del valor dado a la propiedad por el municipio. Aunque cada municipio tiene su propio método, generalmente se basan en el valor del mercado. También depende de si se grava sobre el valor total o sobre una parte y de si el dueño tiene derecho a una exención. Digamos que el valor de la casa es 100 mil dólares, se da una exención de 25 mil y la tasa es 2 por ciento, entonces lo que pagarías en impuestos al año sería 1 500 dólares.

El problema surge cuando las municipalidades hacen una revaloración de la propiedad para recalcular los impuestos. En el caso de los Morales, hicieron un revaloración de la propiedad durante el periodo de bonanza y aplicaron un valor más alto y subieron la tasa.

A veces los pagos del préstamo hipotecario incluyen el impuesto a la propiedad y el seguro. Si esto ocurre, el pago se divide en cuatro partes: *1)* el principal, *2)* los intereses, *3)* los impuestos a la propiedad y *4)* el seguro. La parte de seguro e impuesto va a una cuenta que se llama *escrow account*, la cual acumula el pago durante el periodo del préstamo.

En el caso de los seguros hay dos posibilidades: el de la propiedad y el privado (PMI). Explico la diferencia. El de la propiedad protege al dueño en caso de pérdida por fuego u otro peligro que haga perder el valor de la propiedad. Si estás financiando, el prestamista requiere tener un seguro porque quieren proteger el colateral de la deuda.

Ahora, tú puedes escoger a la compañía de seguros que quieras y bajar los costos. Vale la pena comparar porque las compañías usan diferentes modelos de medición. Esto hace que haya distintos precios. Por supuesto que al comparar precios, debes consultar compañías de alta reputación que tengan las reservas para pagar en caso de desastres.

Otra forma de bajar los costos es adquiriendo el deducible más alto que se te permita. Como la idea es estar protegido ante las pérdidas grandes, los gastos pequeños debes asumirlos tú. Entre más bajo el deducible, más alto el costo del seguro.

Como regla general, el costo de un seguro puede variar entre 0.25 a .50 por ciento del valor de la propiedad en el mercado.

El otro seguro es el famoso PMI. Éste lo requieren los prestamistas cuando damos como pago de entrada menos de 20 por ciento del valor total. ¿La razón? Proteger al prestamista en caso de que no paguemos el préstamo. La pérdida puede ser mayor para ellos si el pago que damos de entrada es menor.

Digamos que quieres comprar una casa de 200 mil dólares. Si no tienes 40 mil para el pago de entrada, debes pagar una cobertura para proteger al prestamista en caso de que no pagues. Si no pagas, la compañía de seguros les paga a ellos una parte, el resto lo recuperan con la venta de la casa.

¿Cuánto cobran? Depende del tipo de préstamo, tiempo, monto y cantidad que das como pago de entrada. En un préstamo con interés ajustable pagas más que en uno de tasa fija. El porcentaje puede estar entre 0.19 y 1.21 sobre el monto del préstamo. En promedio, el pago anual puede estar entre 240 y 1 200 dólares al año.

Ten en mente lo siguiente:

- Si pagas menos de entrada, más alto es el pago de seguro.

- El seguro es más caro en una hipoteca de interés ajustable que en una de interés fijo.

- Estás pagando una prima para que el prestamista te preste dinero con menos pago de entrada.

- El seguro se paga hasta un límite. Después del mismo no debes continuar el pago del seguro

Este último punto es importante porque cuando el monto del préstamo llega al 80 por ciento del valor de la propiedad, se cancela la cobertura de seguro. También se cancela cuando el valor de la propiedad aumenta y tienes de capital *(equity)* 20 por ciento o más. Aunque el balance del préstamo se haya reducido al 78 por ciento del valor de la propiedad al tiempo que se hizo el préstamo y el seguro se cancele automáticamente, es importante que estés pendiente y que al llegar a 80 por ciento, pidas la cancelación del seguro.

Hay unas excepciones a esta regla: que tengas un segundo préstamo para la casa, que el valor de la propiedad haya disminuido y que te hayas atrasado en los pagos. También en préstamos con mayor riesgo puedes seguir pagando incluso hasta el 50 por ciento.

En este no nos conviene un deducible alto o ni podemos comparar precios como en el seguro de propiedad. Aquí quien compra es el prestamista y es quien elige compañía.

Para evitar el pago de este seguro (PMI) algunos sugieren hacer un "80-10-10": financiar el 80 por ciento del préstamo y el otro 20 dividirlo entre el efectivo del pago de entrada y un segundo préstamo.

Digamos que para una propiedad de 100 mil dólares, darías 10 por ciento de pago de entrada (10 mil), financiarías 80 mil dólares (80 por ciento) y los otros 10 mil dólares los obtendrías de una segunda hipoteca.

Hay otras combinaciones como "80-5-15", "80-0-20". En todas se asume que el costo del pago de interés por el segundo préstamo más los gastos de cierre, es menor que el costo del seguro privado. Pero como dicen, el diablo está en el detalle. No olvidemos que el PMI no es para siempre, que los segundos préstamos tienen un periodo de 10 a 20 años y que falta considerar los costos de la segunda hipoteca.

Costo de transacción

Aquí entran los costos por la compra de la propiedad. Los cargos varían de acuerdo con el estado, la zona y la transacción en particular. Algunos costos corren por cuenta del comprador y otros por cuenta del que vende, pero las costumbres locales varían y es posible encontrar un contrato en el que el vendedor pague algunos o todos los costos de cierre de la transacción.

Algunos gastos que vale la pena nombrar son los siguientes:

Comisión por venta/del corredor. Es la cantidad total en dólares de la comisión que recibe el corredor de bienes raíces por vender la casa, generalmente la paga el vendedor. Esta comisión suele ser un porcentaje del precio de venta de la casa.

Los honorarios del abogado. Estos gastos pueden incluir los honorarios por la preparación de los documentos, revisión de los papeles o por la representación de las partes en el cierre.

Gastos de registro. Estos se generan por registro del título, affidávit, transferencia, entre otros. Algunos los paga el vendedor y otros el comprador.

Transferencia de impuestos. Son los sellos y otros documentos que exigen las municipalidades. Algunas exigen impuestos por transferencia del título.

Honorarios por el préstamo. Son los gastos por originar el préstamo. En algunos casos, el prestamista puede requerir el pago de una penalización por pagar el préstamo antes de lo estipulado.

Reserva de impuestos *(escrow account)* **y de seguro.** La mayoría de los prestamistas exige que el comprador provea fondos para pagar futuros impuestos de la propiedad y futuras primas. Generalmente, se paga un año de prima de seguro por adelantado.

Honorarios por tasación: El que haya ordenado el servicio de un tasador lo debe pagar. Generalmente es el comprador quien paga y el prestamista quien lo requiere.

Tipo de costo	Estimado
Cargo por aplicación (*Application fee*)	75 a 300 dólares, incluye costo del reporte de crédito de cada aplicante
Por originar el préstamo (*Loan origination fee*)	1% a 1.5% de la cantidad del préstamo
Puntos (*Points*)	0% a 3% de la cantidad del préstamo
Tasación (*Appraisal fee*)	300 a 700 dólares
Inspección de la entidad crediticia (*Lender-required home inspection fees*)	175 a 350 dólares
Interés prepagado (*Prepaid interest*)	Dependiendo de la cantidad del préstamo, la tasa de interés, y el número de días que deba ser pagado (un préstamo de $120 000 al 6% por 15 días, alrededor de $300; un préstamo $142 500 a un 6% por 15 días, alrededor de $356)
Seguro privado (*Mortgage Insurance or PMI*)	Entre 0.5% y 1.5%
Seguro de dueño (*Homeowner's insurance*)	300 a mil dólares dependiendo del valor de la casa y la cantidad de cobertura, pero puedes estimar el costo entre 3.5 dólares por cada mil del precio de compra.

Tipo de costo	Estimado
Seguro por inundaciones (*Flood determination fee*)	*Éste no es el costo del seguro por inundaciones. De $15 para $50 es el cargo para averiguar si la propiedad está en un área amenazada por inundación. De requerir un seguro, el costo puede variar entre 350 y 2 800 dólares de acuerdo con la ubicación y valor de la propiedad.*
Survey costs	*Costo estimado: 150 a 400 dólares*

Hay dos puntos importantes que se deben tomar en cuenta: cuando compramos casa, estamos comprando la propiedad y el préstamo. Aquí posiblemente entra el costo que pagamos a un agente de bienes raíces *(real estate broker)* y originadores de préstamos *(mortgage brokers)*. No son lo mismo y cobran distinto.

El primero tiene el permiso de comprar, vender, intercambiar o alquilar una propiedad en representación de otros a cambio de recibir un pago. Este pago puede ser una comisión por la venta de la casa, el alquiler o puede cobrar su servicio por hora.

La comisión varía entre 5 y 8 por ciento del valor de la propiedad. Digamos que si la propiedad se vende en 200 mil dólares, ellos pueden ganar entre 10 mil y 16 mil dólares. Otros pueden cobrar, por ejemplo, 50 dólares la hora por 100 horas de trabajo, es decir, 5 mil. La diferencia es que el pago de la comisión se realiza cuando se cierra la venta y el pago por hora, se paga se realice o no la venta.

Es mucho dinero y por eso debemos saber bien lo que se paga. Los precios son negociables (no están escritos en piedras). Si se usa el servicio, el precio se puede negociar.

En el caso de los originadores de préstamos entran dos: el oficial de préstamos *(loan officer)* y el agente de préstamos hipo-

tecarios *(mortgage broker)*. El primero es empleado de un prestamista, mientras el segundo, es un trabajador independiente que
ofrece préstamos de distintas compañías. Ambos ganan una comisión por vender los préstamos. Ésta puede rondar entre 0.5 y
4 por ciento. El formato puede ser: paga el comprador, paga el
prestamista o pagan ambos.

En el caso del comprador se establece en puntos. Cada punto representa 1 por ciento sobre el valor del préstamo. Puede
ser desde 0 a 1.5 por ciento. Por ejemplo, si cobran 1.5 puntos
por un préstamo de 100 mil estarían ganando 1 500 dólares.

Que no se confundan estos con los puntos que cargan los
prestamistas cuando uno quiere pagar menos por interés. Este
punto se suma al incluido por el prestamista en caso de que el
comprador lo decida.

Ambos (el *loan officer* y el *mortgage broker*) también pueden
recibir compensación por parte del prestamista. Es lo que se
conoce como *Yield Spread Premim* (YSP). El YSP es una compensación por parte del prestamista cuando se vende el préstamo a
una tasa mayor que la del interés par. Un ejemplo.

Digamos que tienes excelente crédito, la tasa de interés par
sería 6 por ciento fijo por 30 años. Pero también hay un préstamo de 6.5 por ciento que si el vendedor lo ofrece y vende, la
compañía le paga 1.5 puntos por cerrar el negocio a la tasa de
interés mayor. En un préstamo de 200 mil dólares suman 3 mil
con la tasa de interés del 6.5. En este caso hipotético, esto representaría un negocio de 23 400 dólares más para el prestamista y
un costo para ti que adquieres el préstamo.

Es posible que pagues por las dos compensaciones. En forma de puntos y de tasa de interés mayor. El problema es que
este tipo de incentivo motiva a que te carguen una tasa mayor
cuando podrías calificar por una menor. No temas preguntar
cómo serán compensados los vendedores con quienes tratas.

Incluso pide que te lo pongan por escrito y compara. Recuerda que entre más costos innecesarios, más cara la transacción y menos capital acumulado.

Costos de mantenimiento

Además de los costos mencionados, debes considerar los de mantenimiento y los gastos de operación antes de comprar la propiedad. Los costos de mantenimiento incluyen, entre otros, pintura, reparación mecánica, mantenimiento y problemas de tubería. En el caso de los gastos de operación debes considerar los de utilidad como agua, gas y electricidad. Si es un apartamento, puede tener gastos mensuales de mantenimiento general.

Por la ubicación y el área geográfica, los climas deben tenerse en cuenta. Si vives en un área de huracanes o donde las cuatro estaciones son intensas, debes tomar en cuenta los costos que se relacionan con los fenómenos naturales.

Para los dueños

Una vez en posesión de la propiedad, muchos quieren usar el patrimonio acumulado y otros quieren venderla para obtener beneficios tras la revaluación para comprar algo mejor. Antes de tomar una decisión, es importante que sepas sobre:

- Refinanciamiento.
- Línea de crédito.
- Penalización por pago prematuro.

Refinanciamiento

Hay varias razones para querer refinanciar el préstamo hipotecario que uno tiene. Las más comunes son:

- Cambiar de una hipoteca de interés ajustable a una fijo.
- Bajar el pago mensual.
- Obtener efectivo del "*equity*" de la casa.
- Eliminar el seguro privado de hipoteca.
- Cambiar la hipoteca para adquirir un préstamo de opciones.

Sea la razón que se argumente, el refinanciamiento puede o no convenirte. Las razones listadas van desde las decisiones por las que uno se felicita y no se arrepiente hasta las que realmente considera que nunca debieron tomarse. Especialmente la última.

Uno de los argumentos más usadas para refinanciar, se presenta cuando hay una baja en el interés. Pero ésta no necesariamente se traduce en refinanciamiento.

La lógica es que si el interés baja, el pago mensual debería disminuir creando un ahorro. En un mundo donde el refinanciamiento fuera gratis y el interés fuera menor, sería buen negocio refinanciar sin tener que darle muchas vueltas en la cabeza.

Pero la realidad no es así. Determinar si conviene o no refinanciar cuando los intereses de los préstamos hipotecarios están más bajos, demanda quemar más neuronas financieras.

Veamos un ejemplo. Digamos que debo 90 mil dólares por un préstamo con interés fijo de 6.75 por ciento. Me faltan cerca de 15 años de pagos de 774 dólares al mes, entre interés y principal. Me ofrecen refinanciar con interés fijo de 5.25 por 30 años, con lo que pagaría mensualmente 497 dólares. ¿Me aconsejarías tomarlo? Si me dejo llevar por la diferencia en el pago mensual sí, porque me estaría ahorrando 307 dólares al mes y no es una cantidad despreciable. Pero si por tener el beneficio del interés fijo de 5.25 tengo el costo de 3 300 dólares entre puntos y gastos de cierre, ¿lo debería tomar? Depende de si estaré en la propiedad el tiempo suficiente para que el ahorro en interés sobrepase el costo de refinanciamiento en el futuro.

Si me quedo en la propiedad 15 años, me convendría continuar con la hipoteca actual porque terminaría de pagar la deuda de 90 mil dólares en ese lapso, mientras que con la nueva, me quedaría por pagar cerca de 62 mil en el doble de tiempo. Cierto que en interés y principal ahorraría con el nuevo préstamo, pero cuando comparo el beneficio de uno con el otro, salgo mejor con la hipoteca original.

Tiene una lógica económica. Por un lado, tienes el costo del préstamo original donde se está pagando un interés más alto. Por el otro, tienes los costos del potencial nuevo préstamo hipotecario. Ambos costos se comparan durante el periodo que cubre, es decir, a futuro para ver cuál es el valor final. El de menor costo es el elegido. A esto hay que sumarle otro costo: la pérdida de interés. Sólo pregúntate: ¿qué pasa si en vez de poner los 3 300 dólares para pagar el costo por el nuevo préstamo, los ahorras en una cuenta que genere un rendimiento, antes o después de calcular los impuestos? O ¿si la diferencia entre el nuevo pago mensual y el viejo también se ahorran? Es una oportunidad que debe considerarse.

El otro factor que debe tenerse en cuenta es el tiempo. ¿Qué pasa si decido refinanciar no a 30 pero sí a 15 años? En este caso salgo mejor si refinancio.

También habría que tomar en consideración el incremento (disminución) en el valor de la propiedad, la tasa impositiva de la persona y si el costo de refinanciamiento se paga en efectivo o también se financia. Cierto que hay programas donde el costo de refinanciamiento es bajo e incluso inexistente, pero la tasa de interés es mayor.

El análisis económico no debe ser la única razón para refinanciar un préstamo hipotecario. Hay otras razones de peso que no justificarían un refinanciamiento. No olvidemos que refinanciar es una transacción donde existe una obligación (el préstamo actual), se paga y se reemplaza por una nueva obligación (nuevo préstamo). Esto es clave porque el cambio de un acuerdo por otro hace que el viejo desaparezca. Es cierto que la nueva tasa de interés entra dentro del cambio (asumiendo que es menor), pero también lo es que las cláusulas del viejo contrato son sustituidas por el nuevo. ¿Conocemos lo que está en el viejo para decidir que el nuevo acuerdo es mejor?

Muchos no notan que cuando refinancian cancelan un contrato, que aunque cobraba más interés era menos riesgoso que el nuevo. Por ejemplo, los préstamos con opción ARM sólo se enfocan en bajar el pago mensual, pero conllevan más riesgos.

En este tipo de estimaciones usamos supuestos y cada caso es distinto. Pero recuerda: "el diablo está en el detalle". La idea es que tengas en mente los ajustes que conlleva tomar una decisión comercial como refinanciar y que uses estas herramientas de análisis como lo hacen quienes te otorgan un préstamo.

¿Qué sucede si te das cuenta de que no era lo que querías? Por ley federal (*Truth in Lending Act*) si refinanciaste tu primera propiedad o sacaste un préstamo personal con la propiedad como respaldo con un prestamista que no sea el actual, puedes cancelar el acuerdo por escrito 3 días después del cierre. En otras palabras, tienes tres días, un periodo de enfriamiento, para valorar si hiciste lo correcto. Aprovecha este periodo para revisar y revisar el contrato, incluso con un abogado si es que no lo hiciste al comienzo como debería ser.

Si te das cuenta de que el prestamista no te dio toda la información necesaria, como los documentos escritos que por ley deben ser entregados, tu periodo para revocar el contrato se amplía a tres. Ésta es una forma de protegerte en caso de abuso.

HELOC: lo que debes saber

Desde aquellos que necesitan cubrir otras deudas que pesan en sus estados financieros hasta quienes quieren aprovechar una oportunidad o incluso quienes por mala fortuna han tenido que usar los fondos para cubrir una enfermedad, enfrentar un despido o recuperarse de un accidente, ven en la casa el "cochinito de cemento". Cuando alguien nos dice que hay dinero en la casa y que se puede sacar, uno puede verse tentado a hacerlo. Y sin darle muchas vueltas en la cabeza, vemos una opción tentadora en forma de línea de crédito (HELOC por sus siglas en inglés).

La línea de crédito sobre la casa (HELOC) es una forma de crédito rotativo, como las tarjetas, en el cual la casa funciona como colateral. A modo de ejemplo, digamos que el valor de mi propiedad es 200 mil dólares y que el banco me presta sobre 85 por ciento del valor tasado de la propiedad y aún debo 100 mil dólares del préstamo. Esto significa que mi crédito potencial sería de 70 mil, es decir, tendría un límite de crédito de 70 mil dólares.

No se debe confundir la *línea de crédito* sobre el *equity* con un *préstamo* sobre el *equity*. El préstamo con garantía hipotecaria, en inglés *home equity loan*, es un préstamo que se da en una sola cantidad y que pagarse en un periodo determinado, generalmente con una tasa fija y los mismos pagos cada mes. Un elemento clave de diferenciación es que una vez que sacaste el dinero, no puedes sacar más del préstamo. Por eso es una cantidad única que en inglés se llama *lump sum*.

Contrario al préstamo con garantía hipotecaria, la línea de crédito sobre tu casa (HELOC) funciona como una tarjeta de crédito: te permite usar cierta cantidad de dinero durante la vida del mismo y hasta el límite determinado por el prestamista. O sea, puedes usar el 20, 30, 50 o hasta 100 por ciento del límite que tengas disponible.

Pero tiene un costo. El costo por tasar la propiedad, el de aplicación, los de de cierre, los puntos y uno que otro *fee* que hay por ahí (siempre aparece uno). Claro que algunos costos no se aplican pero es posible que apliquen para algunos casos de acuerdo con los criterios que exige cada prestamista cuando otorga la línea de crédito.

Mucha gente cuando sale a comprar un HELOC se fija sólo en el interés. Pero lo que varía entre un prestamista y otro es el margen. Ahí debe estar el énfasis de la búsqueda cuando compares precios.

Me explico. El HELOC utiliza un interés ajustable. Te pueden ofrecer un interés fijo al principio, pero dura poco tiempo. Puedes encontrar ofertas en las que después de un periodo, te permitan fijar el interés. Pero siempre habrá interés ajustable.

El interés ajustable se compone de un índice y un margen. El primero cambia porque sigue un interés que varía (el más popular es el índice *prime rate* reportado por el *Wall Street Journal*). El segundo es una prima *(premium)* que se paga por el riesgo y costo que asume el prestamista. Éste se queda fijo.

El índice y el margen son como una lancha en el mar. La lancha sube y baja con el vaivén del agua. Si la marea sube, también la lancha y viceversa. La lancha es el margen y el mar es el índice.

Es la lancha el punto de comparación cuando salimos a comprar. Digamos a modo de ejemplo que el margen es 4.0 por ciento y el índice es 4.5 por ciento, quiere decir que el interés es de 8.5 por ciento.

Digamos que al mes siguiente, el índice sube a 0.5 por ciento y en consecuencia el interés subirá a 9 por ciento. El índice cambia, pero no el margen. Y teniendo un margen más bajo, el interés es menor cuando el índice cambia.

Por eso, lo importante es comparar el margen, no el interés, cuando estás de *shopping* buscando un HELOC. Ten en mente que el margen está condicionado por el historial de crédito, el puntaje de crédito, el nivel de deuda, la proporción del monto que debes de la hipoteca en comparación con el valor de la propiedad, entre otros factores.

También es importante saber si el banco exige que se saque un mínimo en determinado tiempo. Muchas veces se nos sugiere contar con una línea de crédito "aunque no la necesitemos", pero no se nos dice que hay un mínimo de dinero que debemos retirar en un periodo determinado.

Si vas de compras, aquí tienes una lista de las cosas que debes comparar: *1)* Periodo y tasa introductoria, *2)* margen (importante), *3)* cantidad mínima que debes retirar, *4)* balance promedio requerido, *5)* *fee* al comienzo del HELOC, *6)* *fee* anual, *7)* *fee* de cancelación.

Algunos sugieren que tengamos una línea de crédito por si las moscas o que saquemos dinero para pagar las deudas de las tarjetas de crédito para "consolidar en un solo pago".

¿Sugerencia? Si es sólo por el hecho de tener el HELOC "por si las moscas" mi opinión es que revises esa posición con más detenimiento.

Existe la posibilidad de que al incrementar el límite de crédito en tus finanzas personales, abras las puertas a un aumento significativo en las deudas. Especialmente si tienes un nivel de deuda bajo.

Hay estudios que señalan que existe una fuerte relación entre la disminución en el interés y el aumento en el límite de crédito, lo que a la vez aumenta el nivel total de deuda.

La preocupación reside en que el incremento de deuda suceda por la adquisición de cosas no productivas o innecesarias que al final afectarán tu acceso al crédito para cuando realmente lo necesites (como ante una enfermedad o una oportunidad de negocio, por ejemplo).

Además, existe la posibilidad de que afectes tus activos como fuente de ingreso para el futuro, por ejemplo, para el retiro.

Estas son algunas razones por las que es importante que determines el objetivo del HELOC. Ya sabes que tienes patrimonio en la casa y está ahí; sabes que existen los mecanismos financieros a tu alcance, como el HELOC, que te permiten acceder a esos fondos. Pero primero determina el objetivo y analiza los beneficios y limitaciones.

¿Y sobre consolidar? Cuando utilizas el patrimonio de tu casa para pagar tus cuentas, estás consolidando los pagos mensuales de tus tarjetas de crédito, pero no estás atacando el problema de raíz: las deudas.

El zorro pierde el pelo, pero no la manía. Cuando usamos el patrimonio de la casa juramos no usar el balance de las tarjetas de crédito nuevamente. La realidad en todo esto, es que le ponemos una curita al problema y no cambiamos los hábitos de gastar. No aprendemos a manejar las finanzas adecuadamente, no tenemos ahorro, y en consecuencia, en cualquier momento resucitamos el plástico y el ciclo comienza nuevamente.

Y recuerda algo, si tienes dificultades financieras, las compañías de tarjetas de crédito no pueden ir contra la propiedad si las deudas no están aseguradas. Pero en un préstamo sobre tu casa estás asegurando la deuda con tu propiedad y si por alguna razón no pudieras hacer los pagos, estarías en riesgo de quedar en la calle con tu familia.

Penalización por pago prematuro

Digamos que recibiste una suma de dinero y quieres pagar la casa en su totalidad. Antes de hacerlo, es bueno que revises el acuerdo para ver si te cobran una penalización por hacerlo.

En el pagaré debe existir una cláusula de prepago *(prepayment clause)* que especifica las reglas de juego acordadas con el prestamista en caso de que decidas pagar parte o el total de la deuda. En ella, es posible que se describa como pago específico *(flat fee)*, un porcentaje del balance total (por ejemplo: 1 por ciento de balance) o "x" cantidad de tantos meses de interés.

Muchos que compraron casa especulando que la venderían a un precio mayor en un periodo corto, se encontraron con la sorpresa de que tenían esa cláusula. De la misma manera, hubo quienes compraron con un préstamo nada conveniente para ellos y al tratar de refinanciar con un préstamo mejor (por ejemplo, de un alto ARM ajustable a uno fijo), también se llevaban la sorpresa de que tenían esa cláusula que les obligaba a pagar por cancelar el pagaré antes de tiempo.

En términos generales, la penalización que pudieras pagar en caso de pagar antes del vencimiento, desaparece con el tiempo, en un periodo de 5, 10 o 15 años…. depende. Por eso, debes saber lo que dice el pagaré.

Digamos que tengo un pagaré hipotecario de 100 mil dólares con un interés de 6 por ciento fijo por 40 años. La penalización por pago adelantado es 1 por ciento y dentro de los primeros 5 años del préstamo. Si decido pagar el balance total del pagaré en el cuarto año, tendría que sacar un cheque de $97 283.55 para cubrir el balance, más 972 dólares por haber pagado antes de los cinco años.

Ahora digamos que al cabo de 20 años decido pagar el monto del pagaré que adeudo al momento. La cantidad a pagar sería $76 799.24. Aquí no aplica el *prepayment penalty* porque ya pasaron los cinco años. Es posible que si pago el préstamo total en una fecha distinta de la del pago regular, pague un interés por los días que falten para llegar al final de mes (en este caso hipotético serían unos 384 dólares), pero no por los 20 años restantes.

Lo que diga el pagaré, es lo que aplica, siempre y cuando esté dentro del marco de la ley.

15
Piensa
en el futuro (retiro)

El caso de Yani y Rosa

Era 1976. El Concord hizo su primer vuelo supersónico comercial, Steve Jobs y Steve Wokniak crearon la compañía Apple Computer y una pequeña compañía llamada Microsoft se incorporaba al mercado.

Yani y Rosa estaban sentadas en el restaurante frente a la escuela de su infancia. Como todos los años, se reunieron para celebrar el cumpleaños de Yani. A sus 30 años, lucía regia, con su camisa de seda Valentino y su sortija de diamante. Yani no perdía su talento para agradar a la gente, siempre estaba sonriente y elegantemente vestida. Era reconocida como la "reina de las relaciones públicas", pues aplicaba todo lo que había aprendido en Suiza. Casada con un ejecutivo de una multinacional, criaba a sus hijos con todos los lujos. La mejor escuela, clubes, además de las clases de francés, piano, arte, esgrima y ballet. Sus fiestas de fin semana eran las más reconocidas en su clase y sus regalos, los más costosos.

Rosa no paraba de reír al escuchar las historias de su amiga sobre ricos y famosos, de sus viajes a Europa y sus gastos extravagantes. Empleada como cajera bancaria, divorciada con una hija, Rosa trabajaba de día y estudiaba por las noches para mejorar sus habilidades bancarias. Apenas tres meses atrás, había podido comprar su primer apartamento de 25 mil dólares en un barrio modesto de la capital.

Exactamente 34 años después, decidieron ir al mismo restaurante, pero esta vez para celebrar los 59 años de Yani. Como en aquel entonces, seguía vistiendo muy elegante con sus camisas de seda. Su sonrisa aún se dibujaba en su rostro, pero había perdido el brillo por los años. Divorciada, vivía en un apartamento rentado que a duras penas podía pagar con las comisiones que recibía por la venta de ropa en una boutique.

Sus días pasaban en la espera de cumplir 62 años para recibir los 950 dólares mensuales del seguro social. Había perdido su propiedad al no poder afrontar los gastos de mantenimiento ni la tercera hipoteca que sacó para redecorarlo. Su conversación estuvo llena de recuerdos sobre los años gloriosos, cuando viajaba a Europa, daba sus fiestas de fin de semana y sobre su soledad actual.

Rosa seguía escuchando con fascinación las historias de su amiga con la misma ingenuidad de aquel noviembre de 1976. Hoy, gerente de sucursal de un banco, había logrado acumular lo suficiente para ir a conocer aquellos lugares que tanto mencionaba Yani. Era dueña de dos propiedades, tenía 150 mil dólares ahorrados en su cuenta de retiro y estaba tomando cursos sobre negocios para montar su consultoría de banca comercial para pequeños negocios. Sus fines de semana los dividía entre su nieto y sus cursos de computación.

Podemos rescatar de los casos de Yani y Rosa varios puntos:

1. Tener una independencia financiera, antes y después del retiro, nos obliga a condicionar el consumo al ingreso, no al revés.
2. Las decisiones sobre los gastos, los ingresos y las inversiones que hagamos desde ahora, impactarán directamente nuestro futuro. O sea, la planificación para el retiro comienza muchos años antes de llegar a él.

¿Por qué es importante ahorrar para el retiro?

En un mundo ideal sería fenomenal que se nos garantizara trabajo de por vida y que nos pagaran eternamente. En este mundo ideal, sería fantástico que al decidir no trabajar más, un benefactor cubriera los costos de nuestro estilo de vida hasta nuestro último aliento. Sería perfecto no tener que preocuparnos por la falta de fondos hoy y mañana.

Está claro que en un realismo mágico todo es posible. Pero el realismo económico nos dice que no es así.

Hay quienes consideran que la responsabilidad de que cada individuo acumule fondos para cubrir la falta de ingreso durante el retiro, debe ser del gobierno. Otros del individuo. Mientras otros hacen un balance entre ambos.

Pero lo cierto es que no podemos darnos el lujo de llegar a la tercera edad con la expectativa de que otros serán los que nos proporcionen dinero. Ésa es la razón del plan de retiro: tener fondos suficientes para cubrir las necesidades en un periodo de nuestras vidas donde sentiremos la falta de deseo por trabajar, ganas de descansar o simplemente sentiremos la presión de la sociedad que exige el espacio para las nuevas generaciones.

Sea cual sea la razón, sabemos que necesitaremos fondos.

¿Cuándo comenzar y cuánto dinero debo ahorrar para el retiro?

No hay duda que Yani no aplicó el principio que planificar para el retiro comienza muchos años antes de llegar a él. Y cuando dicen comenzar temprano es mejor, existe una razón para eso. Veamos un ejemplo.

Te presento a José y María, ambos tienen 30 años de edad, quieren comenzar a ahorrar para retirarse; quieren hacerlo a los 65 años. María quiere ahorrar 2 mil dólares anuales comenzando a los 30 años.

José dice que prefiere comenzar más tarde y que para cubrir el tiempo perdido, pondrá más dinero. Él prefiere comenzar a los 51 años y depositar 5 mil dólares anuales durante un periodo de 14 años. Suponiendo que hoy ambos tienen 65 años de edad y la inversión les genera 8 por ciento de rendimiento promedio anual antes de impuestos y otros costos. ¿Quién tendrá más dinero en la cuenta de retiro?

a)   José porque ahorró más.

b)   María porque comenzó primero.

c)   María porque acumuló más en un periodo más amplio por el interés compuesto.

d)   Ambos tienen la misma cantidad.

La letra "c" es la respuesta correcta. Ambos reciben el mismo rendimiento (8 por ciento), pero María tendría más por la maravilla del interés compuesto.

Esos 8 dólares por cada cien que se reciben en la cuenta se suman a lo que cada uno deposita, haciendo que la cuenta acumule más dinero. Por ejemplo: digamos que los primeros 2 mil dólares que invirtió María, produjeron un 8 por ciento de rendimiento al finalizar el año. María tendría 2 mil dólares más 160 por el pago de la inversión ($2 000 x .08).

Cuando comienza el segundo año, María depositará 2 mil dólares a la cuenta que ya tiene 2 160. El rendimiento al finalizar el segundo año es de 332.80 dólares ($4 160 x .08). Esto muestra que no es lo mismo calcular el 8 por ciento sobre 4 mil dólares que sobre 4 160.

Esto se conoce como interés compuesto. El interés pagado se calcula sobre el principal más el interés ganado. Es como una bola de nieve bajando de una montaña: cada vez se hace más grande porque el interés se suma al principal haciendo que el fondo de inversión aumente con mayor rapidez.

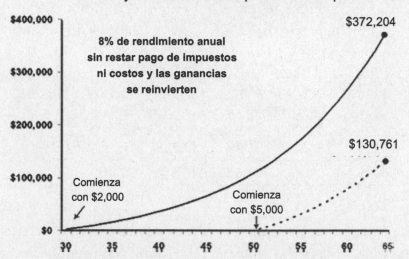

AHORRAR TEMPRANO *VS.* TARDE
La ventaja de comenzar temprano: ahorrar para el retiro

Como vemos en la gráfica, María tendría más dinero ahorrado que José. En la cuenta de retiro tendría 372 204 dólares y

José, 130 761 dólares. A pesar de que José ahorró 2.5 veces más que María, el iniciar antes y utilizar el beneficio del interés compuesto, ayudó a María a acumular más dinero que José.

Está claro que comenzar a temprana edad es mejor pero ¿cuánto?, ¿mil?, ¿500? ¿Cuánto ahorrar? No hay una respuesta absoluta y unánime. Depende del tipo de estudio que leas, unos recomiendan un porcentaje mayor que otros. Intervienen muchas variables para determinar cuál es el número exacto.

La siguiente tabla creada por Ibbotson *et al.* muestra el porcentaje de tu ingreso bruto que debes ahorrar si quieres tener 80 por ciento de tu ingreso actual acumulado para el retiro.

Es importante aclarar que existe la posibilidad de que necesites 100 o sólo 40 por ciento del ingreso actual. Esto tiene consecuencias y alteraría los porcentajes en la tabla. ¿La razón? Si requieres menos del 80 por ciento, estarías ahorrando más de lo necesario y si requieres más de 80 estarías por debajo de lo que necesitas. Además, los costos pueden aumentar y disminuir si existen hijos o propiedad.

Salario antes de impuestos

Edad	$20 000	$40 000	$60 000	$80 000	$100 000	$120 000
25	5.8%	8.2%	10.0%	11.2%		
30	7.0%	10.0%	11.8%	13.6%		
35	8.6%	12.2%	14.6%	16.4%	17.6%	
40	10.2%	14.8%	17.6%	19.8%	21.4%	
45	12.4%	18.0%	21.4%	24.0%	26.2%	29.2%
50	15.0%	22.0%	26.2%	29.8%	32.2%	35.0%
55	18.6%	27.2%	32.6%	36.6%	40.2%	43.6%
60	23.8%	34.4%	41.2%	46.8%	51.4%	55.4%

¿Qué pasa si ya tienes dinero ahorrado? En este caso, por cada 10 mil dólares que tengas acumulados, restas el porcentaje que indica la próxima tabla.

Por cada 10 mil dólares acumulados, resta

Edad	$20000	$40000	$60000	$80000	$100000	$120000
25	1.60%	0.78%	0.55%	0.40%		
30	1.65%	0.79%	0.54%	0.42%		
35	1.75%	0.86%	0.55%	0.43%	0.34%	
40	1.67%	0.86%	0.57%	0.42%	0.35%	
45	1.76%	0.90%	0.59%	0.45%	0.37%	0.310%
50	1.87%	0.97%	0.64%	0.48%	0.39%	0.33%
55	2.11%	1.04%	0.71%	0.53%	0.43%	0.360%
60	2.39%	1.23%	0.81%	0.61%	0.50%	0.410%

Digamos que si mi ingreso es de 40 mil dólares, tengo 35 años y 20 mil dólares ahorrados, mi porcentaje de ahorro sería 10.48%. ¿Por qué? La primera tabla me indica que debo ahorrar 12.2%, pero al tener 20 mil, debo restar 1.72% (segunda tabla donde multipliqué 0.86% por 2).

¿Cuáles son las fuentes de ingreso para el retiro?

Sabiendo la importancia del retiro y estimando la cantidad de dinero que se puede comenzar a ahorrar, la pregunta que cae del árbol es: ¿dónde depositamos el dinero? Primero sepamos las fuentes dc donde provendrá el dinero para nuestro retiro. Después, entendamos el efecto que tienen los impuestos en la estrategia de nuestro plan de retiro. La parte de inversiones, hacer que el dinero genere más dinero, la dejamos para el capítulo siguiente.

Las tres fuentes principales de ingreso para el retiro son el seguro social, los planes de retiro con beneficio de impuestos y las inversiones personales. Estos tres componentes son los caballos de batalla de muchos retirados.

FUENTES DE INGRESO PARA EL RETIRO

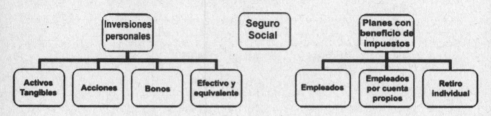

En general, entre 30 y 50 por ciento del ingreso de un retirado promedio, proviene de la asistencia gubernamental (ejemplo, el seguro social), mientras que entre 50 y 70 por ciento procede de los programas de pensiones y el ingreso generado por inversiones. Claro está que estos números varían de acuerdo con el nivel de ingreso de la persona y los activos acumulados durante la fase de ahorro.

Una persona con nivel de ingreso mayor, tiende a acumular más y depender menos del ingreso de los programas de gobierno y viceversa.

Hay otras fuentes como el capital acumulado en una propiedad inmueble la renta de otra propiedad o la inversión en artículos de lujo con valor comercial. Pero para la mayoría de nosotros el seguro social, los planes de pensiones, el ingreso por ahorros y la ganancia de inversiones son las fuentes de mayor ingreso.

Seguro social

Provee beneficios en el retiro para el trabajador, esposo (a) e incluso para divorciados. Los beneficios básicos del seguro social incluyen: *1)* beneficios para los retirados, cuando llegan a los 65 años (o 67 si se retiran después del año 2000, para recibir el beneficio total). Aquellos que desean retirarse antes —a los 62 años— recibirán beneficios reducidos; *2)* beneficio del cónyuge o beneficiario (si el trabajador muere, la esposa puede recibir el seguro social), *3)* incapacidad, *4) medicare*, que es el programa de salud nacional.

El dinero proviene de los impuestos obligatorios sobre nómina (en inglés se conoce como "FICA" por *Federal Insurance Contribution Act)*. La tasa impositiva para el 2008 es 15.30 por ciento (12.40 por ciento para el seguro social y 2.90 para el *Medicare)*. Este 15.3 por ciento se divide entre el empleador y el empleado, cada uno paga 7.6 por ciento. En caso de ser un empleado por cuenta propia *(self-employee)* debes pagar el total, 15.30 por ciento, o sea, todo.

La tasa se aplica hasta que el empleado llega al salario máximo estipulado por ley (que incrementa cada año). Para el año 2008 el impuesto del seguro social se paga sobre los primeros 102 mil dólares ingresados por el empleado. El empleado por cuenta propia paga dos veces porque paga como empleador y como empleado. En el caso del *Medicare* no hay límite de ingreso.

La pregunta del millón: ¿cuánto se recibe de seguro social? La cantidad de dinero depende de muchos factores entre ellos tu ingreso, cuánto hayas aportado y si decides tomar el retiro antes de los 67 años.

Digamos que tres personas se piensan retirar hoy a los 67 años, todos contribuyeron al seguro social; los tres asumen que necesitarán 80 por ciento de su ingreso actual. La única diferencia son sus salarios actuales.

RELACIÓN DEL INGRESO Y CANTIDAD QUE SE RECIBE DEL SEGURO SOCIAL			
	A	B	C
Sueldo actual	$40 000	$120 000	$500 000
Seguro social que recibirán a los 67 años	15 756	28 980	30 084
Ingreso necesario para vivir en el retiro (80% del sueldo actual)	32 000	96 000	400 000
¿Cuánto es el Seguro social del total de ingreso necesario?	49%	30%	8%
Fuente: Estimaciones según datos del 2007 de la Administración del Seguro Social			

Hay algo claro: el que gana más recibe más, pero no porque el sueldo sea más alto, el beneficio seguirá incrementado. Hay un tope como lo muestra la diferencia en el ejemplo entre el que gana 120 mil y el que gana 500 mil dólares.

Otro hecho claro: entre mayor sea el ingreso, menor importancia tiene el seguro, el porcentaje disminuye. Entre más alto es el ingreso, menos gastos se cubren con el seguro social. Esto obliga a valorar otras fuentes para el retiro.

Otras razones que hacen variar el pago del seguro social son el estado civil: divorciado, casado, viudo; si tienes hijos menores o estás incapacitado.

PROMEDIO MENSUAL ESTIMADO POR BENEFICIO DEL SEGURO SOCIAL (2007)	Beneficio estimado
Promedio de trabajador retirado	$ 1 044
Pareja retirada, ambos recibiendo beneficio	1 713
Viuda, madre con dos hijos	2 167
Viuda (o) retirada (o) con dos hijos	1 008
Trabajador incapacitado, esposa y uno o más hijos	1 646
Todos los trabajadores incapacitados	979
Fuente: Administración del Seguro Social	

En conclusión, si quieres tener una vida financiera con independencia, debes considerar el seguro social como un complemento de las tres fuentes y no como la única.

Inversiones personales

Se integran con los activos que producen dinero, pero que no están dentro de un plan con beneficios impositivos. Como veremos en el capítulo de inversiones, aquí entran acciones, bonos, efectivo o instrumentos similares al efectivo, entre otros.

¿Cuánto se recibe? Depende de cuánto se acumula. Entre más dinero se ahorra y se invierte, es probable tener más dinero disponible para el retiro. Aquí no hay una fórmula mágica, sólo lo que guardaste.

Planes de retiro

Para comprender la importancia de las cuentas de retiro hay que entender la relación entre ahorro, inversión e impuestos.

Usemos un ejemplo: supongamos que todos los años puedes ahorrar de tu salario 2 mil dólares, que lo haces durante 30 años y que esa inversión genera entre interés, dividendo y ganancia de capital 8 por ciento anual.

CÓMO FLUYE EL DINERO EN UNA CUENTA DE RETIRO

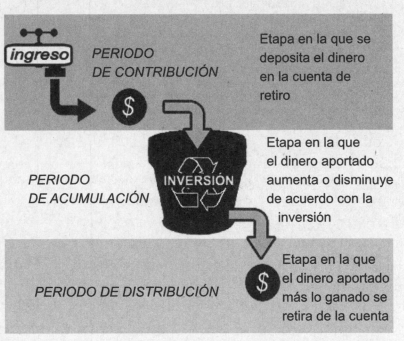

PERIODO DE CONTRIBUCIÓN — Etapa en la que se deposita el dinero en la cuenta de retiro

PERIODO DE ACUMULACIÓN — Etapa en la que el dinero aportado aumenta o disminuye de acuerdo con la inversión

PERIODO DE DISTRIBUCIÓN — Etapa en la que el dinero aportado más lo ganado se retira de la cuenta

Te pregunto: ¿qué pasará con el dinero ahorrado que genera ganancias potenciales?, ¿el gobierno cobra o no cobra cuando pones esos 2 mil en una inversión?; ¿te cobra o no cuando recibes ese supuesto 8 por ciento de promedio anual como ganancia?; ¿te cobra o no cuando sacas el dinero acumulado? La respuesta es: depende dónde pongas el dinero se aplica el impuesto de una u otra forma. Para eso tenemos que entender las etapas del ICAD (impuestos a la contribución, acumulación y distribución) que muestran cómo los impuestos afectan cuando se aporta, se acumula y se distribuye el dinero.

Es necesario saber cuándo debemos pagar impuestos, ¿en todas las etapas o sólo en alguna?

Siguiendo con el ejemplo, hay cuentas en las que el gobierno permite excluir de tus ingresos esos 2 mil dólares al declarar tus impuestos (periodo de contribución). Incluso permite que no pagues impuestos sobre el rendimiento que genere la inversión (periodo de acumulación). Pero te cobrará cuando lo retires de la cuenta (periodo de distribución). Esto sucedería si guardas el dinero en un plan 401(k), 403(b), 457 o IRA tradicional.

En otras cuentas, cuando pones los 2 mil dólares ya pagaste impuestos sobre ellos, pero no pagas impuestos sobre la ganancia generada durante el periodo de acumulación ni tampoco durante el periodo de distribución. Ejemplos de estas cuentas son los planes Roth 401(k) o Roth IRA.

En otras, simplemente pagas impuestos cuando contribuyes (no puedes excluir del ingreso cuando lo reportas en la planilla) y sobre la ganancia. Por ejemplo, una cuenta de cheque, una cuenta de ahorro o una cuenta de inversiones.

Esto es importante porque el beneficio impositivo se adquiere por la cuenta, no por el tipo de inversión. No confundamos la cuenta con el tipo de inversión. La cuenta es una cobertura legal que define cómo se debe establecer, la forma en que se aplicarán los impuestos, entre otros aspectos. El instrumento de inversión (acciones, fondos mutuales, bonos) es el vehículo que se supone generará el rendimiento esperado. Es decir, la cuenta de retiro no genera la ganancia o pérdida de nuestra inversión, sino el instrumento que escogemos para que mantenga o haga crecer nuestra riqueza. Pero, ¿qué diferencia produce poner el dinero antes o después de impuestos? o ¿pagar impuestos antes o después sobre la ganancia?

¿La diferencia? Es mucha. Sigamos con el mismo ejemplo.

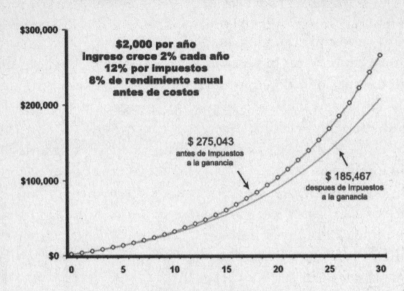

EL BENEFICIO DE DIFERIR EL PAGO DE IMPUESTOS

Supongamos que ahorras 2 mil dólares durante 30 años. Tienes dos opciones de cuenta: una que permite no pagar impuestos sobre la ganancia que te produce la inversión y otra que no te da este beneficio. Ambas cuentas darán un rendimiento promedio anual de 8 por ciento antes de los costos por manejar el dinero. ¿Cuál daría mayor beneficio al cabo de 30 años?

En el caso de la primera cuenta, al cabo de 30 años el beneficio sería de 275 043 dólares, mientras que en la segunda llegaría a 185 467 dólares. La diferencia se debe a que al diferir el pago de impuestos en la contribución y en la ganancia generada en la cuenta, permite que el valor terminal de la cuenta sea mayor como lo muestra la gráfica de arriba.

Por supuesto, si pagaste impuestos sobre los 2 mil dólares anuales que aportaste, pagas dinero cuando lo retiras. Pero en ambos casos, no hay duda de que se tiene más cuando no se paga impuestos durante la acumulación.

Esto muestra que la opción de impuestos diferidos durante la acumulación, no se puede descartar.

¿Qué pasa si además de tener el beneficio de diferir el pago de impuestos durante la acumulación, el empleador también contribuye con dinero a la cuenta?

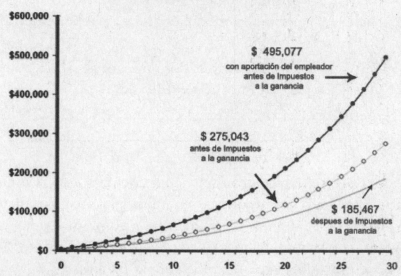

EL BENEFICIO DE DIFERIR EL PAGO DE IMPUESTOS
MÁS LA APORTACIÓN DEL EMPLEADOR

Digamos que el empleador aporta 1600 dólares anuales además de los 2 mil dólares anuales que tú ahorras. Suponiendo que todo permanece, la diferencia es mucho mayor cuando el empleador aporta. La cantidad subiría a 495 077 dólares debido a la aportación del empleador. Este ejemplo muestra que diferir el pago de impuestos trae mayor beneficio. Y si el atraso en el pago de impuestos se suma a las aportaciones que haga el empleador, el beneficio aumenta significativamente.

Planes de retiro conocidos

Entre los planes más conocidos están los siguientes:

- Planes de retiro para empleados como los planes de pensión por beneficio y aquellos por contribución. Algunos de estos son el 401(k), *Roth* 401(k), *Profit-Sharing, Stock Bonus, Money Parchase* y *Employee Stock Ownership*. Los que trabajan en escuelas públicas y privadas, algunos hospitales y organizaciones sin fines de lucro tienen el 403(b). Quienes trabajan en el gobierno federal, estatal y local tienen el TSP y el 457.

- Planes de retiro para empleados por cuenta propia como el *Keogh Plan, SEP IRA* y el *Simple IRA*.

- Cuentas de retiro individual como el *IRA* y el *ROTH IRA*. Son las cuentas de retiro más populares y preferidas.

Cierto, esto parece una sopa de letras complicada. Como he dicho, sucede lo mismo que en una heladería: hay variedad de sabores y colores en los planes definidos por contribución. Las hay para compañías, pequeños empleadores e individuos. Estos varían en el límite de contribución, los beneficios, estructura del plan, distribución, plan de pagos, tratamiento impositivo, entre otros aspectos.

El debate: impuesto a la entrada o a la salida

Pregunta: ¿es mejor pagar impuestos cuando se contribuye para sacar el dinero libre de ellos cuando uno se retira o no pagar impuestos al contribuir y sí al momento de retirarlo? No hay una respuesta correcta. Hay quienes defienden a capa y espada las cuentas que permiten deducir del pago de impuestos cuando se contribuye y quienes defienden con morteros y cañones su posición: pagar los impuestos hasta el retiro.

Pero una sola talla no sirve para todos los tamaños. Hay muchos factores que deben considerarse al seleccionar una cuenta u otra. Entre los más importantes: edad de la persona, tasa marginal de impuestos actuales y futura (aunque sea difícil conocerla con exactitud), necesidad de deducir ingresos, recepción o no de pago del seguro social, tipo de instrumentos y rendimiento potencial de la inversión.

Por ejemplo, suponiendo que se obtiene el mismo rendimiento en la inversión y la tasa impositiva después del retiro es menor que antes del mismo (ejemplo: 28 por ciento antes y 15 por ciento después del retiro), no pagar impuestos cuando se está poniendo el dinero (contribuyendo), sería más conveniente. Y lo contrario aplicaría también. Si se asume que el margen impositivo después del retiro es mayor que antes (ejemplo: 15 antes y 28 por ciento después), contribuir después de impuestos sería más conveniente.

Por eso digo que una sola talla no sirve para todos los tamaños. En algunos casos una es mejor que otra.

¿Cómo se aplica todo esto?

Recapitulemos: sabemos la importancia de ahorrar para el futuro, somos conscientes de que entre más temprano iniciemos mejor conocemos los beneficios de las cuentas libres de impuestos. Pero, ¿cómo se ve el rompecabezas?

La mejor forma de entender todo esto es poniéndolo en un caso. Para eso les presento a Carla Hipotética. Ella tiene 45 años, es soltera sin dependientes y cuenta con un ingreso bruto (antes de impuestos) de 40 mil dólares. Su meta es retirarse a los 67 años. Ella tiene una casa, pero no piensa usar dinero de ella para el retiro.

Vamos a suponer que Carla vivirá hasta los 100 años, no piensa dejar nada de dinero para sus descendientes y para vivir cómodamente necesita 2 353 dólares mensuales. Con esto cubre impuestos, gastos mensuales, médicos y demás necesidades. Debido al monto de su ingreso y a que cumplió con los pagos del seguro social, el gobierno le garantiza un pago mensual de mil dólares. ¿De dónde sale el dinero para cubrir 1 353 dólares restantes? Del ahorro y el rendimiento que genere la inversión.

Me explico: cuando ella cumpla los 67 años, debe tener una cantidad acumulada de la cual retirará dinero mensualmente y esa cantidad debe durarle hasta que cumpla 100 años.

¿Cuánto debe tener cuando comience su retiro a los 67 años? Primero, supongamos que el fondo del que Carla obtendría 1 353 dólares mensuales durante 33 años, va generando rendimientos porque no lo tendrá debajo de la cama. Este rendimiento es de 5.5 por ciento anual bruto. En este caso, Carla necesitaría tener cerca de 331 mil dólares ahorrados cuando comience el retiro.

Sabemos que necesita tener esa cantidad cuando llegue a los 67 años. Ahora bien, ¿cuánto tendría que ahorrar Carla mes con mes para reunir esa cantidad cuando comience el retiro? Si partimos de que mientras ella ahorra mensualmente esa cantidad, el dinero está ganando en promedio 8 por ciento de rendimiento anual libre de impuestos y antes de quitar los costos. De ser así, durante los próximos 22 años y con el fin de llegar a su meta de retirarse a los 67, ella tendría que ahorrar alrededor de 600 dólares mensuales.

¿De donde vendrán esos 600 dólares mensuales? Ella tiene un buen empleador que le ofrece un plan de retiro que le aportaría dinero a su cuenta si ella también aporta. El empleador le dice que si ella contribuye al plan de retiro con 2 mil dólares anuales, él contribuye con 1 600 dólares más anualmente. De esta manera, Carla aportaría mensualmente 166.67 dólares y el empleador, 133.33 dólares. Ya van 300 dólares.

Los 300 dólares restantes que necesita ahorrar los puede invertir mensualmente en el mismo plan, también tiene la opción en un IRA tradicional o considerar el Roth IRA, que aunque no le da el beneficio de la deducción sobre el ingreso, tiene el beneficio de sacar el dinero sin pagar impuestos sobre la ganancia cuando Carla se retire.

ESTIMACIÓN DE PERIODO DE ACUMULACIÓN Y DISTRIBUCIÓN
CASO DE CARLA HIPOTÉTICA

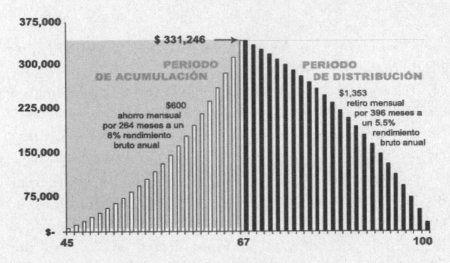

¿El resultado? Lo que ves en la gráfica. Como Carla necesitaría tener 331 246 dólares ahorrados a los 67 años, el ahorro de 600 dólares iría aumentando (más lo que produzca la inversión) para que cuando comience el retiro, pueda obtener mensualmente de la cuenta los 1 353 dólares requeridos y sumarlos al pago del seguro social para cubrir el total de 2 353 dólares que ella estimó serán los ingresos que necesitará para vivir durante el retiro.

Pero surgen muchas preguntas.

- ¿Qué pasa si vive más de 100 años? ¿De dónde saldrán los fondos?

- ¿Qué sucede si el rendimiento promedio de 8 por ciento no llega a ser tal? ¿Y si es menos? ¿o más?

- ¿Y los costos de inversión?

- ¿Qué pasa si paga más de impuesto de lo que había pensado?

- ¿Qué sucede si la inflación es mayor de lo que había programado?

- ¿Y si los costos médicos aumentan?

- ¿Qué escenarios enfrentaré si necesito más y no ahorro lo suficiente? ¿o si mi salario aumenta un 3 por ciento anual?

- ¿Y si hubiera incluido la casa como activo?

Las preguntas siguen… y siguen… y siguen. Estas preguntas son válidas y necesarias. La intención no es "construir Roma en un día". Estas estimaciones no tienen el objetivo de controlar el futuro ni son un fin en sí mismas. Pero si nos hacemos preguntas sobre nuestro retiro y que éstas nacen de un ejercicio similar, seguramente entrará más luz sobre tu futuro financiero. Es la forma de comenzar a ser Rosa y no Yani.

16

Inversiones

¿Cuáles son las dos cosas que debo tener en cuenta sobre las inversiones?
¿Qué debo preguntarme para crear un plan?
¿Cuánto quiero ganar y cuánto estoy dispuesto a perder?
¿En qué clase de activos invierto el dinero? ¿Qué compondrá cada clase de activo?
¿Cuánto pago por el instrumento?
¿Estoy controlando si voy logrando el objetivo? ¿En qué canasta pongo todos los huevos?

El caso de José

Era una época propicia. El boom de las "dot.com". Fue un periodo en el que los inversionistas, los medios de comunicación y la euforia por la "nueva economía", hicieron que muchos se montaran en la montaña rusa de las posibilidades del mercado de capitales.

Los índices bursátiles como el Dow, S&P500 y Nasdaq reportaban incrementos sustanciales. Historias de los nuevos millonarios de la era del "dot. com" eran noticia en los medios de comunicación. Muchos querían ser también parte de la historia y buscaban la compañía que diera un salto y los hiciera millonarios en poco tiempo.

Y José fue uno de esos. A principios del año 2000, el precio de la acción de Oracle (ORCL) era de 47 dólares. Recibió una llamada de su corredor de bolsa aconsejándole que aprovechara la oportunidad que se presentaba. En menos de un año, la acción se había disparado de 21, en abril del 1999, a 118 dólares, en enero del 2000. El argumento del corredor era que si hubiera invertido los 2 millones de dólares, que hasta ese momento tenía depositados en una cuenta de Money Market (cuasi-efectivo), cuando la acción costaba 21 dólares y la hubiera vendido a 118 dólares, en un periodo de nueve meses, los 2 millones se hubieran convertido en más de 11 millones.

José no podía creer la oportunidad que se había perdido. Estaba determinado a no dejarla pasar otra vez. De los 2 millones de dólares sacó 500 mil para construir su nueva casa. Con el restante, compró 30 495 acciones comunes de Oracle (pagó aproximadamente 5 776 dólares por comisión de venta), creando un portafolio de 1 494 200 dólares.

Al principio, todo iba a pedir de boca. Desde que se había comprado la acción en enero del 2000 hasta septiembre del mismo

año el precio de la acción estuvo en alza llegando hasta 91.62 dólares. Esto representaba un portafolio de 2 777 320 dólares en papel. Después de septiembre, la acción comenzó a descender rápidamente. En el debate de si vender o esperar que subiera, José no pudo soportar más la pérdida y vendió a 14.75 dólares perdiendo más de un millón de dólares.

Mucho se habla de invertir aquí o allá; de cuánto ganar y de hacernos millonarios rápidamente. Lo cierto es que invertir en activos financieros tiene el objetivo de complementar nuestra construcción de riqueza.

Complementar. Con esto me refiero a que junto con el conocimiento para generar ingresos, tener activos reales (ejemplo casa), crear negocios y otras formas de incrementar la riqueza, debemos adquirir activos financieros con la misma finalidad: preservar lo que tenemos y hacer que aumenten nuestros activos. Queremos que la riqueza aumente, no disminuya.

Desafortunadamente, no fue el caso de José. Su riqueza disminuyó. Muchos de los errores que cometió se podían evitar si se hubiera tomado el tiempo para crear una estrategia de inversiones.

El caso de José es perfecto para mostrar que en inversiones hay dos cosas que no debemos olvidar si queremos acumular riqueza en el futuro:

1. No ignorar las dos caras del riesgo.
2. No invertir sin un plan.

No ignores las dos caras del riesgo

Me llama la atención la forma en que nosotros definimos riesgo y la forma en que los asiáticos lo representan. Por ejemplo, la Real Academia de la Lengua Española define riesgo como contingencia o proximidad de un daño. El diccionario Webster lo define como exponerse a un peligro o daño.

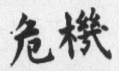

En cambio, en China utilizan dos gráficos para definir riesgo: el primero representa peligro (similar a como lo definimos); el segundo representa oportunidad.

Mientras nosotros vemos riesgo como peligro, ellos lo ven como una mezcla de peligro y oportunidad. Lo interesante es cómo esta forma de ver el riesgo se puede aplicar al mundo de las inversiones: existe volatilidad (peligro) y rendimiento (oportunidad).

Comencemos por los fundamentos. ¿Es importante invertir? Apuesta que sí.

Digamos que pienso retirarme dentro de 30 años y quiero tener 250 mil dólares para complementar mi retiro. Todo el dinero saldrá de mi bolsillo, pues no tengo nada acumulado, ¿Cuánto debo ahorrar? 694 dólares mensuales durante los próximos 30 años.

¡Pero no tengo todo ese dinero! Tendré que buscar quien me pague por el dinero que ahorro. Digamos que alguien que está dispuesto a pagarme 3 por ciento anual durante 30 años, ¿Cuánto tendría que ahorrar? 429 dólares porque la otra parte la obtendría del otro. Pero si hay quien esté dispuesto a pagar 6 por ciento, entonces el ahorro mensual bajaría a 249 dólares. ¿Y si pagan 10 por ciento?, el ahorro sería de 111 dólares.

Mientras más me paguen por mi dinero, menos tengo que ahorrar para lograr mi meta. La diferencia en el pago mensual la cubre la inversión. En otras palabras: entre menos dinero ponga, la diferencia debo obtenerla de otra fuente para lograr la meta.

Al invertir, lo que hacemos es dar la posesión temporal de nuestro dinero a alguien con la expectativa de recibir una cantidad de dinero mayor en el futuro. Esto es lo que conocemos como inversiones. La diferencia entre lo que ahorramos y lo que recibiríamos en el futuro es el rendimiento.

El rendimiento es la compensación que recibimos por atrasar nuestro consumo. Es una compensación por: *1)* el periodo de tiempo en que el inversionista no contará con el dinero, *2)* la inflación esperada, *3)* la incertidumbre por el pago en el futuro (riesgo). Es el mismo principio del que hablamos sobre el costo del dinero en el Primer piso.

Es importante aclarar que cuando hablamos de rendimiento en el futuro se trata de un estimado. Generalmente, en las estimaciones se considera el rendimiento nominal porque no toma en cuenta los costos que se incurren en la inversión como comisiones, pago a los administradores, impuestos, entre otros.

El término nominal es importante para distinguir el resultado de una inversión antes y después de costos.

Volatilidad: la otra cara de la moneda

La combinación ideal sería recibir el máximo ahorrando poco y que el dinero estuviera garantizado. Pero hay un costo en esto: entre más queremos que nos paguen, más dispuestos debemos estar a que el valor de nuestro dinero fluctúe y viceversa.

Fíjate en el gráfico. El ahorro inicial comienza en punto A y termina en Z. Digamos que tenemos varias opciones para llegar al punto Z. Si observas hay cuatro opciones hipotéticas. Cada número representa un instrumento financiero (bonos, acciones, letras de tesoro, etcétera), fondos mutuales (de acciones, de bonos, etcétera) o un portafolio que tienen varios instrumentos.

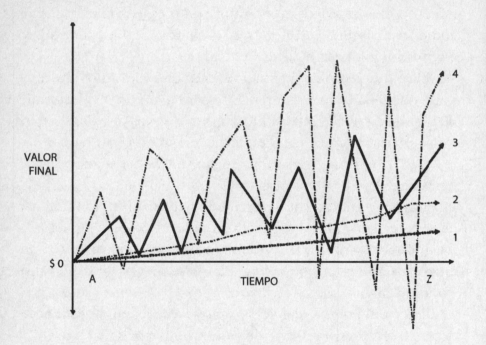

Si sigues el número 1 hay muy poca variación. O sea, no fluctúa y el valor es menos variable. Fíjate que también aumenta, pero no mucho. Es más predecible.

Es similar el número 2, aunque muestra un crecimiento mayor y una pequeña variación.

Los números 3 y 4 muestran un valor potencial mucho mayor, con variaciones más fuertes que semejan una montaña rusa. Tienes el potencial de ganar más, pero también el de perder.

Claro entre más sube, más valor obtienes, pero también se aplica lo contrario: entre más cae, el valor de tu inversión disminuye.

Éste es el peligro de la inversión: potencial pérdida parcial o total de lo acumulado.

En principio, no hay límite hasta donde puede subir la inversión, pero siempre hay un límite que marca hasta donde puede bajar. El resultado es la pérdida total. Puede subir 50, 100 o 1000 por ciento de rendimiento, pero la pérdida es 100 por ciento. Por eso, al invertir hay que preocuparse por la pérdida y la preservación de capital.

El éxito de cualquier inversión es buscar el mayor rendimiento por la volatilidad que estemos dispuestos a tolerar. En inversiones, el arte está en escoger entre los distintos tipos de activos, los que van a aumentar el capital a partir de la tolerancia que tenemos hacia la variación final en la que se encuentre nuestro dinero.

Recuerdo el caso de un lector que me escribió contento porque su portafolio de inversiones había subido 19 mil dólares en un año (excluida su aportación). Nueve meses después, me escribió desesperado porque había recibido el último estado de su portafolio y había perdido 12 mil dólares en tres meses. Riesgo y rendimiento van de la mano.

Para que tengas una idea a largo plazo, históricamente (1926-2004), la inversión en acciones de compañías grandes y sólidas han producido, antes de restar los impuestos y otros costos, un 10.4 por ciento, una ganancia mayor en comparación con un bono (5.9 por ciento) o una letra del tesoro (3.7 por ciento). Siguiendo el ejemplo de arriba, y suponiendo que el pasado se repita en el futuro (lo que nadie puede garantizar), entre más inviertas en acciones, es posible que tengas que ahorrar menos porque esta categoría produciría el dinero restante. Por el contrario, si pones todo en el que menos paga, deberás ahorrar más mensualmente para llegar a la meta.

Disminuye ⟸ Potencial rendimiento esperado ⟹ Aumenta

Letras del Tesoro	TIPS, Notas y Bonos del Tesoro	Bonos de calidad	Acciones comunes por capitalización			Exterior	Bienes raíces	Derivados
			Mayor	Mediana	Menor			

Disminuye ⟸ Volatilidad ⟹ Aumenta

Pero también está la otra cara de la moneda: volatilidad. De las tres clases, generalmente, las acciones son las más riesgosas. En el mismo periodo (1996-2004), las acciones han tenido una desviación estándar de 20.3 por ciento, los bonos de 8.6 por ciento y una letra del tesoro de 3.7 por ciento. O sea, una tiene más vaivenes que otra. Usando la analogía de un parque de diversiones, las acciones son la montaña rusa, los bonos son los "carros locos", y el efectivo es el carrusel. Mayor el beneficio potencial, mayor el potencial de pérdida de nuestro ahorro.

Uno de los problemas de José es que no sabía su verdadera tolerancia al riesgo. La idea es definir tu apetito antes de invertir, no después de haber perdido el dinero. ¿Quieres perder tu dinero? Supongo que no. No he conocido a ningún inversionista serio que invierta para perder. Sí podemos conocer el riesgo que conlleva antes de invertir, y sí se puede cuantificar. Es una tremenda estrategia porque, como el cauteloso del cuento, lo que buscamos es perder lo menos posible, porque apostamos que ganaremos más. Si el potencial de la pérdida sobrepasa el potencial de ganancia, entonces no invertimos.

Hay dos formas de contrarrestar la volatilidad: protegiéndonos de ella o esparciéndola. La primera consiste en eliminar el riesgo de pérdida al disminuir el potencial de ganancia. En el mundo de las inversiones le llaman *hedging*. Por ejemplo, invertir en instrumentos considerados libres de riesgo es una forma de protegerse. Esto significa que si yo tengo una garantía de 3%

de rendimiento anual y el principal de mi inversión no se verá afectado, al seguir esta estrategia estoy protegiéndome de la volatilidad, pero a la vez sacrifico el potencial de un rendimiento mayor.

Esparcir no es otra cosa que "divide et impera". O sea divide y vencerás. Lo que haces es dividir la inversión en diferentes clases de activos, sectores económicos o instrumentos con el fin de balancear la volatilidad. Esto se conoce como diversificación.

Bill Gross, uno de los grandes administradores de carteras de inversión con miles de millones de dólares bajo su responsabilidad, dice que no importa si son 200 o mil millones de dólares, el portafolio no debe estar concentrado; no se debe invertir más de 2 por ciento en un sólo instrumento. Esto es algo que José no consideró y su corredor de bolsa, con todas las licencias del mundo, no se lo dijo. José tenía cerca del 75 por ciento de su dinero en un sólo instrumento.

Claro que Bill Gross administra un fondo de miles de millones de dólares y tiene el poder de comprar lo que quiera. Pero, el mensaje es el mismo: toma en cuenta la probabilidad de pérdida (¿qué posibilidades hay de que lo pierda?), así como la cantidad de la que puedes perder (mucho o poco dinero).

Digamos que Pepe y Juan están tratando de hacer dinero usando dos métodos distintos. Pepe compró un billete de 1 dólar en la lotería, con la posibilidad de ganar 7 millones de dólares. Juan compró 100 acciones de la compañía XYZ a 20 dólares por acción, es decir, invirtió 2 mil en total. Juan considera que tiene 50 por ciento de probabilidad de que el precio de la acción aumente a 30 dólares. ¿Cuál de las dos estrategias es más riesgosa?

En términos absolutos, Juan está arriesgando más que Pepe. Juan arriesga mil dólares y Pepe sólo arriesga 1 dólar. Sin embargo, en la probabilidad de que la pérdida ocurra, Pepe tiene un 99.99 por ciento de probabilidad de perder y José tiene 50 y 50 de perder o ganar.

Qué pasaría, si ahora cambiamos un poco el escenario y le damos a Pepe 2 mil dólares. Pepe decide comprar dos mil billetes de la lotería. En este caso, ambos están arriesgando la misma cantidad, pero la probabilidad de riesgo en Pepe no disminuye, (sigue estando cerca de 100 por ciento).

La posible pérdida en Pepe es de 2 mil; para Juan, sigue siendo mil dólares. En este caso, la estrategia de Juan es menos riesgosa que la de Pepe porque no sólo es menor la cantidad total de pérdida sino también la probabilidad de perderla.

Este mismo principio se puede aplicar a las inversiones. Entre más volátil sea el instrumento de la inversión, es decir que suba y baje, hay más probabilidades de perder el dinero, como mayor potencial de ganar. Y si en él concentras gran parte de tus activos —como lo hizo José—, el impacto será mayor.

	Descripción de riesgo	Predicción de ganancia/dividendos; Volatilidad del precio
B	Bajo riesgo	Muy predecible; Baja volatilidad
M	Riesgo moderado	Moderadamente predecible/ Volatilidad
A	Alto riesgo (agresivo)	Poco predecible; Alta volatilidad
E	Riesgo especulativo	Excepcionalmente poco predecible; Muy alta volatilidad
Fuente: Salomon Smith Barney. *Guided Portfolio Management Program* (2000).		

José no sólo incrementó el riesgo absoluto al poner 75 por ciento de su riqueza en un solo instrumento, además, puso la cantidad en un instrumento poco predecible y de alta volatilidad.

Como veremos más adelante, la asignación de activos es una estrategia clave para disminuir riesgos innecesarios.

La exhuberancia y el positivismo también son peligrosos. Uno de los problemas de José fue que compró por la moda o por los vaivenes del mercado, sin darse cuenta de que estaba entrando en un juego esotérico que ponía en riesgo la inversión. No hubo análisis de la compañía, la industria ni de las circunstancias del momento. Lo que sucedió en el pasado, no necesariamente se repetirá en el futuro.

¿Otro error de José? Aferrarse a no vender la acción que se estaba yendo a pique. Por más convencidos de que tenemos el "caballo ganador", no olvidemos que existe la incertidumbre. El futuro no es predecible con certeza. Si sabemos eso, ¿no sería buena idea tener un plan b?

¿Concentrar 75 por ciento de tu riqueza en una sola acción? Es una estrategia temeraria.

Crear un plan de inversiones

El segundo error fundamental de José fue no tener un plan de inversiones. ¿Cuántas personas conoces que tengan un plan de inversiones que especifique el rendimiento necesario, el riesgo que están dispuestas a aceptar en la inversión, el tiempo de la inversión, cuánto invertir, la necesidad de liquidez, el tipo de instrumentos, área geográfica, industria y compañías por tipo de capitalización y estilo? Es decir, con una estrategia de inversiones.

José no la tuvo. Si queremos evitar esos errores tenemos que crear un plan de inversiones. Las grandes compañías lo hacen, los fondos de inversiones tienen un *investment policy;* los departamentos del tesoro de cada estado tiene uno; personas con mucho dinero también.¿Y nosotros?

El plan es necesario porque permite "ver el bosque antes de entrar en él".

PLAN DE INVERSIONES: UN VISTAZO

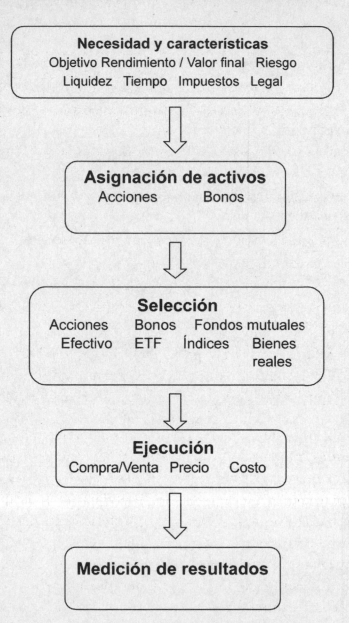

El plan de inversiones es un mapa que guía en el proceso de inversión. Es una herramienta invaluable para entender mejor nuestras necesidades y administrar nuestro dinero con mayor eficacia. Aunque no garantiza el éxito de la inversión, sí nos ayuda a tener disciplina y reducir errores innecesarios.

Preguntas que puedes hacerte durante la construcción de tu plan de inversiones
¿Cuáles son los riesgos de un evento financiero negativo, especialmente a corto plazo?
¿Qué reacción emocional tendrás en caso de un evento financiero negativo?
¿Necesitas ayuda para hacer el plan de inversiones? ¿A quién buscarías como asesor?
¿Qué conocimiento tienes del mercado y las inversiones?
¿Qué otro tipo de capital o fuente de ingreso tienes? ¿Qué lugar ocupa esta inversión en tu posición financiera total?
¿Qué restricciones legales, si hay alguna, podrían afectar tus necesidades de inversión?
¿Qué fluctuaciones no esperadas en el valor de tu portafolio podrían afectarte y hacer cambiar el plan inversiones?
Fuente: Reilly & Brown

El propósito de un plan es ayudarnos a determinar nuestras necesidades, objetivos y limitaciones al invertir. Nos permite: establecer metas realizables, definir el riesgo que estamos dispuestos a tomar, elegir en qué invertir el dinero, analizar los vehículos más convenientes, conocer dónde se compran y medir si estamos logrando la meta establecida.

Si inviertes tu dinero en el plan de retiro o fuera de él, debes organizar tu estrategia de forma tal que por lo menos conteste estas cinco preguntas:

- ¿Cuánto quiero ganar y cuánto estoy dispuesto a perder?
- ¿En qué canasta pongo el dinero?
- ¿Qué elijo para mi portafolio?
- ¿Cuánto pago por el instrumento?
- ¿Voy por buen camino ?

1. ¿Cuánto quiero ganar y cuánto estoy dispuesto a perder?

Es indispensable definir nuestras necesidades y características para responder esta pregunta. Por otro lado, la meta condiciona la necesidad. Por eso se establece, en términos generales, el objetivo de la inversión.

Hay cinco categorías fundamentales.

(B) Preservación de capital. Objetivo: preservar el capital. El dinero invertido no debe fluctuar (volatilidad nula). El uso del dinero es bajo (menor rendimiento), puede corresponder a la inflación y un poco más. ¿Por qué aceptamos un rendimiento tan bajo? Porque preferimos dos cosas: liquidez (el título puede convertirse en efectivo sin que pierda virtualmente su valor original) y preservar el dinero invertido originalmente.

(B/M) Ingreso. Recibir ingreso como interés y dividendos. Objetivo: obtener ingreso constante proveniente de bonos que pagan interés y acciones de compañías que tienen una política de pagar dividendos constantemente. El dinero invertido tiene una fluctuación moderada (volatilidad moderada). El uso del dinero es más alto (rendimiento medio). Generalmente, da un rendimiento mayor que la inflación.

(M) Ingreso y crecimiento de capital. Ingreso constante y valoración de la inversión. Objetivo: buscar un balance combinando bonos que paguen interés y acciones que paguen dividendo y aumenten su valor. A pesar de esto, tenemos que ser conscientes de que puede ser como una montaña rusa (movimiento en el valor del portafolio) e incluso estar dispuestos a asumir el riesgo de perder parte del capital.

(A) Crecimiento de capital. Incremento en valor basado en la apreciación del activo. Objetivo: acumular riqueza a través del tiempo. El flujo de efectivo pasa a segundo plano. Se debe estar dispuesto a que la montaña rusa se haga más compleja (alta volatilidad y periodos de alzas y bajas).

(E) Especulación. Objetivo: tener el mayor rendimiento posible en el mercado. No hay interés en flujo de efectivo y se debe estar dispuesto a vivir los avatares de un avión en plena acrobacia. (alto riesgo, mucha más volatilidad, mayor retorno potencial).

En el objetivo debes determinar cuánto rendimiento quieres lograr y la volatilidad que estás dispuesto a tolerar. El rendimiento se puede establecer en porcentaje o en números absolutos, por ejemplo, lograr 7 por ciento anual bruto o neto, tener 100 mil dólares al cabo de cierto tiempo.

Con un objetivo definido, puedes tener una idea de cuánto puedes esperar. Sería un error querer preservar el capital íntegro invirtiendo en instrumentos especulativos o esperar un rendimiento mayor, invirtiendo en instrumentos para preservar el capital. Por eso es necesario conocer la naturaleza del instrumento de inversión.

Hay otros factores que debes tener en mente en relación con el riesgo. Por ejemplo, el factor psicológico es clave. ¿Cómo te sentirías si pierdes? ¿Cuál es el límite máximo que estás dispuesto a tolerar? ¿Qué pasa si a corto plazo pierdes 20 por ciento del valor de tu inversión?

Tal vez, emocionalmente te sientas preparado, pero piensa en el factor financiero y pregúntate cómo quedaría tu bolsillo en caso de una pérdida.

En el caso de la educación debes entender en qué estás invirtiendo. No es que hay que ser un Buffet o un Lynch, pero tampoco vamos a ser como José o el temerario del cuento.

La liquidez es otro factor. Es importante establecer cuánto dinero piensas mantener en efectivo o en instrumentos líquidos. Debes considerar una reserva de emergencia y efectivo para aprovechar oportunidades de comprar otros instrumentos financieros cuando sea conveniente.

Las personas que demandan liquidez y preservación de capital, no invierten en instrumentos de mucha volatilidad porque es más difícil recuperar la pérdida en un periodo corto.

Un plan de inversiones apropiado debe contestar satisfactoriamente las siguientes preguntas:

¿El plan está diseñado con cuidado y satisface las necesidades y objetivos? Un plan descuidado o de una sola página suele ser inapropiado.

¿El plan está escrito con la claridad y detalle suficientes para que otra persona competente pueda entenderlo y administrarlo?

¿Comprendes el riesgo existente en el mundo de las inversiones y la necesidad de ser disciplinado en el proceso?

¿Puedes mantener el plan durante el periodo establecido?

¿El plan cumplió el objetivo establecido?

El tiempo es otro factor que debes definir. No es lo mismo hacer una estrategia para 3 años que para 30.

Aquí voy a hacer un paréntesis. Hay un consenso general de que a largo plazo, digamos 30 años, un portafolio diversificado de acciones puede ganarle a la inflación por mucho. La razón es que históricamente las acciones han dado mejor rendimiento. Pero esto no resuelve la incertidumbre sobre el futuro. Y entre más largo sea el plazo, mayor incertidumbre habrá.

Como mencioné, históricamente las acciones tienen una desviación estándar de más de 20 por ciento. Esto muestra que hay mayor probabilidad de que las acciones tengan un comportamiento más negativo que una inversión libre de riesgo como un TIPS o un Bono tipo I. También hay un chance mayor de ganar más con las acciones, pero el riesgo aumenta. Por ejemplo, tienes 500 mil dólares en tu plan de retiro y te faltan 3 años para retirarte. Si en estos 3 años sufres una pérdida continua de 15 por ciento, el valor del portafolio puede bajar a cerca de 307 mil dólares. Esto haría que tu retiro fuera mucho más incierto.

Analiza los periodos en los que el mercado ha estado a la baja *(bear market)* y te darás cuenta de que pensar que a largo plazo el portafolio de acciones va a solucionar todo, es falsear la realidad y la complejidad de la bolsa.

Entonces, si hay alzas y bajas, ¿Por qué no mover el dinero y adelantarse? La idea es rotar el dinero previniendo las fluctuaciones en la economía. ¿Recuerdas que en el Primer piso hablé de conocer el ambiente y de la importancia de saber que la economía es activa y fluctúa? Se argumenta que moviendo el dinero de acuerdo con la situación entre distintos sectores económicos, puede ser una forma de sacar ventajas de las alzas y bajas del mercado.

Por ejemplo, cuando la economía está en desaceleración hay sectores menos afectados que otros. Sectores relacionados con los productos de primera necesidad (la gente no deja de ir al supermercado, comprar pasta, jabón, alimentos, etcétera), con la salud (medicinas, servicio médico), con los servicios de utilidad pública (porque la gente no deja de demandar luz, gas y agua), con la energía (seguimos consumiendo gasolina, las empresas la requieren para mover su productos), son ejemplos de hacia dónde podemos mover el dinero en estos periodos.

Estos sectores se conocen como defensivos. En ellos, el dinero se concentra más en las compañías que los integran.

Cuando la economía inicia un periodo de expansión, es antecedida por acciones de la Reserva Federal y comienza a bajar la tasa de interés. Generalmente, éste es un indicio de un nuevo ciclo económico. La tesis que sustenta esta estrategia es que el mercado reacciona a las condiciones monetarias. Es decir, cuando la Banca Central afloja, está inyectando más dinero en la economía para incentivar el consumo y la producción. Entonces se asume que los bancos tienen más dinero para prestar y nosotros más para consumir.

Hay sectores de la economía que se beneficiarían con estas acciones, por ejemplo el financiero, el industrial, el relacionado con el consumo de bienes duraderos o el de la construcción. En estos momentos, los administradores de los fondos de nuestro dinero buscan dentro de estos sectores las compañías que crecerían al comienzo del nuevo ciclo.

Estos sectores se conocen como cíclicos. La recomendación de la tesis que estamos siguiedo es tomar posiciones de defensa antes de la desaceleración económica y aumentar la posición en sectores cíclicos antes de que la economía comience su periodo de expansión.

Seguramente te preguntarás: ¿cómo distingo la fase de inicio del ciclo económico para tomar una posición antes de que suceda?, ¿cuándo es oportuno moverse?, ¿qué compañías busco?, ¿esto puede afectar la diversificación del portafolio?, ¿cuáles son los costos? y ¿qué sucede si me equivoco? Las respuestas son parte de un debate porque incluso los más experimentados han llegado a equivocarse.

Otro punto que no se puede excluir del plan, son los impuestos. Debemos determinar cuál va a ser el papel de los impuestos en nuestra estrategia. Como vimos en la sección de retiro, no hay que olvidar el ICAD (Impuestos a la Contribución, Acumulación y Distribución), es decir, cómo afectan los impuestos cuando se aporta, se acumula y se distribuye el dinero si los pagamos antes, durante o después. Esto debe definirse en el plan. En esa parte del libro, expliqué el beneficio que permiten la acumulación o el retiro del dinero libre de impuestos.

En el ámbito legal, se debe definir quién o quiénes serán los dueños de la cuenta y cómo se distribuirá el dinero a los beneficiarios en caso de fallecimiento de los dueños.

En el Cuarto piso explico más sobre los tipos de cuentas.

En cuanto a las preferencias, lo importante es cubrir las preocupaciones particulares de cada individuo. Por ejemplo, hay quienes no invierten en compañías que producen tabaco porque alguien en su familia murió a causa del cigarrillo, otros invierten en compañías de investigación sobre el cáncer para encontrar la cura.

También es posible que por falta de tiempo o conocimiento las decisiones de inversión se deleguen en otra persona. En estos casos, se debe definir quién tomará las decisiones sobre la selección y ejecución de la compra y venta de las inversiones. Esto es fundamental porque muchos no se dan cuenta de que cuando abren una cuenta de inversiones le otorgan el poder al agente de bolsa para que él tome decisiones. Debes reflexionar en quién recaerá la responsabilidad final de la decisión.

2. ¿En qué canasta pongo el dinero?

Al respecto, existe un consenso: la mayor parte de la volatilidad en el rendimiento de una inversión proviene de la asignación de activos. *Asset allocation,* en inglés, se refiere a la asignación del dinero que se invierte en diversas clases de activos. La idea es poner el dinero en diferentes canastas. Ésta es una forma de decir: "no pongas todos los huevos en la misma canasta".

Esto es central en nuestra estrategia de inversiones. Hay tres herramientas que se utilizan para generar rendimiento en una inversión: asignación de activos, sincronización del mercado y selección de activos financieros que integrarán el portafolio.

Según varios estudios, entre 90 y 100 por ciento del rendimiento de una inversión proviene de asignación de activos. Esto deja un margen reducido para adelantarse a lo que sucederá en la economía y la asignación de los instrumentos.

Básicamente hay tres canastas: efectivo, bonos, y acciones. Estas son las clases de activos. Hay otras canastas, pero vamos a concentrarnos en estas tres.

Clase de activos	Descripción	Índice
Letras del Tesoro	Equivalente a efectivo. Menos de 3 meses de madurez.	*Salomon Brothers' 90-day Treasury bill index*
Bonos del Gobierno de término intermedio	Menos de 10 años de madurez.	*Barclays' Intermediate-term Government Bond Index*
Bonos del Gobierno de término largo	Más de 10 años de madurez.	*Barclays' Long-term Government Bond Index*

Clase de activos	Descripción	Índice
Bonos corporativos	Calificación de al menos *Baa (moody's)* o *BBB (Standard and Poor)*.	*Barclays' Corporate Bond Index*
Títulos hipotecarios subrogales *(mortgage related securities)*	Títulos respaldados por hipotecas.	*Barclays'Mortgage-Backed Securities Index*
Acciones de compañías de valor con capitalización mayor	Acciones del índice *Standard and Poor 500* con alto coeficiente de relación precio/valor libros.	*Sharpe/BARRA Value Stock Index*
Acciones de compañías de crecimiento con capitalización mayor	Acciones del índice *Standard and Poor 500* con bajo coeficiente de relación precio/valor libros.	*Sharpe/BARRAGrowth Stock Index*
Acciones de compañías de capitalización mediana	Acciones en el máximo, 80% de las acciones de capitalización norteamericanas después de excluir las 500 del índice *S&P 500.*	*S&P MidCap 400 index*
Acciones de compañías de capitalización menor	Acciones en el mínimo, 20% de las acciones de capitalización norteamericanas después de excluir las 500 del índice *S&P 500.*	*S&P SmallCap 600 index*
Bonos fuera de los Estados Unidos	Bonos fuera de los Estados Unidos.	*Salomon Brothers' Non-U.S. Government Bond Index*

Clase de activos	Descripción	Índice
Acciones internacionales	Acciones fuera de los Estados Unidos.	MSCI World Ex. US Index
Fuente: Sharpe, "Asset allocation: management style and performance measurement".1992		

La idea de poner el dinero en diferentes canastas, es para evitar lo que le sucedió a José. Él puso todo sus huevos en una canasta, en una sola clase de activo (acciones) y en una sola compañía (Oracle). Cada canasta, en principio, reacciona diferente ante los vaivenes del mercado. Las acciones no reaccionan igual que los bonos ni las cuentas de efectivo reaccionan igual que las acciones. Técnicamente a esto se le llama correlación. O sea, las acciones y los bonos no se mueven en la misma dirección. Y esto es clave porque se quiere crear un contrabalance. El efectivo también es menos sensible a los vaivenes de las acciones y los bonos.

Otro consejo es que las canastas estén distribuidas geográficamente. Por ejemplo, la canasta de acciones puede estar entre compañías radicadas en Estados Unidos y Europa o Estados Unidos, Europa y Latinoamérica.

¿Para qué dividir el dinero entre diferentes tipos de clases y áreas geográficas? Para dispersar la volatilidad y aumentar el potencial de rendimiento de acuerdo con los instrumentos elegidos. Son estrategias que usan los profesionales para limitar las pérdidas y reducir las fluctuaciones de lo que produce la inversión, sin sacrificar el potencial para lograr el objetivo. Todo lo contrario a lo que hizo José.

Ésta es una estrategia clave: diversificación.

Esto significa que si distribuyes el dinero entre las diferentes canastas (asignación de activos), localizadas en distintas áreas geográficas, disminuyes el riesgo.

Fíjate en este portafolio hipotético que llamaré Portafolio de fantasía.

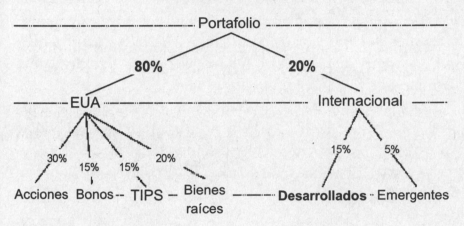

Portafolio de fantasía
Asignación de Activos

En este caso hipotético, y tras haber definido los objetivos y limitaciones de la inversión, se determinó que 80 centavos de cada dólar se invertirían en Estados Unidos, mientras que el restante se destinaría a mercados internacionales.

La segunda división se realiza por clase de activo. Por ejemplo, de cada 80 centavos de dólar invertidos en Estados Unidos, 15 se invierten en TIPS para protegerse de la inflación; 15, en bonos; 20, en bienes raíces y 30, en acciones de compañías domésticas. En el ámbito internacional, 15 se invierten en mercados desarrollados y 5 centavos, en mercados emergentes.

¿Cuánto invertir en cada clase? Piénsalo como un pastel. Tienes tres invitados (efectivo, bono y acción) y debes decidir cómo vas a dividirlo entre ellos.

En el mundo financiero hay una práctica generalizada: dividir el pastel de acuerdo con la tolerancia al riesgo. Para ello se utiliza un cuestionario y dependiendo de cómo lo contestas, se determina cómo debes distribuir el dinero, de acuerdo con tu supuesta tolerancia al riesgo.

No hay un estándar y es difícil hacer uno para todos, porque cada caso requiere de una asignación de activos particular. Hay programas computacionales que usan modelos matemáticos para determinar la asignación de activos de acuerdo con lo que toleramos. Incluso, las compañías de inversiones y los administradores de planes de retiro tienen programas que ayudan a definir eso.

David F. Swensen, administrador del fideicomiso de la Universidad de Yale, el cual asciende a 22.5 mil millones de dólares, sugiere que para tener un portafolio diversificado con un horizonte de 10 años o más, puedes distribuirlo de la siguiente manera:

- 30% en acciones domésticas
- 20% en acciones extranjeras (5% en mercados emergentes)
- 20% en bienes raíces
- 15% Bonos del Tesoro
- 15% *Treasury Inflation Protected Security* (TIPS: instrumento emitido por el gobierno federal creado para protegerse de la inflación y considerado seguro)

Quiere decir que si tu tolerancia al riesgo acepta la volatilidad en el portafolio y el periodo de tiempo de la inversión es más de 10 años, esta asignación de activos se mantendría constante.

¿Qué pasa cuando una canasta aumenta o disminuye de valor modificando el porcentaje? Hay que rebalancear porque la asignación está diseñada para un plan a largo plazo. Al hacerlo para mantener el porcentaje en cada canasta, se produce mayores estabilidad y rendimiento de la inversión. El portafolio puede ser revisado cada tres meses, semianual o anual para ver si el mercado ha cambiado, y por tanto, volver la asignación a su posición original. Si la inversión está en una cuenta con cobertura impositiva (como en el retiro) es más sencillo, porque no hay efectos en los impuestos. Así, se vende la demás parte y la reubicas en donde tienes menos para mantener el mismo porcentaje. Otra forma de rebalancear es distribuir la nueva cantidad que se aporta a la inversión en la parte que está desequilibrada.

Sugerencia: si la desviación es mayor de un 15% del porcentaje asignando a cada clase es tiempo de rebalancear.

Portafolio diversificado orientado en acciones

Uso del dinero por:	Acciones				Bonos		Efectivo	Total
	Domésticas	Internacionales		Bienes raíces	Bonos del Tesoro de Estados Unidos	TIPS		
		Desarrolladas	Emergentes					
Más de 10 años	30.0%	15.0%	5.0%	20.0%	15.0%	15.0%	0.0%	100%
8 años	22.5%	11.3%	3.8%	15.0%	15.0%	15.0%	17.5%	
6 años	15.0%	7.5%	2.5%	10.0%	15.0%	15.0%	35.0%	
4 años	7.5%	3.8%	1.3%	5.0%	15.0%	15.0%	52.5%	
2 años o menos	0.0%	0.0%	0.0%	0.0%	15.0%	15.0%	70.0%	

Cuando el periodo de inversión es menor a 10 años, cada dos años se va moviendo un 25 por ciento del portafolio de acciones y lo ubicas en instrumentos de efectivo (ejemplo: letras del Tesoro, CD, cuentas o fondos de mercado de dinero). En la medida en que el dinero está más cerca de los dos años, más cantidad se deposita en los instrumentos de efectivo.

En otras palabras, entre mayor sea el periodo, debemos incrementar la posición en acciones y disminuir la posición en efectivo. Si durante un periodo más largo no necesitas el dinero, incrementa la posición en acciones. En la medida en que se va acortando el periodo y más cerca estás de necesitarlo, disminuye la posición en la canasta de mayor volatilidad para moverlo a efectivo.

Es como un avión: así como necesita una distancia para elevar su altitud hasta los miles de pies, necesita una distancia prudencial para aterrizar.

Claro que esta es una recomendación general porque las circunstancias personales influyen en la asignación de activos. Factores como tu edad, educación, salud, ingreso y la procedencia de éste, riqueza neta y líquida, experiencia y objetivo en las inversiones, puede modificar esta asignación.

Por ejemplo, una persona que tiene invertido más dinero en un negocio propio, requerirá menor exposición en acciones. Quienes quieren más certeza, optarán por una mayor exposición en bonos. Quien tiene menos confianza en los mercados internacionales o emergentes, evitará invertir en ellos.

Lo cierto es que un "sólo tamaño de asignación de activos para todos" no necesariamente te dará la satisfacción que necesitas.

Lo que se debe rescatar es que usando los principios de diversificación, combinándolo con la canasta de acciones y bonos, las áreas geográficas y rebalanceando cuando sea necesario, podremos lograr mejores rendimientos en el futuro.

Toma nota de lo siguiente:

- A menor tolerancia al riesgo (es decir, que el dinero invertido fluctúe poco o nada en su valor), mayor ahorro para llegar a la meta.
- Entre más quieras que la inversión te genere rendimiento, tendrás que aceptar mayor volatilidad en tu inversión para cubrir la diferencia y entender que existe la posibilidad de que no llegues a la meta.
- Diversificar es clave (por clase y área geográfica); mucha concentración en un mismo lugar es un error.
- Quienes tienen invertido en acciones de su mismo empleador, deben diversificar porque están concentrando su riqueza en la misma compañía que les paga el sueldo (por ejemplo, los casos de Enron y Bear Stearn). Si nos dejamos llevar por Bill Gross, no más del 2 por ciento es lo prudente. Entre más dependes del ingreso, menor debe ser la posición.

Cuando vayas a definir la asignación de activos, es importante que respondas estas preguntas:

1. ¿Qué clase de activos (acciones, bonos, efectivo, etcétera) vas a incluir en la inversión?
2. ¿Qué proporción se asignará a cada clase de activo elegido?
3. ¿Cuál es el mínimo/máximo que estoy dispuesto a tolerar que aumente el porcentaje de asignación basado en la proporción de cada clase?

3. ¿Qué elijo para mi portafolio?

Aquí lo que debes determinar es cuáles serán los instrumentos que integrarán el portafolio.

Está claro que queremos elegir los que van a ser ganadores y evitar los perdedores. ¿Por qué? Porque queremos tener un rendimiento determinado para llegar a la meta. O sea, queremos que el valor de la inversión crezca.

El problema es que hay miles de compañías e instrumentos para escoger y si no contamos con el equipo necesario ni el personal experimentado, se hace muy difícil saber dónde están los mejores. Por eso hay que definir un estilo de inversión.

La elección de instrumentos debe basarse en la definición del estilo: ¿eres un inversionista pasivo o activo? Claro que puedes usar una combinación de ambos (híbrido), pero siempre tendrás preferencia sobre alguna.

Un inversionista pasivo compra y mantiene un portafolio bien diversificado, sin perder el tiempo ni recursos en análisis de instrumentos para sacar el máximo rendimiento. ¿Por qué? Considera que los costos de administración, más los de comisión por la venta del producto, genera que todo posible rendimiento mayor se pierda. Además, no es fácil conseguir gangas.

Un buen ejemplo lo dio John Bogle, fundador de Vanguard Group, en una conferencia en 2003. Él explicó que el costo es confiscable. Aplicando su ejemplo a nuestra realidad, si asumimos un portafolio con un rendimiento promedio de 7.5 por ciento en las acciones y 4.5 por ciento en bonos, con una distribución 60/40, se produciría un 6.3 por ciento antes del costo. Si inviertes inicialmente 100 mil dólares en este portafolio durante un periodo de 25 años, obtendrías 360 mil dólares. Pero al descontar el costo de 1.5 por ciento, el rendimiento queda en 4.7 por ciento con lo que el resultado es menor: 216 mil (144 mil dólares menos).

¿Qué hacer? Los partidarios del estilo pasivo consideran que lo mejor es que la inversión sea en instrumentos líquidos, bonos o acciones. Aconsejan que se invierta en un muestrario representativo de la mayor cantidad de instrumentos de cada canasta.

En 1975, John Bogle presentó esta idea radical (ya había sido tratada por otros) al directorio de la nueva compañía de fondos mutuales Vanguard Group que él mismo fundó. Su argumento fue muy sencillo: si no se puede vencer el rendimiento del mercado, ¿para qué gastar tanto dinero en investigadores de mercado, analistas que compran y venden títulos, si el resultado no será mejor? Para eso, creemos un fondo con costos bajos que sea un espejo del mercado en el que sólo se compren las acciones que componen el índice S&P 500. Así, el inversionista participará de los éxitos y fracasos de las 500 compañías más grandes de EUA. Como el índice S&P 500 es considerado como "el mercado", quien invierta en un fondo índice, obtendrá un retorno similar al del mercado.

¿Fondo índice *(Index Fund)*? ¿Índice del mercado? Pero, ¿fondo índice y un índice no son lo mismo? No. El fondo índice es un fondo mutual que asimila a un índice. Entonces ¿qué es un índice? El índice es una lista de compañías que representan el total del mercado. Digamos que un índice es una muestra del total. El índice puede ser una muestra representativa de todo el mercado de compañías públicas, de un sector, una industria o incluso un mercado extranjero. Lo importante es que el índice es una muestra de compañías que tienen algo en común.

Retomo un ejemplo sencillo de William Sharpe, premio Nobel de economía. Imagina que quieres crear un índice del mercado accionario de Estados Unidos. Para ello, compras 1 por ciento de todas las compañías con acciones en circulación que se comercializan en la bolsa de Nueva York. Con esta acción, crearías el índice USA Market index Fund.

¿Por qué seguir el índice? Los defensores argumentan que si tienes una muestra de las compañías representativas del mercado,

¿qué más necesitas? No puedes tener más rendimiento de lo que el mercado da. Entonces, no justifica tener un equipo de gente analizando y tomando decisiones de comprar y vender acciones u otros títulos porque al final no puedes ganarle al mercado.

Si tienes una representación de todas las compañías que están en el mercado y esta muestra genera un promedio de 7 por ciento de rendimiento anual nominal, por más que trates activamente de conseguir un mejor rendimiento, los costos por contratar personal para analizar qué compañías comprar y con qué costos de transacción, el tiempo que tienes que dedicarle y el costo de los impuestos, hace que el rendimiento sea menor de lo que produciría la muestra del mercado.

El valor de un índice generalmente es el promedio del valor de las compañías que lo componen. Si el promedio de las compañías que están en el índice van hacia arriba, el índice irá hacia arriba. Lo mismo se aplica si hay una baja (claro que el cálculo y las acciones pueden ser más complicadas de como lo explico aquí, pero en esencia el valor del índice sube y baja de acuerdo con el valor de las compañías que componen el índice).

En el caso del fondo índice, el inversionista que compra unidades del fondo, compra pequeños pedazos de cada compañía que compone el índice. ¿Por qué? Porque el fondo compra acciones de las compañías que componen el índice. Por ejemplo, si compraras unidades del fondo índice Vanguard 500 serías dueño de pequeñas partes de las 500 compañías más grandes de los EUA.

Como era de esperar, la idea de John Bogle tuvo éxito y por muchos años el fondo dominó el mundo de los fondos índices. En 1993 se abrió una nueva ventana en los índices: los Fondos Cotizados en la Bolsa (en inglés se conocen por sus siglas ETF que quieren decir Exchange Trade Funds). En ese año, American Stock Exchange creó los ETF o acciones de fondos. Funcionan de manera similar a los fondos índices, pero a diferencia de los fondos, las acciones de los ETF se comercializan en el mercado igual que cualquier acción de una compañía o un fondo limitado. A cambio de poseer unidades de una compañía o de un fondo mutual, posees unidades de un bloque de acciones que se comercializan en el mercado (en inglés se le llama *depository receipts*).

El primer ETF fue basado en el índice S&P 500. Se le llamó SPDRs (por S&P Depositary Receipts). Como era previsible, se hicieron conocidas por el nombre de SPIDER (araña) y se comercializa en el AMEX bajo el símbolo SPY. Hoy, hay docenas de índices y seguirán saliendo SPIDERS de la cueva.

Las unidades de los índices (acciones) las puede comprar cualquier corredor de bolsa de la misma forma que se compra una acción. Como tiene su propio símbolo, es fácil encontrar la información y su historia (los índices también tienes sus símbolos, pero son más difíciles de encontrar). El precio sube y baja con el índice.

Es importante diferenciar entre inversiones en fondo de índices y fondos mutuales administrados. En el primero sólo se tiene posesión de las compañías que integran el índice sin ir detrás de compañías con mejor resultado (que es el caso del segundo). La meta principal es tener un rendimiento similar al del mercado, no tratar de ganarle.

Ahora bien, ¿qué sucede si tengo la habilidad o hay alguien que tiene la habilidad de escoger compañías que puede generar un rendimiento mayor al índice representativo del mercado? Aquí entra el estilo activo de inversión.

El estilo activo considera que una buena administración que sepa elegir los sectores, industrias y compañías dentro o fuera de Estados Unidos, genera un rendimiento mayor en la inversión que un índice. Es decir, consideran que es posible ganarle al índice. Por ejemplo, si el índice S&P 500 tiene un rendimiento de 8 por ciento, ellos pueden conseguir más que eso.

Un equipo de administradores de portafolio, analistas y estrategas, entre otros, se da a la tarea de buscar en cualquier rincón del mundo, la posibilidad de un mejor rendimiento para sus inversiones. Sea buscando compañías en crecimiento *(growth)* o aquellas por debajo de su valor intrínseco *(value)*, el equipo compra lo que estima que va a crecer y vende lo que puede bajar.

Un ejemplo que prueba la tesis activa: David Swensen. Él maneja el fideicomiso de la Universidad de Yale que asciende a cerca de 22.5 mil millones de dólares. Este fondo, utilizado para mantener la operación de la Universidad, ha tenido un rendimiento anual en los últimos años de cerca de 17 por ciento. Esto muestra que él ha podido vencer al mercado, como lo ha hecho Warrant Buffet o Peter Lynch con el fondo Fidelity Magullan, el cual obtuvo un rendimiento promedio anual de cerca de 29 por ciento entre 1977 y 1990.

El estilo activo puede adoptarse comprando acciones de compañías, bonos e instrumentos líquidos de manera individual o comprando fondos mutuales a través de un manager que compra por ti.

Cuando se decide comprar los instrumentos de forma individual, es necesario hacer un análisis fundamental de la compañía. Es decir, se debe estudiar la compañía que se está comprando para determinar si vale la pena poner el dinero en ella o no. No se trata de analizar el gráfico, sino los estados financieros, su naturaleza económica, riesgos y tendencias. Esto toma tiempo.

En el caso de la compra de fondos mutuales, se analiza el administrador del fondo, su actuación y los costos. Ellos toman la responsabilidad de analizar los instrumentos de forma individual. Nosotros estaríamos analizando la actuación.

Si fuera tan fácil elegir las compañías ganadoras y vender a tiempo las perdedoras, todos seríamos ricos. Pero la realidad es que la mayoría de nosotros y quienes se venden como buenos administradores, no logran vencer al mercado.

Es interesante que incluso el mismo David Swensen argumente que para el inversionista promedio, lo mejor es invertir en index funds (estilo pasivo), en lugar de querer ganarle al mercado (estilo activo).

Una de las razones por las que nosotros los comunes no podemos invertir como él, es que la gente no tiene el dinero suficiente para tener especialistas *full-time* analizando lo que sucede en diferentes sectores para buscar ganancias. Swensen comenta que la gente no debe perder tiempo escogiendo acciones, pues también es una pérdida de dinero. Sólo aquellos inversionistas sofisticados que tienen suficientes recursos y un equipo altamente calificado de inversión, deben adoptar el estilo activo de inversiones.

Entonces ¿activo o pasivo?

Para la mayoría de nosotros, la opinión de David Swensen sería la más eficiente. Muchos dependen de vendedores de listas diciendo que tienen las mejores compañías, cuando la realidad es que su forma de elegir es muy similar a pegar el periódico en la pared y escoger la compañía con un dardo. Muy pocos son verdaderos especialistas que analizan full-time las compañías para encontrar la oportunidad de ganancia.

Quiero que leas la respuesta que dio William Sharpe, ganador del premio Nobel de economía: "¿Deberías tener parte de tu portafolio en *index funds*? Es una decisión tuya. Sólo sugiero que consideres la opción. A largo plazo, esta estrategia aburrida puede darte más tiempo para dedicarte a otras cosas más interesantes como la música, el arte, la literatura, el deporte, etcétera. Y es muy posible que te deje mucho dinero también".

Pero ¿qué pasa con los fondo mutuales de administración activa? En ellos delegamos en otros la responsabilidad de buscar las oportunidades en el mercado. Muchos cuentan con los recursos para poner especialistas a buscar en la selva financiara ¿Esto nos garantiza sacar el mayor rendimiento? No. La mayoría no logra el rendimiento esperado cuando se le compara con los índices por dos razones: no son buenos administradores y los costos se comen la ganancia (de esto último hablaré más adelante).

El administrador es el actor importante. Cuando uno paga, busca que el manejador del portafolio logre ganar más de lo que se puede conseguir en un índice (estilo pasivo), especialmente en los periodos de declive del mercado accionario. La mayoría logra hacer dinero cuando el mercado está en alza, pero muy pocos lo logran durante la caída.

Si piensas escoger un fondo mutual administrado activamente, te sugiero elegirlo a partir de estos criterios:

- El objetivo del fondo es acorde con tu objetivo de inversión (por ejemplo: preservación de capital).
- El administrador tiene al menos 5 años administrando el fondo.
- El administrador ha vencido el índice correspondiente en periodo de alza (*bull*) y de baja (*bear*), tras restar los costos de administración y transacción.

Clase de activos	Índice	ETF	ETF Símbolo
TIPS *(Treasury Inflation Protected Security)*	*Barclays U.S. Treasury Inflation Protected Security*	*Barclays TIPS (iShares)*	TIP

Clase de activos	Índice	ETF	ETF Símbolo
Bonos del Tesoro de los Estados Unidos	Barclays 1 to 3 Year Treasury	Barclays 1 to 3 Year Treasury (iShares)	SHY
	Barclays 7 to 10 Year Treasury	Barclays 7 to 10 Year Treasury (iShares)	IEF
	Barclays 20+ Year Treasury	Barclays 20+Year Treasury (iShares)	TLT
Bienes raíces	Wilshire REIT	Wilshire REIT (streetTRACKS)	RWR
	Cohen & Steers Realty Majors	Cohen & Steers Realty Majors (iShares)	ICF
Acciones en Estados Unidos	Wilshire 5000	Total Stock Market (VIPERs)	VTI
	Russell 3000	Russell 3000(iShares)	IWV
	Dow Jones U.S. Total Market	Dow Jones U.S. Total Market(iShares)	IYY
	S&P 1500	S&P 1500(iShares)	ISI
	S&P 500	S&P 500 (iShares)	IVV
Acciones en mercados internacionales	EAFE	MSCI Europe Australasia and Far East (iShares)	EFA

Clase de activos	Índice	ETF	ETF Símbolo
Acciones en mercados emergentes	EMF	MSCI Emerging Markets Free (iShares)	EEM
Fuente: David F. Swensen			

Los fondos que pasen los tres filtros, ordénalos en función del rendimiento que ofrecen, de mayor a menor. Elige el que haya tenido el mejor rendimiento y el menor costo.

Si el fondo mutual no sobrepasa el índice correspondiente, concéntrate en el fondo índice.

Sea que hayas determinado un estilo activo o pasivo, lo importante es que la selección vaya de acuerdo con la asignación de activos.

4. ¿Cuánto pago por el instrumento?

El costo y la forma en que se determina el precio de un instrumento es clave. El primero, porque se come el rendimiento que genera la inversión; el segundo porque significa no pagar más por algo que vale menos. Voy a obviar el tema de valorar instrumentos individualmente porque es un tema complejo y nos desviaría del objetivo del libro. Sin embargo, hablaré de los costos y cómo afectan el rendimiento de la inversión.

Veamos un ejemplo. Suponiendo que un empleado de 45 años de edad y con 20 años para retirarse, deja 25 mil dólares en una inversión hasta los 65 años. Si el rendimiento promedio es 8 por ciento, ¿cuánto afectaría el valor final, si los costos aumentan en 1 por ciento? Bastante.

Observa la gráfica.

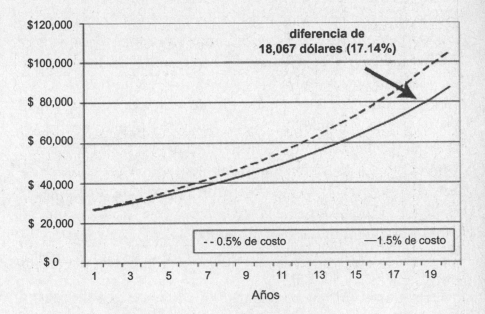

Si el costo fuera de 0.5 por ciento durante el periodo, el rendimiento sería de 7.5 por ciento. Al cabo de 20 años, los 20 mil dólares crecerían a 105 409 dólares. Sin embargo, cuando el costo es 1.5 por ciento, el rendimiento disminuye a 6.5 por ciento y los 20 mil sólo crecerían a 87 342 dólares. La diferencia de 18 067 dólares es 17.14 por ciento entre una cuenta y la otra.

Si inviertes en fondos mutuales también debes ser muy cuidadoso en el análisis de los costos y comparar antes de comprar. En ellos tienes costos por administración, distribución, compra y venta y por transferencia de un fondo a otro, entre los principales. Un poco aquí, más un poco allá, pueden hacer la diferencia.

Para que tengas una idea, un fondo mutual en promedio cobra entre operación, distribución y administración hasta 1.50 por ciento. Mientras que un fondo mutual de índice tiene un promedio de 0.25 por ciento de costo. Ésta es una gran diferencia.

Otro tema es el costo por volumen de transacción *(turnover)*.

La mayoría de los fondos compra y vende los títulos buscando la ganancia próxima. El problema está en que vender y comprar cuesta, no es gratis. Siempre hay un costo. Más venta y compra, mayor costo. Para que tengas una idea, el promedio de volumen por transacción llega a 85 por ciento por año. Esto significa que casi el total de los títulos que contiene el fondo son vendidos en un año, es decir, miles de millones de dólares por transacción afectan el rendimiento del fondo. El comprar y vender títulos dentro del fondo para lograr una ganancia, penaliza el rendimiento. Recuerda que no tienen la bola de cristal.

En los fondos índices el volumen por transacción es mucho menor debido a que siguen al índice. Como este cambia muy poco, no hay necesidad de estar comprando y vendiendo. Por tanto, el costo disminuye.

Hay otro costo, independiente de los de arriba, que hace de los fondos mutuales más caros aún. Se conoce como *load fund*. Éste se paga a los vendedores encargados de distribuir el producto. Básicamente es una comisión. Los más conocidos son la clase A, B y C:

Clase A o *A Shares*

- Pagas una comisión por venta al iniciar la compra del fondo (en la jerga de los fondos mutuos, se le llama *front-end load*). O sea, te lo sacan de la inversión inicial, no del rendimiento generado en la inversión. Imagina que el máximo por ley no puede pasar de 8.5 por ciento. No obstante, es probable que te encuentres un promedio entre 4 y 5 por ciento.

- Generalmente el coeficiente de gasto *(expense ratio)* es más bajo.

Clase B o *B Shares*

- No pagas una comisión por venta al iniciar la compra del fondo; pero sí por venta diferida (CDSC) en caso de que vendas antes del periodo definido. Cada año se cobra un porcentaje menor de comisión hasta que desaparece. Por ejemplo, el periodo puede ser 5 años y el porcentaje puede ser entre 4, 3, 2 y 1 hasta llegar a 0 por ciento.
- Algunos se convierten en *A Share* después de unos años. Generalmente el *expense ratio* es más alto que la clase A.

Clase C o *C Shares*

- No pagas una comisión por venta (no-load). Por tanto, lo que inviertes inicialmente no disminuye por la comisión de venta. A veces tiene un cargo de comisión si lo vendes en un periodo corto (un año). Es posible que algunos tengan comisión de venta diferida (CDSC) si vendes antes del periodo definido.
- El *expense ratio* generalmente es mayor.

El costo es importante en el momento de saber cuál fue el resultado de la inversión.

5. ¿Voy por buen camino?

Debemos medir la actuación de la inversión para ver si estamos logrando el objetivo. Si establecimos que necesitamos un estimado de 8 por ciento de rendimiento anual o cierta cantidad de dinero por año, debemos revisar. Por un lado, se deben medir ganancias y pérdidas de la inversión. Por el otro, hay que evaluar la actuación de la inversión.

Generalmente, medir la actuación de la inversión es sencillo si uno invierte el dinero una sola vez y lo deja hasta el final del periodo definido. Digamos que compro una acción a 100 dólares a principio de año. Me pagan 4 dólares en dividendos y al final del año, la vendí a 110 dólares, ¿Cuál sería mi rendimiento total durante el periodo antes de impuestos y otros costos?

$$\frac{\$110 + 4 - 100}{\$100} \quad = \quad .14 \text{ o } 14\%$$

Si debo medir más de un periodo, lo que debo hacer es recurrir a lo que se conoce como el promedio geométrico *(time weighted rate of return)*.

Siguiendo el ejemplo de arriba, digamos que no la vendí y me quedé con ella hasta finalizar el segundo año pensando que subiría. Pero al final del segundo año, la misma acción cerró en 108 dólares. Decidí venderla. Durante el segundo año recibí 4 dólares en dividendos.

¿Cómo mido el rendimiento en estos dos años? Primero, estimemos el del segundo año.

$$\frac{\$108+4-110}{\$110} \quad = \quad .018 \text{ o } 1.8\%$$

En los dos años, el promedio anual antes de impuestos y otros costos fue de:

$$[(1.14) \times (1.018)] \_ = 7.27\%$$

Pero ¿qué pasa si en la cuenta estoy contribuyendo y retirando dinero? Esto lo hace un poco más complejo porque hay que separar la cantidad que se puso y se retiró (contribución y retiro) de las ganancias y pérdidas que se adquirieron durante el periodo.

Esto tiene sentido porque no queremos incluir lo que hemos puesto ni que se confunda con lo que la inversión generó como ganancia. Tampoco queremos culpar a la inversión por un pobre rendimiento, cuando lo que hicimos fue sacar dinero.

Digamos a modo de ejemplo que el Portafolio de fantasía tuvo el siguiente resultado durante cuatro trimestres:

Portafolio de fantasía				
	Año 1	*Año 2*	*Año 3*	*Año 4*
Valor inicial	10 000	12 500	15 500	18 580
Contribución	2 400	2 400	2 400	2 400
Retiro	-	-	-	-
Dividendos	320	320	320	320
Interés	300	300	300	300
Valor al cierre del periodo	12 500	15 500	18 580	20 350
Costos	150	150	150	150
Ganancia (pérdida) Total Neta	570	1 070	1 150	(160)
Rendimiento anual	6%	9%	7%	-1%

Portafolio de fantasía			
	Año 1	Año 2	Año 3	Año 4
Rendimiento promedio anual durante los cuatro años				5.18%

En este caso hipotético, el rendimiento promedio anual total durante el periodo antes de impuestos fue de 5.18 por ciento. Por supuesto, el rendimiento puede ser mayor o menor dependiendo del tipo de activos.

Ahora bien, ¿de dónde provino el rendimiento? Recuerda que expliqué las tres herramientas que se utilizan para generar rendimiento en una inversión: asignación de activos, sincronización con el mercado y selección de activos financieros que integrarán el portafolio.

Si la inversión es en fondos índices o ETF que siguen los índices, es decir, estilo pasivo, las últimas dos razones no son tan importantes. Pero si la inversión está basada en una estrategia activa, es importante saber cuál de las tres herramientas fue la que generó el mayor rendimiento.

La evaluación consiste en analizar el resultado de la inversión comparándolo con otro punto de referencia. En el caso de la estrategia pasiva, como el dinero está en fondos o ETF que imitan el índice respectivo, sólo debemos cerciorarnos de que el fondo de índice o ETF no se desvíe de su curso.

En el caso de la estrategia activa, la comparación nos debe indicar si el administrador está haciendo un buen trabajo o si nos está haciendo perder dinero. Recuerda que el objetivo del administrador activo es vencer al mercado respectivo que se representa en el índice. Para ello, no sólo debe ser bueno en adelantarse a lo que suceda en el mercado, también debe ser capaz de hacer las estimaciones de los instrumentos que considera que al comprarlos generarán dinero suficiente para superar el índice. No sólo quieres invertir en aquellos fondos acordes con tu tolerancia al riesgo, sino que también venzan al índice.

Además del resultado en rendimiento, debes medir cuánto riesgo hubo para recibir ese rendimiento. O sea, poner las dos caras de la moneda del riesgo. Aquí se utilizan mediciones como el coeficiente de Sharpe, Jensen y Treynor. Aquel con mayor coeficiente en comparación con sus fondos mutuales semejantes, es otra herramienta para medir los resultados de la inversión.

La revisión es importante porque nos ayuda a determinar si no nos hemos desviado del plan y qué cambios debemos hacer si no estamos obteniendo los resultados deseados o si se están presentando cambios en nuestra situación financiera. Esto puedes hacerlo una vez al año, pero también puedes hacerlo cada trimestre.

Conclusión

En el riesgo hay oportunidades y peligros. Usando ese principio, en inversiones tenemos rendimiento y volatilidad potencial. Las que ofrecen mayor garantía de rendimiento, tienen menor volatilidad. Las que tienen mayor rendimiento potencial, incrementan también la volatilidad.

Cuando inviertas, ten presente que no sólo está la posibilidad sino la cantidad que se puede perder en caso de un efecto contrario a lo que esperábamos.

Un plan de inversiones es clave. Establece una meta lo más específica posible. Estima el porcentaje de tu salario que tendrías que ahorrar sin tener que tomar el riesgo de la inversión. Esa cantidad la puedes ahorrar en TIPS o Bonos con respaldo del gobierno federal. Determina tu tolerancia al riesgo. Si es alta o ahorras más de lo que necesitas para lograr la meta, invierte parte del ahorro en acciones. Recuerda tener un portafolio diversificado y considerar los costos.

Las inversiones son un complemento necesario en nuestro camino a la riqueza. El plan de inversión no es un ente muerto impreso en papel. Es un mapa que nos ayuda a dar una dirección y que está condicionado por las circunstancias que se presenta. Por eso: "No inviertas sin un plan".

Cuarto piso
Distribución

Introducción

No hay duda: acumular es clave para adquirir independencia financiera. Incluso, para la mayoría acumular es el único objetivo. Pero, la administración de las finanzas personales no se limita a inversiones, crédito o retiro ni se reduce a pensar en cómo proteger y acumular. También hay que pensar distribuir lo que hemos adquirido en la vida económica para nuestro beneficio y el de quienes nos rodean.

La cuarta fase de nuestra obra constructiva se llama distribución. Aunque no cubre todos los detalles de un tema tan complejo como éste, la idea es que te ayude a establecer los pilares del cuarto piso del edificio llamado "independencia financiera".

17

Distribución

Imagina que tienes el poder de ver sin ser observado, de escuchar sin ser escuchado, de conocer sin ser conocido. Esta capacidad te permite incluso escuchar los pensamientos de las personas.

Una mañana, colapsas en la cocina de tu casa y pierdes el conocimiento. Despiertas en el hospital y escuchas la conversación del doctor con tu esposo (a) y familiares. El doctor explica que estás en un estado comatoso de consecuencias insuperables debido a una rara enfermedad. Estás consciente de que tu vida sólo depende del tubo que entra por la traquea. Tus únicos signos de vida son los latidos del corazón y una pausada respiración.

Pasan dos años y varias cosas mientras tú sigues postrado (a) en la cama. Tus abogados logran una suma millonaria por *mal practice* del hospital, tu esposo (a) quiere retirarte los instrumentos que te mantienen respirando, tus padres se oponen a esta decisión; uno de tus hermanos alimenta la discordia dentro del grupo, por la sola razón de ver que otros recibirán los beneficios de millones de dólares; la animosidad entre las familias ha llegado a tal extremo, que personas que nunca tuvieron un contacto más que el de eventos sociales, defienden sus respectivos apellidos.

A esto, súmale que te preocupan tus hijos, la casa, el plan de retiro. No sabes cómo van a estar con tu media naranja. ¿Tienes la documentación apropiada para establecer qué quieres que se haga con tus activos y con tu vida?

Ahí estás solo, con el poder de ver, escuchar y conocer lo que está sucediendo, pero sin poder intervenir. No tienes el poder para hacer un cambio.

La importancia de un plan para la herencia

Construir la riqueza es la meta de todos, pero ¿qué sucede si mueres o sufres una incapacidad que no te permite operar racionalmente? Planificar para estos eventos, es parte constitutiva del arte de una planificación financiera.

Aunque muchos asumen que pensar en herencia sólo compete a los ricos, la realidad es que quienes tienen auto, cuenta de banco, de retiro, casa y cualquier otra propiedad, necesitan pensar en tener un plan para la herencia.

Te pongo estos escenarios.

- Madre viuda que recibió 250 mil dólares de un seguro de vida para beneficio de su hijo con necesidades especiales.
- Hombre tiene acumulado 45 mil dólares en un IRA pero en una cuenta individual y quisiera que su nueva esposa sea dueña también.

- Mujer divorciada quiere dejarle su plan de retiro a los hijos menores, pero no quiere que su ex esposo lo maneje en caso de que ella fallezca.
- Pareja que tiene una casa pagada, plan de retiro y una póliza de seguro pero quieren estar protegidos en caso de que uno muera.

Son casos reales de personas que no son pudientes.

Importante: un plan para la herencia

Un plan para la herencia es el proceso de arreglar la transferencia de las propiedades que posees, así como de la toma de decisiones, en caso de ser necesario, de una forma ordenada a quien(es) determines como beneficiario(s) con el fin de lograr que se cumpla tu voluntad, minimizando los costos financieros y emocionales que puede involucrar la transferencia.

Piensa por un momento en los casos que mencioné. Suceden y ninguno de ellos dejó por escrito cómo querían que se distribuyeran los activos. ¿Qué sucede en estos casos? Procede lo que los abogados llaman sucesión intestada (*intestancy*). Esto significa que cuando una persona muere sin testamento o documento legal que describa su voluntad, se aplican las leyes estatales que determinan quién, cuánto y cuándo recibe lo que se dejó sin repartir. Cada estado tiene su forma de distribuir los activos y puede ser que la forma en que lo disponga el estado, no sea lo que tú hubieras querido.

Veamos con un ejemplo. Vives con tu pareja y tienen un hijo. Digamos que deseas que los activos a tu nombre pasen a tu pareja en caso de que fallezcas. Todas las propiedades las compartes con ella a partir del derecho al sobreviviente (*Joint Tenants with Rights of Survivorship*), pero recibiste una herencia de tu padre y sin saberlo pusiste el dinero en una cuenta de la que eres el único propietario. Si vives en un estado donde las propiedades se dividen en partes iguales entre los descendientes, si fallecieras, una parte se le daría a tu hijo.

También puede suceder que si no dejas establecida claramente tu voluntad, las leyes estatales pueden determinar quién se queda con los activos y propiedades (alguien que a lo mejor no hubieses querido que sea). Incluso, un juez puede decidir quién debe criar a tu hijo o hija.

La forma más simple de dejar clara la transferencia es a través de un testamento.

¿Qué es un testamento?

En inglés se conoce como *will* y básicamente es un documento en el cual especificas lo que quieres que se haga con tus propiedades cuando fallezcas. En él también se puede nombrar a un administrador para conducir cualquier proceso legal que se deba hacer y también puedes indicar quién será el guardián de tus hijos.

Un ejemplo hipotético en el que se muestra la importancia de un testamento. Digamos que Susana es divorciada y tiene dos hijos adolescentes. Aunque su exesposo paga pensión y se encarga de los hijos, ella no quisiera que él maneje el dinero que tiene destinado a los niños, en caso de que falleciera. Por ello, decide dejar por escrito que todos sus activos se dividan en partes iguales entre los menores y designa a una tercera persona para administrar ese dinero hasta que los hijos cumplan la mayoría de edad.

No hay una forma estándar para un testamento. Hay testamentos simples y complicados. Además, cada estado tiene leyes que norman su creación. Sin embargo, generalmente un testamento simple contiene: *1)* introducción, *2)* la forma en que se distribuirán las propiedades, *3)* elección de un administrador, *4)* pago de impuestos, *5)* firma y *6)* testigos.

Para quienes tienen dependientes menores, es importante designar quién será el guardián o tutor que tendrá la responsabilidad de dar amor, tutoría, disciplina, inspiración y todo aquello que un padre daría. Es preferible que existan dos, previendo que uno de ellos fallezca.

Es necesario no confundir al guardián del menor con el guardián o administrador de las propiedades del mismo. En el ejemplo de Susana, si ella muere es muy probable que la responsabilidad de la educación de los niños pase al padre, a menos que ella probarara que él no está capacitado para cumplir con esa responsabilidad. Pero, no así en el caso de la administración de las propiedades que ella deje en beneficio de los menores.

Hay un debate entre los especialistas en este tema: es mejor usar un testamento o un fideicomiso para la administración de las propiedades y activos en beneficio de un menor. Por ejemplo, una crítica a la decisión de elegir un guardián y no dejar los activos en un fideicomiso en beneficio del menor, es que una vez que el menor llegó a la mayoría de edad, él se hace responsable y muchas veces la mayoría de edad no necesariamente significa estar preparado para recibir y manejar una herencia. En el caso de un fideicomiso hay mayor flexibilidad, pues no se tiene esa limitante de la edad.

También se critica el nombramiento de un guardián, porque éste debe estar reportándose en la corte. Esto implica preparación de activos financieros y asistencia de un abogado, lo que lo hace más costoso. En cambio, el fideicomiso generalmente opera fuera de la corte. En cualquier caso, como hemos dicho, el diablo está en el detalle. No sólo pesa la parte legal, también la impositiva.

Otro elemento que debes considerar es que el testamento debe ser creado adecuadamente. Como los requerimientos de forma o de validez varían de estado a estado, es importante que el testamento siga las leyes para evitar que en el momento de la ejecución sea invalidado.

El mismo cuidado que debes tener en la creación del testamento, debes tenerlo cuando intentes modificarlo. Divorcio, un nacimiento o cualquier otra circunstancia puede obligar a hacer un cambio. A veces se hacen enmiendas (se conoce como *codicil),* aunque otros consideran que es mejor hacer un nuevo testamento. Cada estado regula la forma en que debe hacerse una modificación.

También ten en mente que hay veces en las que aun teniendo un documento por escrito, un testamento, no se aplica lo que éste indica. Esto sucede cuando el testamento entra en conflicto con leyes especiales, como las de seguros. Por ejemplo: tienes una póliza de seguro donde el beneficiario es tu hijo y en tu testamento especificas que el dinero de la póliza se destine a tu media naranja. Si falleces, el dinero de la póliza (asumiendo que está vigente) iría a tu hijo y no a tu pareja aun cuando lo hayas especificado en el testamento.

Generalmente, la corte es el medio menos eficiente para transferir propiedades a los beneficiarios cuando hay un fallecimiento. Aunque varía de estado a estado, el proceso en la corte puede llevar de seis meses a un año. Además, los costos de abogado y honorarios de la corte pueden alcanzar entre 3 por ciento en costos (y en muchos casos hasta más).

Si la cantidad de la herencia es poca, es preferible evitar que esto suceda. Hay otras formas de transferir las propiedades al establecer cuentas que evitarían el uso de las cortes. Otras veces, especialmente en casos más complejos, considera el uso de fideicomiso.

Tipos de cuentas

La forma en que se abra una cuenta determina quién es el dueño y quién tiene la autoridad para tomar decisiones. De acuerdo con la cuenta que se use y cómo se establezca, es posible que no sea gobernada por el testamento.

Esto hay que revisarlo detalladamente con un abogado para conocer las ramificaciones, es importante familiarizarse con las varias formas de poseer legalmente las propiedades:

Forma	Descripción
Individual Ownership (Individual)	Ésta es una cuenta con un solo dueño. Ejemplo Juan es dueño del auto. María dueña de las joyas. En caso de muerte del dueño todos los activos de la cuenta son pasados a sus herederos. Si hay testamento se distribuye como lo especifique el documento. Si no, ley del estado determina a quién, cuándo y cuánto.
Joint Tenants with Rights of Survivorship (JTWROS)	Es una cuenta que tiene dos o más dueños y cada uno tiene un interés igual y no dividido en la propiedad (solidario). Si uno de los dos muere o se declara incompetente, el otro retiene los derechos de toda la cuenta. Si uno de los que están dentro de la cuenta muere, la parte se divide entre los dueños que siguen en la cuenta. Ejemplo. María deja a sus tres hijos una casa como JTWROS. Todos reciben una tercera parte. Si uno de ellos muere, entonces los dos hermanos restantes se quedan con la parte. Si el segundo muere, el que queda como sobreviviente se queda con todo.

Forma	Descripción
Tenants in Common	Es una cuenta donde dos o más son dueños y cada uno tiene un porcentaje del total ("mancomunado"). Cada dueño es generalmente libre de transferir su porcentaje como quiera. Si uno de los dueños fallece, quien esté desginado en su testamento se convierte en el dueño de ese porcentaje.
Community Property	Se considera que los bienes adquiridos durante el matrimonio son propiedad de ambos cónyuges (propiedad ganancial). Sin importar quien produjo el ingreso, ambos tienen igual posesión (50 y 50 por ciento). En caso de fallecimiento, cada uno tiene la libertad de transferir su parte a quien desee. Pero mientras ambos estén casados y vivos, ninguno puede disponer de su porcentaje sin el consentimiento del otro. Existen propiedades que no entran en Community Property, por ejemplo, las propiedades adquiridas antes del matrimonio, los regalos o herencias que reciba una de las partes.
Tenants by the Entireties	Es un tipo de posesión exclusiva para personas casadas. Este tipo de cuenta es diferente de Community Property porque en caso de muerte de uno de los dos, la otra parte retiene los derechos de toda la cuenta (right to survisorship). Sin embargo, si quien fallece deja deudas, su parte no puede ser vendida para pagar las deudas. Ahora, mientras ambos estén casados y vivos, ninguno de los dos puede cambiar de tipo de dueño sin el consentimiento del otro.
Guardianship or Conservatorship	Los activos de esta cuenta usualmente pertenecen a un menor o a una persona que no puede manejar sus propiedades o finanzas por alguna causa o enfermedad, por lo que son manejados por una persona llamada guardián o tutor. Esta persona debe actuar en beneficio de él o la dueña de los activos.

Forma	Descripción
Trust o fideicomiso	Es un arreglo en el cual una persona o compañía calificada *(trustee)*, tiene el derecho legal de la propiedad o activo en beneficio de otra persona *(beneficiary)*. Generalmente lo establece una persona para beneficio propio o de alguien más. Al transferir las propiedades reales o personales a un fideicomiso, lo que se hace es que el fideicomiso sostiene la posesión por ti como creador.

Fideicomiso o Trust

Un fideicomiso es un arreglo en el cual una persona o compañía calificada *(trustee)*, tiene el derecho legal de la propiedad en beneficio de otra persona *(beneficiary)*. Generalmente, lo establece una persona para beneficio propio o de alguien más. Así, puedes crear el fideicomiso y tener control de todas las propiedades dentro del mismo.

Hay fideicomisos creados para los hijos, por los beneficios que se reciben de una póliza de seguro, para la educación de los menores, para personas incapacitadas e incluso para mantener la riqueza de generación en generación.

Los fideicomisos creados en vida se conocen como *living* o *revocable trust*. Una de las ideas detrás de estos fideicomisos, es evitar tener que ir a corte, salvar el pago de impuestos por herencia o manejar propiedades a largo plazo en beneficio tuyo o de otros, especialmente de aquellos con necesidades especiales.

En estos casos, las cuentas de bancos, propiedades reales y otras inversiones se trasfieren formalmente al fideicomiso, con lo cual el dueño de las propiedades no pierde control. Sin embargo, el fidecomiso irrevocable, transfiere el control al fideico-miso y no puede regresar al dueño.

Los dos más comunes son el básico (para evitar ir a corte) y el *AB trust* que además de evitar la corte se usa como estrategia para no pagar impuestos sobre herencia.

¿Tienes un "testamento vital"?

El caso clásico es el de Terri Schiavo. El 25 de febrero de 1990, con apenas 26 años, se desmaya en su casa de Florida experimentando problemas respiratorios y cardiacos. Esto resultó en daño cerebral y el fue un estado vegetativo persistente. En 1998, su esposo y custodio pidió a la corte remover el tubo que mantenía con vida a su esposa. Los padres de ella se opusieron argumentando que estaba consciente. Al no haber un testamento que determinara qué debía hacerse en ese caso, el debate legal llegó hasta el Congreso.

El caso de Terri Schiavo refleja el de muchas personas que diariamente enfrentan en silencio dilemas similares: sobre quién recae la decisión de la vida o la muerte de un paciente con una enfermedad terminal o pérdida de conciencia permanente.

Cada hospital de una comunidad ha visto a un joven debatiéndose entre la vida y la muerte a causa de un accidente; la madre que se vio afectada por una enfermedad genética; el abuelo que entró en estado de coma.

Los accidentes no discriminan entre adultos y jóvenes o mujeres y hombres. Pensar que esto sucede solamente a las personas mayores, es ser ingenuo; la juventud no está protegida contra los accidentes. Ninguno de nosotros está exento de esto y podemos sufrir la pérdida irreparable de la conciencia.

El problema se agrava cuando habiendo sido afectados por un accidente de esa magnitud, no dejamos nuestra voluntad expresada por escrito, no especificamos que se nos someta o no a determinado tratamiento médico. La pérdida de conciencia y la inexistencia de una voluntad expresada abren paso a la interpretación. La falta de una directriz clara agrava el problema, pues al sufrimiento de las partes involucradas por ver un ser querido en una situación así, se suma lidiar con distintas opiniones médicas, legales, religiosas, familiares y personales. Cuando se combina la falta de directrices, apertura indiscriminada a la opinión, emociones, intolerancia religiosa y pasiones escondidas generalmente se producen fracaso y rencor en las relaciones familiares.

Un testamento vital (*living will*) intenta cubrir la falta de directrices en situaciones como la de Terri Schiavo. Este testamento es una manifestación clara y convincente de tu voluntad, rechazando o aceptando tratamiento médico para prolongar la vida artificialmente. Este tipo de documento tiene más relevancia cuando miembros de tu familia no están de acuerdo con ciertos tratamientos, como en el caso de Terri Schiavo: el esposo pedía el retiro del suministro de alimentos y los padres, mantenerla con vida. La falta de un documento escrito provocó que ambas partes se enfrentaran en un proceso legal y público.

Hay médicos que aconsejan crear, además de un testamento vital, un *power of attorney* ("poder" o "mandato"). La idea de éste es designar a una persona, sea esposo, familiar o amigo, que legalmente pueda actuar como nuestro agente cuando no estamos en condiciones de hacerlo por cuenta propia. Con el testamento vital se probaría con tinta negra lo que queremos y no queremos cuando caemos en un estado como el de Terri. El *power of attorney* aclararía sobre quién o quiénes recae la toma de decisiones y ejecución del testamento vital.

En situaciones tan delicadas, el conflicto es inevitable. El arte es mantener el conflicto dentro de márgenes controlables que no afecten la salud de las familias involucradas. Por eso, cuando prepares el testamento vital, reconoce los potenciales conflictos entre tus familiares y haz que ellos conozcan tu deseo.

A veces el problema no surge en las familias. Muchos médicos y y hospitales no cumplen con las directrices establecidas en el testamento vital. Si los doctores o el hospital se oponen, tener una copia del testamento y mostrársela a los representantes legales del hospital ayudará a que entiendan que hay un mandato legal. Considera que hay hospitales cuyas directrices se basan en creencias que pueden ser contrarias o distintas de las tuyas. Si los médicos o el hospital se niegan a realizar lo que dice el testamento, existen leyes en la mayoría de los estados que exigen a los hospitales trasladar al paciente a otra institución en caso de que sus médicos se rehúsen a practicar lo que el paciente estableció en el testamento vital.

Es importante que antes de firmar cualquier documento lo revises junto con un abogado, pues cada estado tiene normas distintas en materia de testamentos. Hay estados que exigen dos testigos mientras otros, uno. Además, el documento debe expresar tus deseos con toda claridad. Un buen abogado está entrenado para preparar este tipo de documentos.

Recuerda: la administración de las finanzas personales no se reduce a decidir sobre inversiones, créditos y retiro. También incluyen proteger, acumular y distribuir los que hemos adquirido en la vida económica para beneficio propio y de quienes nos rodean. Un testamento vital es importante en nuestras finanzas personales porque guía a los seres queridos y puede evitar que ellos vean, escuchen y vivan las consecuencias de encontrarnos en circunstancias similares a las de Terri Schiavo por no existir un documento escrito que muestre nuestra voluntad.

Bibliografía

2007 Social Security Changes, Socialsecurity.gov.

Alan Greenspan, April 8 2005, *Consumer Finance*, Federal Reserve System's Fourth Annual Community Affairs Research Conference, Washington, D.C.

America's Health Insurance Plans, *Guide to Disability Income Insurance*, http://www.ahip.org

Angus Deaton, 2005, *Franco Modigliani and the Life Cycle Theory of Consumption*, Princeton University.

Anthony Sanders and Marcia Millon Cornett, 2001, *Financial Markets and Institutions*, McGraw-Hill Irwin.

Aon Consulting, 2004, *Replacement Ratio Study: A Measurement Tool For Retirement Planning*.

Army, Marine Corps, Navy, Air Force, 1999, *Multiservice Procedures For Survival, Evasion, And Recovery*.

B. Douglas Bernheim, Lorenzo Forni, Jagadeesh Gokhale, y Laurence J. Kotlikoff, 2000, *Setting Retirement Saving Goals*.

Bureau of Economic Analysis, 2007, *Government Current Receipts and Expenditures,* Departmamento de Comercio de los Estados Unidos.

Businessweek, July 28, 2003, "Sleep Soundly without Stocks".

Campbell R. McConnell and Stanley L. Brue, 1999, *Economics,* McGraw-Hill Irwin.

David B. Gross y Nicholas S. Souleles, 2001, *An Empirical Analysis of Personal Bankruptcy and Delinquency.*

David F. Swensen, 2005, *Unconventional Success: A Fundamental Approach to Personal Investment,* Simon & Schuster.

DeFusco, McLeavy, Pinto y Runkle, 2001, *Quantitative Methods for Investment Analysis,* AIMR.

Department of Education, *Student Aid on the Web,* http://studentaid.ed.gov.

Eugene Brigham y Michael Ehrhardt, 2002, *Financial Management: Theory and Practice,* Thomson Learning

Fannie Mae National Housing Survey, 2003, "Understanding America's Homeownership Gaps".

Franco Modigliani, 1966, *The Life Cycle Hypothesis of Savings, the Demand for Wealth and the Supply of Capital,* Social Research.

Frank Reilly y Keith Brown, 2000, *Investment Analysis and Portfolio Management,* Thomson Learning.

Harriett E. Jones y Dani L. Long, 1999, *Principles of Insurance: Life, Health and Annuities,* Life Management Institute.

Ibbotson Associate, *Stock, Bonds, Bills, and Inflation 2005 Yearbook,* at 117, table 6-7.

Internal Revenue Service, 2007, *Lifetime Learning Credit,* Publication 970.

Internal Revenue Service, Publication 523, *Selling Your Home.*

Jack M. Guttentag, *The Three Affordability Rules,* Professor of Finance Emeritus at the Wharton School of the University of Pennsylvania, mtgprofessor.com

John Bogle, 2003, "The Policy Portfolio in an Era of Subdued Returns", *Speech in The EnnisKnupp Client Conference.*

John L. Mikesell, 2003, *Fiscal Administration,* Thomson Learning.

Kenneth A. Steiner, Ronald Gebhardtsbauer, Eric J. Klieber, 2007, *Social Security Reform Options,* American Academy of Actuaries.

Laurence J. Kotlikoff, 2007, "Economics' Approach to Financial Planning", Journal of Financial Planning.

Lawrence Gitman y Michael Joehnk, 2007, *Personal Financial Planning,* South Western Educational Publishing.

Mark Kantrowitz, FinAid.org.

Michael J. Boskin, 2005, *Straight Talk on Social Security Reform,* Stanford Institute for Economic Policy Research.

Michael L. Dolfman and Denis M. McSweeney, 2006, *100 Years of U.S. Consumer Spending: Data for the Nation, New York City, and Boston,* Department of Labor.

NY Times, agosto 13 del 2005, "No, You can't invest like Yale. Sorry!"

NY Times, february 17 del 2008, "Keep It Simple, Says Yale's Top Investor".

Richard T. Froyen, 1996, *Macroeconomics: Theory & Practice,* Prentice Hall.

Robert Rotella, 1992, *The Elements of Successful Trading*, New York Institute of Finance.

Roger Ibbotson, Ph.D.; James Xiong, Ph.D., CFA; Robert P. Kreitler, CFPÂ®; Charles F. Kreitler; and Peng Chen, Ph.D., CFA, April 2007, "National Savings Rate Guidelines for Individuals" Journal of Financial Planning.

Rudy Dornbusch, Stanley Fischer and Richard Startz, 2004, *Macroeconomics*, McGraw-Hill Irwin.

Sthephan Leimberg, Martin Satinsky, Robert Doyle y Michael Jackson, 2004, *Tools & Techniques of Financial Planning*, The National Underwritting Company.

Wall Street Journal, March 22 2008, *Old Pros Size Up the Game*.

William F. Sharpe, Winter 1992, "Asset allocation: management style and performance measurement", Journal of Portfolio Management.

Willian Sharpe, 2002, "Indexed Investing: A Prosaic Way to Beat the Average Investor", Forum Monterey Institute of International Studies.

Zvi Bodie, Alex Kane y Alan Marcus, 2001, *Essential of Investment*, McGraw-Hill Irvin.